本书获解放军艺术学院资助出版

五色石丛书
WUSESHI CONGSHU

文艺研究新视野

黄茂文　著

意志与悲剧
叔本华与尼采悲剧思想比较研究

The Will and Tragedy:
On the Tragic Thought of Schopenhauer and Nietzsche

中国社会科学出版社

图书在版编目（CIP）数据

意志与悲剧:叔本华与尼采悲剧思想比较研究/黄茂文著. —北京:
中国社会科学出版社，2010.9
ISBN 978-7-5004-8935-1

Ⅰ.①意…　Ⅱ.①黄…　Ⅲ.①叔本华，A.(1788～1860)-
哲学思想-研究②尼采，F. W.(1844～1900)-哲学思想-研究
Ⅳ.①B516.41②B516.47

中国版本图书馆 CIP 数据核字(2010)第 137297 号

责任编辑　郭晓鸿(guoxiaohong149@163.com)
责任校对　石春梅
封面设计　格子工作室
技术编辑　戴　宽

出版发行	中国社会科学出版社		
社　　址	北京鼓楼西大街甲 158 号	邮　编	100720
电　　话	010—84029453	传　真	010—84017153
网　　址	http://www.csspw.cn		
经　　销	新华书店		
印　　刷	新魏印刷厂	装　订	广增装订厂
版　　次	2010 年 9 月第 1 版	印　次	2010 年 9 月第 1 次印刷
开　　本	710×1000　1/16		
印　　张	19	插　页	2
字　　数	273 千字		
定　　价	36.00 元		

总　序

提起五色石，有谁不想到它是源自中华民族借一位创世女神之巨手，谱写出的那篇天地大文章？一两千年前的汉晋古籍记载了这个东方民族的族源神话：当诸多部族驰骋开拓、兼并融合而造成天倾地裂，水灾火患不息的危难时刻，站出了一位曾经抟土造人的女娲"炼五色石以补苍天，断鳌足以立四极"（《淮南子·览冥训》），重新恢复和创造天行惟健，地德载物的民族生存发展的空间。在烈火中创造自己色彩的五色石，凝聚了这种天地创生，刚健浑厚的品格，自然也应该内化为以文学—文化学术创新为宗旨的本书系的精神内涵和色彩形态，探索一条有色彩的创新之路。

经由"天缺须补而可补"成为民族精神的象征，其缺者的大与圣，其补者的仁与智，无不可以引发创造精神和神思妙想的大爆发。何况人们又说女娲制作笙簧，希望在创造性的爆发中融入更多美妙动人的音符？李贺诗："女娲炼石补天处，石破天惊逗秋雨。"歌咏的是西域乐器箜篌，朝鲜平民乐曲《箜篌引》，可见精神境界之开放，诚如清人所云："本咏箜篌耳，忽然说到女娲、神妪，惊天入月，变眩百怪，不可方物，真是鬼神于文。"（黄周星《唐诗快》）创造性思维既可以正面立意，又可反向着墨，如司空图《杂言》："乌飞飞，兔蹶蹶（乌与兔是日月之精），朝来暮去驱时节。女娲只解补青天，不解煎胶粘日月。"当然也可以融合多端，开展综合创新，如卢仝的古体诗："神农（应是伏羲）画八卦，凿破天心胸。

女娲本是伏羲妇，恐天怒。捣炼五色石，引日月之针，五星之缕把天补。补了三日不肯归婿家，走向日中放老鸦，月里栽桂养虾蟆。"这就把伦常幽默、月宫神话，也交织到炼石补天的神思中了。更杰出的创造，是把炼石补天神话的终点当作新起点的创造。这就是曹雪芹的《红楼梦》，把女娲炼石补天时被弃置的一块顽石当作通灵宝石，带到人间走了阅尽繁华与悲凉的一遭，写成了"无材可去补苍天，枉入红尘若许年"的"天书"与"人书"相融合的精神启示录。由五色石引爆的这些奇正创新，综合创新和跨越式原始创新的丰富思路，应该成为我们书系的向导，引导我们进行根柢扎实，又五彩缤纷的学术探索，或如宋朝一位隐居黄山的诗人所云："我有五色线，补衮衮可新；我有五色石，补天天可春。"（汪莘，《野趣亭》）

　　我们处在改革开放的时代，世界视野空前开阔，创新欲望空前旺盛，学理思维空前活跃。伴随着中华民族的全面复兴，思想学术文化已经以其无比丰厚的成绩走入了一个新的纪元。但我们也迎接着全球化和市场化的扑面而来的机遇中的严峻挑战。高科技对文学生存方式的强势介入，市场机制对文学生产的批量性推动，消费时尚对文学潮流的极端吸引，以及网络、图像参与其间的新媒体文学表达形态，包括林林总总的电视文学、摄影文学、网络文学、手机文学、图说文学等形态的火爆滋生，令人深刻地感受到今日之文学已远非昔日之文学了。对于原有的文学格局、形态和秩序而言，这里所面临的泛化性的消解和创新的包容的挑战，严峻地考验着当今学术界的学理担当能力。如果说在某些领域，在某种程度上，也出现了一些与女娲神话类似的"四极废，九州裂，天不兼覆，地不周载"的危机，大概也不应被看作是危言耸听吧。那么，又从哪里找到补苍天的五色石，立四极的鳌足和止淫水的芦灰呢？若能够由此写出女娲炼石补天的新篇，也是本书系不胜翘首企盼的。

　　令人满怀信心的是，中华民族的生命力和创造力百摧不磨，往往在艰难的挑战中出现超强度的爆发，在爆发中显示了坚毅的魄力和深厚的文化元气。浩瀚雄厚的多地域多民族的历史文化资源和现实文化实践，成为它层出不穷地为人类提供文化经验和创新智慧的不竭源泉。且不说旷世莫比的少数民族神话，即便中原神话虽未衍化为长篇英雄传奇，却散落为遍地开花的民俗奇观。五色石在历朝志怪和许多地理志中，屡有记载，女娲庙在甘肃秦州有，湖北房州也有。女娲抟土造人处据传在汉武帝《秋风辞》吟咏的汾阴，女娲墓则在九曲黄河最大的弯曲处古潼关附近的风陵渡，因为女娲风姓，风陵也就成了娲皇陵了。中华民族是把自己的母亲河和这位创世女神连在一起的。五色石散落之处有广东产端砚的山溪，《元丰九域志》云："端溪山有五色石，上多香草，俗谓之香山。"明代诗人说："女娲炼馀五色石，藏在端溪成紫霞。天遣六丁神琢砚，梦中一笔夜生花。"（张昱，《题端古堂》）既然五色石散落岭南，那么炼石的灶口在哪里？在太行山。明人陆深《河汾燕闲录》说："石炭即煤也……（山西）平定所产尤胜，坚黑而光，极有火力。史称女娲氏炼五色石以补天，今其遗灶在平定之东浮山。予谓此即后世烧煤之始。"五色石通过创世女神之手，成为一种天地交泰的文化生命结晶，它一头联结着赋予人类生存以温暖的"坚黑而光"的能源，另一头联结着文化创造的"梦笔生花"的灵性。在如此浩瀚无垠的天地、人类、历史、文化空间进行新世纪的文学学术创造，尽管阅尽风云变幻的价值重建、形式变换和文学边界模糊，但我们的民族也有足够的底气、智慧和能力，在文学研究中注入充满活力的人类审美本性的精髓，从中焕发出现代大国思想文化的独立品格和创新气象。

明诗有云："五色石堪炼，吾将师女娲。"（周瑛，《至广德作东园书室》）是我们全面、系统、深入地调动浩如烟海的文化资源和创新智慧，拓展新视野，提出新命题，给出新阐释，师法女娲炼石补天的原始创新行为，炼造出一个东方现代大国的思想学术的五色石的时候了。

杨义

2008 年 6 月 1 日

目　　录

意志与悲剧——叔本华与尼采悲剧思想比较研究

目
录

3

导　言

第一节　研究综述

　　叔本华与尼采的思想对后世影响深远，其相关研究也蔚为大观。百年来的研究状况大致可以分为三种类型，第一种是借用他们的思想来分析具体的文学作品；第二种是对他们的思想进行整体介绍或专题研究；第三种是对他们进行比较研究。总体说来，第一种研究着重于运用，多以单篇论文的形式散见于各种学术期刊。第二种研究最为深入，影响也最为广泛，比如国外重要的思想家雅斯贝斯、海德格尔、德勒兹和考夫曼等人，国内学者如陈铨、陈鼓应（中国台湾）、周国平、杨恒达和刘昌元（中国香港）等人的研究。第三种研究交织在前述两种研究之中，比较而言，则显得较为薄弱和不够深入，相关的认识仍局限在某些固定的结论中。有鉴于此，我们把本书的论题确定为：叔本华与尼采悲剧思想比较研究。

　　在叔本华与尼采的比较研究中，他们的思想关联是一个难以厘清的问题。说到底，他们之间究竟是"同"还是"异"，一直都缺乏令人信服的答案。在 20 世纪众多思想家的观点中，认定其不同的大有人在，肯定其相同的也不乏其人。例如，海德格尔与德勒兹就明确地认定了叔本华与尼采之间的断裂关系，并以此为前提来展开尼采的思想研究。这种断裂关系在西美尔的演讲中有鲜明的表述，他认为：

> 正如叔本华只承认一个惟一的、绝对的价值那样：否定生命。尼采也同样只承认一个价值：生命。对前者而言，一切被认可的其他独立价值：美与神圣，形而上学的深刻与道德，都仅仅是以否定生命为最终目标的手段；而这一切以及所有其他好处和完善，对于尼采来说，则是肯定和提升生命的手段。[①]

显然，各种强调其断裂关系的观点都可以归结到西美尔的上述表达中来，这种认识在尼采本人的说法中也得到明确的印证，因为尼采在《权力意志》的写作提纲中就明确表明："酒神精神是成为神一般的人的一条新路，我从一开始就有别于叔本华。"[②] 但是，相反的观点同样存在，例如，托马斯·曼就认为：

> 尼采毕生著作体现出彻底的统一性和完整性。……尼采始终是叔本华的弟子，即使在他否定了这位大师以后很久依然如此。尼采步叔本华后尘，终其一生，实际上只是变化、扩展和铸就了一个无处无时不存的思想。[③]

从上述情况可以看出，关于叔本华与尼采思想关系的问题似乎是一个仁者见仁、智者见智的问题。

上述认识差异同样存在于我国研究界。就国内研究状况来说，叔本华与尼采的比较研究显然是从王国维开始的。王国维强调"尼采之学说全本

① [德]西美尔：《西美尔文集：叔本华与尼采——一组演讲》，莫光华译，上海译文出版社2006年版，第173页。

② [德]尼采：《权力意志》，贺骥译，漓江出版社2000年版，第220页。

③ [德]托马斯·曼：《从我们的体验看尼采哲学》，刘小枫编《人类困境中的审美精神》，东方出版中心1994年版，第320页。

于叔氏",认为"尼采之说,乃彻头彻尾发展其美学上之见解,而应用之于伦理学"。① 对于他们之间的本质相同点,王国维的论述极为形象,他明确指出:

> 譬之一树,叔本华之说,其根柢之盘错于地下,而尼采之说,则其枝叶之干青云直上者。尼采之说,如太华三峰,高与天际,而叔本华之说,则其山麓之花冈石也;其所趋虽殊,而性质则一。②

显然,上述观点是我国学术界对叔本华与尼采思想关系的第一次明确表述。王国维强调叔本华与尼采的思想"所趋虽殊,而性质则一",这个结论是慧眼独到的。但是,王国维同时也明显低估了尼采思想与叔本华思想的区别之处,并且认为尼采的运思根本没有能够超出叔本华的影响,这个结论就值得商榷了。王国维虽然当之无愧是国内尼采研究的第一人,但他对尼采的研究远远没有像研究叔本华那样深入,因此,相关的比较就容易流入简单的肯定与否定之中。

20 世纪 40 年代名盛一时的"战国策派"对唯意志论思想有很深的研究。与王国维偏重于研究叔本华不同,"战国策派"偏重于研究尼采。关于叔本华与尼采之间的关系问题,他们所得结论与王国维的认识刚好相反。在《从叔本华到尼采》一书中,陈铨认为:

> 叔本华是消极的,尼采是积极的,叔本华对人生是否定的,尼采对人生是肯定的;但是尼采起初是最崇拜叔本华的人,没有一个哲学家对尼采,有叔本华那样大的影响,尼采第一时期的思想,差不多完全受叔本华的支配。但是在很短的时间里,尼采渐渐感到叔本华的悲

---

① 王国维:《叔本华与尼采》,姚淦铭等编《王国维文集》第 3 卷,中国文史出版社 1997 年版,第 344 页。
② 同上书,第 355 页。

导言

3

观主义，不是人生的真理，最后他毅然走到极端相反的一面。①

　　值得指出的是，该书对尼采思想的关键问题作了系统的研究与阐述，是理解唯意志论思想的重要参考著作。但是，把叔本华与尼采完全对立起来，则可能造成认识上的偏颇。该书没有深入展开悲剧思想的比较研究，这显然也是一个缺陷。特别需要指出的是，陈铨以"悲观主义"作为一个现成的前提来论述叔本华的思想，这很容易使相关结论建立在标签性的认识基础之上。事实上，已有越来越多的学者质疑这个现成的结论。

　　最早从美学的角度对叔本华与尼采的悲剧思想进行比较研究的学者是朱光潜，具体的论述详见于《悲剧心理学》一书。虽然此书的英文版于1933年即由法国斯特拉斯堡大学出版，但整整过了50年，时间已经迈进了20世纪80年代初，该书才出版了中译本，据此，我们把朱光潜列于陈铨之后来讨论。

　　在该书的第八章中，朱光潜以"对悲剧的悲观解释"为题比较了叔本华与尼采的悲剧思想。有趣的是，朱光潜的结论与王国维的观点极为相似。他指出：

　　　　叔本华把作为意志的世界与作为表象的世界相对立。意志的世界受个性化原则的支配，所以必然产生冲突和苦难。我们只有一条路可以逃避意志所固有的痛苦，那就是逃到表象的世界中去。现实的创伤要靠外表的美来医治。这就是叔本华《意志和表象的世界》一书的基本思想。尼采几乎全盘接受了这个思想，只不过给他穿上了一件奇异华丽的外衣。酒神精神不是意志是什么？日神精神不是表象又是什么？对叔本华来说，痛苦和万恶之源都在意志，对尼采来说也是这样。叔本华认为不仅要经验人生，而且要静观人生；尼采用审美解释

　　① 陈铨：《从叔本华到尼采》，郜元宝编《尼采在中国》，上海三联书店2001年版，第387页。

来代替对人生的道德解释，用意也正是如此。在叔本华看来，音乐是无须观念和形象直接模写意志，诗和造形艺术模写意志却是把意志加以客观化的表象，即现实的外貌。尼采也接受了这一区别，只是补充说，音乐产生形象，而诗，包括悲剧，则是转化为形象的音乐，或用他自己的那种象征式的语言来说，是与日神精神相调和了的酒神精神。①

甚至，就尼采的悲剧思想所体现出来的对叔本华思想的反叛精神，朱光潜都认为这并不是尼采本人的独创，一再强调它"实际上却是发展叔本华对个性化原则的攻击得来的，它最终可以追溯到黑格尔的关于取消片面伦理力量而恢复宇宙和谐的思想。"② 显然，朱光潜并不同意对叔本华与尼采进行严格的划分。

对朱光潜的上述看法，必须指出，其存在两方面的问题。

首先，朱光潜早年对悲剧的心理学解释是立足于经验论的思想基础之上的，他曾经坚信经验论的视角能完全地解释悲剧理论中的许多问题。他指出，像黑格尔、叔本华与尼采这样从各自的哲学观点来解释悲剧的做法，都未能清楚地解释悲剧欣赏中的基本问题；相反，他们却一再把简单的经验事实弄得纷纭复杂。朱光潜明言："哲学家谈悲剧总是不那么在行。在悲剧问题上去求教哲学家往往是越说越糊涂。"③ 可是，朱光潜没能注意到，以经验论为基点来观照悲剧问题，同样有明显的偏颇之处。因为以审美经验为依据来规定悲剧的本质，这只是一种近代现象。甚至，就悲剧精神与生存基础之间的意义关联来说，经验论的解释显然难以穷尽它的内涵。但是，这些问题都未能进入朱光潜的理论视野。正是因为对现代心理学的确信，让朱光潜在早年对任何从哲学视角出发来解释悲剧的做法都抱怀疑态度。最为明显的例子就是：在例举了许多具体例子来反驳尼采的悲

---

① 朱光潜：《朱光潜全集》第 2 卷，安徽教育出版社 1987 年版，第 360 页。
② 同上书，第 361 页。
③ 同上书，第 344 页。

剧思想之后，朱光潜认定："《悲剧的诞生》尽管有许多前后矛盾的地方，但毕竟是成功的，也许是出自哲学家笔下论悲剧的最好的一部著作。"① 对尼采悲剧思想的评价在此虽然用了"最好"一词，但总体调子并不具有多少认同色彩，这是了然的事实。

其次，朱光潜在尝试性的论述中，把尼采的酒神精神最终约简为黑格尔绝对理念的宇宙和谐思想，这同样存在明显的问题。除开各方面不同的情况不说，单是尼采与黑格尔两人展开言述的话语空间而言，他们之间的不同就是无法约简的，因为黑格尔言说的目标是"精神"，但尼采言说的目标却是"生命"。

值得一提的是，20 世纪 60 年代以后，朱光潜对尼采的看法产生了明显的变化，他一再强调自己的思想根源不是克罗齐的"直觉说"，而是尼采的酒神精神。可是，在晚期的所有重要论著中，他没有来得及续接和深化这个有趣的话题，这显然是憾事。

或许因为朱光潜在《西方美学史》中没有辟专章来比较研究叔本华与尼采的美学思想，20 世纪 70 年代末以来，这个论题一再地激发着人们的讨论热情。汝信在 1985 年发表了《论尼采悲剧理论的起源》一文，再一次延续了这个问题的讨论。汝信认为，人们说《悲剧的诞生》的主要思想来自叔本华，这种观点是难以成立的。他指出：

> 尼采所鼓吹的阿波罗精神和达奥尼苏斯精神的对立，固然是受到叔本华关于意志和表象的对立的思想的启示，但在叔本华的悲剧理论中却完全找不到相似的说法。此外，尼采的悲剧理论的一些最重要的论点，如关于悲剧起源的解释，关于悲剧中合唱队的作用的看法，关于悲剧的死亡以及悲剧性与苏格拉底的对立等等的说法，都显然和叔本华没有多大的关系……悲剧虽然揭示生活的阴暗和令人痛苦的一面，但是并不像叔本华所说的那样导致对生活的否定，导致悲观主

① 朱光潜：《朱光潜全集》第 2 卷，安徽教育出版社 1987 年版，第 363 页。

义。……尼采的看法不仅是对悲剧的一种完全不同于叔本华的解释，而且也是对叔本华的悲观主义哲学的根本否定。①

关于叔本华与尼采的思想关系问题，汝信的上述观点一直未变。在十多年后，上述认识还出现在他为金惠敏的著作《意志与超越》所写的序言中。② 对汝信而言，叔本华与尼采的思想无疑是相互对立的，他们之间并没有什么共同点。总之，他的认识与朱光潜刚好构成鲜明的对立。

毫无疑问，汝信的上述观点对人们清晰地把握尼采的美学思想有很大帮助，但是，这种看法仍然停留在叔本华的"否定人生"论与尼采的"肯定人生"论这种传统的认识框架中，视角与思路的相对陈旧必然导致了分析结论的相对重复。此外，由于力求要标明两者之间的根本不同，叔本华与尼采的一些内在共同之处显然便被忽略了。

从总体情况看，尼采研究一直都是热点，叔本华研究则冷落得多。20世纪70年代末以来，这种反差尤为明显。在80年代中，尼采研究虽然以介绍为主，但局面精彩纷呈。在大陆出版的影响较大的研究专著主要有陈鼓应的《悲剧哲学家尼采》与《尼采新论》，还有杨恒达的《尼采美学思想》等。但是，在译介与研究尼采思想方面取得显著成果的无疑是周国平。由他选译的《悲剧的诞生——尼采美学文选》，在传播尼采的美学思想方面起了极大的普及作用；他所撰写的《尼采与形而上学》及《尼采：在世纪的转折点上》，都是新中国成立以来的尼采研究首见的成书著作，在国内的尼采研究界具有重大影响。值得一提的是，与别人习惯于从"超人"的角度来研究尼采思想的做法不同，周国平从悲剧精神的角度进入尼采的思想。因此，在论述尼采思想的时候，时见周国平对尼采悲剧精神的独到理解。《从酒神精神到权力意志——尼采艺术哲学初探》与《生命的

---

① 汝信：《论尼采悲剧理论的起源》，郜元宝编《尼采在中国》，上海三联书店2001年版，第580—582页。

② 汝信：《〈意志与超越〉序言》，金惠敏：《意志与超越》，中国社会科学出版社1999年版，第2页。

导言

7

苦恼和创造的欢欣——兼谈尼采的酒神精神》等文章对尼采的悲剧思想作出了详细的介绍与梳理，在尼采研究界具有重要影响。

进入 20 世纪 90 年代以来，尼采研究进入了专题性领域。据相关检索结果来看，1989—2006 年，国内专门研究尼采的博士论文就有 14 篇，[①] 其中，从批评理论的角度展开研究的主要有陈君华的《深渊与巅峰》、汪顺宁的《醉的泛音乐化：论尼采的艺术与权力意志》、陈奇佳的《尼采的艺术形而上学研究》等。比起 80 年代的介绍研究来说，90 年代的专题研究无疑更为深刻地切入了尼采思想的方方面面。值得一提的是吴增定的《尼采与柏拉图主义》一书，与西方思想家一直把尼采置于柏拉图主义的思想传统中来研究的看法不同，该书论述了尼采思想如何层层深入地反对柏拉图主义，认为尼采的思想是鲜明地反柏拉图主义的，这种论述角度显然极富启发性和挑战性。此外，在后形而上学的视野中来考察尼采思想，在生存论的范围内把尼采与海德格尔及福柯等人进行比较研究，这是尼采研究的一条新路子，国内在这方面较有影响的著作有余虹的新著《艺术与归家》等。与此同时，国外思想家对尼采的经典解读也随之被译成中文，在世纪之交全面进入大陆的学术界和思想界。

显然，尼采研究的不断深入让人们意识到，学界对叔本华的研究仍然是非常薄弱的。据相关检索结果来看，1994—2003 年，大陆内对叔本华进行专题研究的博士论文共有四篇，[②] 其中，成书出版的共三部，它们分别是王攸欣的《选择、接受与疏离》、金惠敏的《意志与超越》和黄文前的《意志及其解脱之路》。

金惠敏的《意志与超越》是大陆学界叔本华专题研究的首见成书专著。据作者陈述，该书原计划写成一部包括尼采研究在内的"意志主义美学史"，但完成了叔本华部分之后，关于尼采的研究至今未见下文，这未免是个缺憾。此外，该书以"意志与超越"为名来概括叔本华的思想，这似乎也有可商榷之处。因为"超越"（transcend）一词在西方的理性主义

---

① 按：此为国图检索数据，截止时间为 2007 年 3 月。

② 同上。

传统中有着确定的内涵，大意是指在经验世界之上的至善形而上追求。叔本华虽然未能完全脱离西方思想的形而上学传统，但他并不认为理性主义者，包括康德本人的"超越"追求是可能的。叔本华的思想恰恰是要证明传统理性主义之超越性的不可能，从而强调要打破生存的个体化原理以达到意志的"解脱"。因此，以"超越"一词来概括叔本华的哲学精神，似有未明之处。

黄文前近期出版的《意志及其解脱之路》是大陆学界叔本华专题研究的第二部专著，其中的第六章专门比较了叔本华与尼采的思想。黄文前的认识有其新颖之处。她认为：叔本华仍然摆脱不了古典哲学的影响，他的哲学运思是在古典哲学范围内的批判和创新，是现代哲学的桥梁与过渡；而尼采则超越了古典传统，是现代哲学的真正开创者。显然，这种立论较为公允。因为它并不仅仅局限于叔本华与尼采两人之间的简单比较，而是把他们的关系问题放到了德国古典哲学的整个思想基础上去理解，避免把他们当做完全对立的极端来看待，从而能够更为深刻地指出这个事实，即叔本华虽然对生命持悲观的态度，但并不否定生命，"从叔本华自身的行动来说，他是积极的，并且他的态度是批判的。不管是叔本华还是尼采都不是悲观主义者。但尼采比叔本华更加积极，在肯定生命及其痛苦的同时将痛苦变为快乐。"① 与前人的认识相比较，这显然是明见。同时，人们历来都局限于"消极"与"积极"、"否定"与"肯定"的二元对立框架中来理解叔本华与尼采的思想，似乎脱离了这个框架就难以言说叔本华与尼采的思想问题。但黄文前试图跳出这个思维框架，这无疑是值得肯定的。黄文前的具体观点无疑为叔本华研究的进一步深入提供了一个新颖的视角。

总之，从以上综述的情况来看，叔本华与尼采之间的比较研究大致呈现出如下问题和特点：

首先，他们的思想是"同"还是"异"，一直是人们进行比较的根本话题。肯定其相同者着力于从学理根源上去把握他们的共同基础，否定其

---

① 黄文前：《意志及其解脱之路》，江苏人民出版社 2005 年版，第 182 页。

相同者则着力于表明他们之间不同的价值取向。但是，这两种立场都有明显的不足。一方面，究竟他们的相同点在何处，人们一直语焉不详，没有作出过系统的说明；另一方面，对于强调其不同点的人来说，似乎一谈到比较，就一定要把某些复杂的问题分个泾渭分明不可。可这样一来无形中就会使复杂的问题简单化、对立化，这无助于说明这个复杂的问题。

其次，一个有趣的现象就是：受叔本华影响较深的学者一般都肯定他们之间的相同关系，比如王国维和朱光潜（早期）等；受尼采影响较深的学者则强调他们之间的差异关系，比如陈铨和汝信等。显然，切入点的不同必然导致了结论的不同，因为前者着重于从学理基础上去说明一件事情，而后者则着重于出自某种目的去提倡一种更为积极的人生价值，所以，由于理解顺序的不同，必然形成两派完全不同的结论，这是不可避免的结果。在本书中，我们的目的既然是比较研究叔本华与尼采的悲剧思想，那么，以叔本华的思想为起点来考察尼采的思想，似乎比以尼采的思想为起点来考察叔本华的思想这种逆向的思路来研究两人的思想关系更为合理些，因为这关涉问题发生的基本顺序，脱离这个基本的顺序，论述很可能就会漫无边际。

再次，前人的比较研究还没有把唯意志论的"悲剧"观与西方思想史上的"悲剧"观在整体上关联起来，也没有把"悲剧"思想与更为深层的"生存"话题相互关联起来，从而没有能够在"悲剧"与"生存"的基本框架中详细地考察叔本华与尼采悲剧思想的相互关系。因此，相关的比较研究也就容易从一些陈旧的视角出发来看待问题，比如认为叔本华是消极地否定人生的，尼采是积极地肯定人生的，等等。事实上，这样的认识是很表面的，因为叔本华在否定生命意志的同时，必然肯定了某些东西；尼采在肯定生命意志的同时，也必然否定了某些东西。具体而言，叔本华与尼采虽然对生命意志采取了不同的立场和态度，但他们都肯定了生命的形而上学，进而对生命形而上学的具体内涵作出了不同的设定。因此，对他们运思的这种潜在反差如果不从整体上分析清楚而简单地强调他们之间的表面区别的话，对唯意志论思想就难以有通盘的认识，结论也就难以有所突破。

基于以上综述，本书试图从生存论的视角出发，以"理性生存"之思

意志与悲剧——叔本华与尼采悲剧思想比较研究

转变为"诗性生存"之思的关节点为背景，结合西方悲剧思想传统来比较研究叔本华与尼采的悲剧思想，并试图从中透视出唯意志论思想重新评价西方传统价值秩序的深远意义。在这个论域中，唯意志论思想在西方思想史上的结构性变革、叔本华与尼采之间的异同关系及其生存论意义便成为本书的论述中心。必须强调的是，在他们之间进行绝对的约简或区分，是一件困难的事情。正如叔本华本人所说的，我们应当同等地遵守两个法则，即归同法则和分异法则，而不能有所偏废。① 但是，人们恰恰一直在叔本华与尼采之间进行绝对的"归同"或绝对的"分异"，由于立场的不可调和，结论必然难以彼此协调。于是，叔本华与尼采要么没有本质区别，要么势同路人，这便是人们理解叔本华与尼采之关系的基本结论。在本书中，我们试图对这个复杂的问题作出具体的说明，但并不强求对它作出定论。事实上，叔本华与尼采必有共同之处，因为尼采的思想不可能是空穴来风；同时，尼采与叔本华必有区别之处，否则尼采必不可能成为尼采。在此问题上一味强求得出精细的区别性结论，必有削足适履之嫌。问题的关键是他们在何种程度上具有共同性，在哪些方面具有差别性；他们的共同点在整个西方思想史上具有什么意义，他们之间的差别对人们理解生存有何重要启发；等等，这才是本书所要探讨的问题所在。

总之，本书的目的并不是要重新介入这场同异之争，而是要在生存与悲剧的思想框架中对唯意志论的悲剧精神作出整体的分析和说明。在此过程中，他们的相同点会成为我们论述的资源，他们的不同点同样会成为我们进一步思考的路标。

第二节　本书的论题与思路

本书的基本论题是比较研究叔本华与尼采的悲剧思想，力图在西方悲

---

① ［德］叔本华：《充足理由律的四重根》，陈晓希等译，商务印书馆 1996 年版，第 4 页。

剧思想史的总体语境中，参照悲剧与人生的关系来比较研究同为唯意志论思想家的叔本华与尼采对悲剧问题思考的异同，由此揭示两者的思想在西方悲剧思想史上的意义。以此论题为坐标，我们对本书的大致思路作如下简述。

在西方思想史上，生存的根基、意义和价值等问题，一直都是在理性认识和宗教信仰中来确立其有效论域的。在场的形而上学（metaphysics of presence）是这两种立场的共同设定。具体而言，在场的形而上学所设定的感性与理性的对立、表象与本质的对立、意志沉沦与信仰拯救的对立、性善论与性恶论的对立等基本框架，规范了人们对生存之意义的思考和追问，也规定了人们对艺术内涵的理解。在此立场中，某种绝对的形而上学之真被理解为生存整体的意义基础，而本真的艺术与这种绝对的形而上学之真有一种模仿性的意义关联。这是形而上学思想对艺术问题的基本理解，也是他们理解生存意义的基本思路。

唯意志论对生存的入思路向与传统形而上学有明显的不同。最大的区别就是，理性形而上学与宗教信仰一再追问一个超验的本质基础，努力在此基础上筑构一个对"人"普遍有效的理性标准和信仰归宿。在形而上学者看来，既然人是存在于具体时空之中的，这个超验的理性标准和信仰归宿就必须完全超越于经验生活中的人，这样才能确保它们的普遍有效性和超验确定性；但是，叔本华与此相反，他明确把生存的本体归结为意志，认为所谓先验的理性标准和信仰归宿是最大的生存幻象，生存的本真意义不是通过在意志的世界中追寻一个终极的理性标准或信仰归宿而得来的，而是通过艺术活动和禁欲伦理对意志的平息而实现的。由此，唯意志论对真理、艺术、价值和生存之根基的问题有完全不同的思考。

形而上学设定了艺术只是生存活动中的一个具体部门，它严格区别于形而上学的绝对真理。在叔本华看来，在此思想框架中来理解真理与艺术的关系问题只能导致错误的结论。叔本华认为，艺术活动作为一种认识活动，它的意义并不在于模仿绝对真理，而在于以一种非意志支配的认识态度来认识生存整体。在他看来，生存本身甚至就是艺术性的，只是因为在具体的认识活动中，人们受蔽于与生俱来的意志的欲望，被严格地局限于个体化原理之中来理解生存，从而使人们在现实生存中一再地远离了生存的艺术性基础。总之，叔本华坚信，人们在现实的生存中遭受了无穷的痛苦，不是因为人们缺少形而上学的真理，也不是因为人们的道德标准不够高尚，而是因为人们在追求形而上学的真理意志中一再地局限于个体化原理而远离了生存的艺术性基础。

为了解释这个问题，叔本华把生存区分为两种类型：一种是日常生存，另一种是艺术生存。在他看来，日常生存是受意志欲望严格支配的生存，在此生存方式中，出于满足意志欲望的需要，人们在严格的因果关系中创造出知识、伦理和形而上学等表象世界，以为从这些表象世界中，人们可以达到精神的自由。可事实完全相反，叔本华认为，这些表象世界是筑基于充足理由律的基础之上的，它们本质上不能脱离因果关系，在根本上都体现为生存的个体化原理。艺术的生存则意味着对生存的整体认识，要达到这种认识，人们必须在审美的艺术活动和同情伦理的行为实践中打破生存的个体化原理，通过去除意志对人们的支配，在感性直观的基础上重建人与人之间的生命关联。

正是在此思路中，叔本华具体分析了艺术审美与悲剧的认识功能，认为艺术审美的功能就是平息生命意志，实现对生命整体的认识和对理念世界的静观，而悲剧艺术作为最高级的艺术，其作用就是让人们最为完整地认识到生命意志对个体生存的束缚，认识到局限于个体化原理之中的生存的痛苦性和无意义性。因此，要达到痛苦的消弭和意志的解脱，就必须平息意志欲望，从个体化的认识中解脱出来，达到对生命整体的认识。这种认识叔本华称之为生命形而上学的认识，从生命形而上学的角度来认识生存整体也就是认识真理。叔本华认为，审美活动的认识获得使人们解脱了意志的支配，是人们获得本真生存意义的重要途径。简言之，在叔本华看来，生存本身因为其与生俱来的痛苦而成为一场"悲剧"，但是，当我们能够对这场生存悲剧持无欲的审美静观之时，生存的"悲剧"便褪尽其生命意志之痛苦，在本质上成为艺术静观行为，而狭义的悲剧艺术恰恰是让人们认清生存之"悲剧"本质的最佳视点。

尼采从叔本华的唯意志论，尤其是从叔本华关于音乐的本质论述和生命形而上学的思想中得到重要启发，结合他所说的酒神精神，对希腊悲剧的诞生作出了深刻的解释。他认为，希腊悲剧艺术并不是一种局限于现代美学观念之中的审美活动，而是人们在集体的酒神庆祝活动中体验生命形而上学之认识的重要活动，在此酒神的狂欢中，生存的痛苦与虚无的恐怖被日神阿波罗的光辉所照亮，人们在艺术活动中成功地抵抗了毁灭冲动的威胁，从而形成了古希腊悲剧艺术的辉煌成就。

正是在悲剧诞生的解释中，尼采提出了艺术生存论思想，它明确区别于叔本华仍然在形而上学的真假二元对立框架中来理解生存的意义问题。同时，他还在权力意志的基础上结合酒神的感性冲动形成了艺术生理学的观点，强调人的生存恰恰是要在个体化原理的冲突对抗中获得生命力的保持与提升。在尼采看来，权力意志是生存的基本设定，一切生存活动都处于权力意志的绝对支配之中。权力意志对生存的支配可以分为两种形式，一种是强化生命力的权力意志，另一种则是弱化生命力的权力意志。一切强化生命力的意志行为都是美的，体现在伦理实践中则成为高贵者的伦理；一切丑化生命力和弱化生命力的行为都是丑的，体现在伦理实践中则成为病弱者的伦理。尼采认为，生存自身的应然律令就是打破基督教伦理对生命力的弱化和摧残，以"超人"的意志实现现存价值关系的颠倒。简言之，尼采在艺术生存论和艺术生理学的基础上重新解释了生命的本质，区别了美丑的原则差异，并强调了生命力的提升与个体化原理的冲突之间的必然关联。

尼采的艺术生存论突破了叔本华思想中仍然残留的形而上学阴影，因为叔本华一方面仍然在伦理学的视角中来理解生存的本真意义，另一方面则仍然在真与假的二元对立中判断生存的真理问题。在尼采看来，生存的唯一事实是权力意志，生存的唯一真理则是对生命力的提升，在此问题上没有任何真假之分，也没有善恶之别，只有强弱之分和好坏之别。因为生

意志与悲剧——叔本华与尼采悲剧思想比较研究

命整体的活动就是在生存与毁灭的活动中展开的，生命力的强度也正是对生存整体的毁灭冲动之抵抗中而获得的。在这个问题上，传统形而上学所设置的绝对真理并不能剥离生存的悲剧性根源，它恰恰遮盖了这种悲剧性根源。一旦它以一个唯一标准来衡量生存整体，并自认为已经成功地使生存走出悲剧认识的时候，生存便失去了它的动力来源，生存整体处于病弱状态中便成为必然的结论。正是在此认识基础上，尼采获得了对西方思想传统的价值体系进行重估的阿基米德点。

　　唯意志论思想突破了理性形而上学设定的思想框架，对生存的意义问题和生存的别种可能性作出了深入的思考，拓展了人们对生存之意义进行思考的空间，对西方现代思想有着深远的影响。但是，唯意志思想对生存的设定同样有着内在的缺陷性和紧张性。首先，在叔本华的生命形而上学思想中，生存整体的轮回被看做是同一种痛苦的永恒轮回，生存的痛苦与冲突被理解为无意义的相互残害，显然，生命之质的改变与生命力的提高这个问题从来没有在叔本华的思想中得到体现，生存整体永远没有一个外在价值目标这种认识却得到叔本华一再的肯定。其次，在叔本华的思路中，审美认识最终能够脱离意志的支配这个命题所包含的矛盾没有得到进一步的追问。在叔本华的基本观点中，我们可以看到，以严格的因果法则堵死一切知识的自在推论之后，审美认识与同情伦理成为叔本华跳出三界之外的唯一跳板。渴望脱离痛苦的意志支配了叔本华"意志解脱"的审美诉求，这个矛盾显然是他的运思所无法克服的。

　　尼采戳穿了以意志脱离意志的神话，肯定了权力意志在生存中的本体地位。但是，恰恰是这种生存的权力设定使尼采的运思陷入巨大的紧张之中。因为"狄奥尼索斯智慧"的生存纷乱虽然为打破形而上学整齐的生存图景作出了重大贡献，但这种在征服中求生存的宇宙图景在淡化了正义的制约之后，极有可能在生命的提升过程中引发一场影响深远的生存灾难。最为明显的就是尼采在否定了一切理性道德的应然目的之后，通过艺术生理学强化了生命自身的应然性，从而使生命在权力意志的设定中难以走出"强权即公理"的杀戮阴影。

当然，尼采的生存运思同样有着深远的魅力，这得益于他在道德生存之外对生存可能性所作的大力探索。在他把我们的生存世界还原为一个语言构造的精神世界之后，在酒神艺术的沉醉中重新锻铸语言的陈述空间，创造新的表象世界以开启人们新的生存可能性，这是尼采的艺术与生存之思给予我们的重大启示之一。

解释悲剧的五种根源

第一节　悲剧与生存的意义关联

　　"悲剧"一词在现实生活中有着多层次的使用空间。比如，观看了一场戏剧或电影之后，我们说："这是一场悲剧。"当看到某人遭遇了不幸的事情，我们也会说："这是一场悲剧。"在一些哲学家的著作中，我们也经常看到"人生就是一场悲剧"的判断。显然，"悲剧"一词的运用有着很强的伸张力和难以确定的阐释空间。在现代文学理论的固有认识前提下，人们在"文学"与"非文学"的区别参照中努力进行"悲剧艺术"与"非悲剧艺术"的区分，试图对"悲剧性"问题作出严格的限定。对此，德国现代心理学家里普斯就有过一番经典的论述。他认为：

　　　　任何一种悲剧性理论，如果它要求我们在悲剧艺术品面前避开作品本身，沉湎于任何一种悲观的或乐观的世界观或人生观，或者去构思我们自己的命运，并为它的结局而庆幸，那么，它是不值一驳的。

悲剧从来不"教导"我们这些把戏；反之，它只提供它所提供的一切：特定的人的行为和命运。我这里特别想到这样一种理论，它责成我们从悲剧中掏取"抚慰性的"思想，即我们有朝一日也会进入无何有之乡，并将在那里找到一种有名无实的宁静、一种有名无实的安息和融洽。众所周知，这种理论还同时要求我们超越诗作，继续构思悲剧主角的命运。否则我们怎么能知道主角死后应有的宁静呢？然而，我们给诗作画蛇添足的概念，恰巧不是诗。①

明确地说，里普斯的上述观点具有明显的独断论色彩。它强调一定要从具体的审美经验和作品阅读来谈论悲剧性问题，避免把悲剧性问题与悲剧之外的问题相联系，这是从形式因素来理解悲剧性问题的极端表现。这种看法认为，艺术作品中的命运事实只与某些人物的生存相关，因此就暗断了如下事实的合法性：即悲剧作品中发生的事情只是某些人物遭遇的事实，是"他"的事实，是"他"的命运和遭遇；不是"我"的事实，更不是"我"的命运和遭遇；"审美欣赏"的本质就是"我"对发生在"他"或"他们"身上的不幸遭遇进行无利害牵挂的观照。显然，这种悲剧性认识强化了"他者"与"我"之间的对立前提，无形中肯定了"我们"已经共同地疏离了真实的生存基础这个基本事实。简言之，这种隔岸观火式的艺术思想在根本上否认了艺术活动与人的生存之间的紧密关联。它虽然在艺术论的范围内对悲剧性问题作出了相关的探索，但它的盲视是极为明显的。对这种认识历来不乏尖锐的批评，华尔特·考夫曼（Walter Kaufmann）在《悲剧与哲学》中就认为，如果我们想获得对人们的生存条件的更深的认识，想对生命的界限进行思考，我们就不仅要从哲学家那里，而且还更要善于从伟大的悲剧诗人和其他诗人那里去学习更多的东西；② 卡

① ［德］里普斯：《论悲剧性》，刘小枫编《人类困境中的审美精神》，东方出版中心1994年版，第233页。

② Walter Kaufmann, *Tragedy and Philosophy*, New Jersey: Princeton University Press, 1968, p. 12.

袁志与悲剧——叔本华与尼采悲剧思想比较研究

西尔的批评更是一语中的，他指出："一切古代的和现代的美学快乐主义体系的一个共同缺陷正是在于，它们提供了一个关于审美快感的心理学理论却完全没能说明审美创造的基本事实。"①

对于悲剧性问题的理解，如果我们仅仅局限在形式论或审美论的视野中，停留在对悲剧的人物性格或矛盾冲突甚至故事主题等这些因素作审美特性的分析研究，那么，它的局限是极为明显的，似乎我们把它作为一场戏剧看完并发表一些形式上的审美意见之后，我们就已经完成悲剧的阅读了，可事实上这远远没有达到悲剧认识的本质核心，这正如康德所说的："有些人以为听一次布道就提高了自己，实际上却什么也没有建立起来；或是以为通过看一场悲剧就变好了，却只是为有幸排除了无聊而高兴而已。"②

实际上，艺术与人对生存的本质认识息息相关，因为任何艺术活动都必须以对生存的理解为前提，只有这样，对艺术活动的解释才有可能进行。悲剧作为伟大的艺术，它关注的不是别的东西，恰恰是生存活动中最为本质的问题，即关于生与死的理解及其意义问题。在剧情的展开之中，相互冲突的矛盾把一种对生死的直观认识带到人们的意识之中来，从而使人们在悲剧作品的阅读中潜在地意识到某些东西在人们心中激起了生命的沉响；也正是在对此沉响的聆听之中，我们与生存之意义的问题相遭遇。因此，要对悲剧中耐人寻味的东西作出有效的阐述，就必须引入生存论的思想，只有这样，我们才能对悲剧作出深入的解释；也只有这样，我们对悲剧艺术的认识才能有一个整体的思想框架。

从这个角度来说，舍勒对悲剧性问题的论述是极富启发性的，在《论悲剧性现象》一文中，他明确认为：

> 那种司空见惯的"心理"观察法试图从调查悲剧性事件的观众或
> 目击者的体验出发，发现并描写"客观条件"，即诱发体验的刺激因

① ［德］卡西尔：《人论》，甘阳译，上海译文出版社 1985 年版，第 203 页。
② ［德］康德：《判断力批判》，邓晓芒译，人民出版社 2002 年版，第 114 页。

素。与其说这种方法阐明了问题，毋宁说它没有触及问题。它仅仅回答了悲剧性是如何起作用的，却没能提示究竟什么是悲剧性。"悲剧性"首先是我们在各种事件、命运和性格等等本身觉察到的一种特征，这些事件，命运和性格的意义就是其存在。悲剧性特征是从上述这些存在本身散逸出来的一股浓重而清凉的气息，是辉映着它们的一株暗淡的微光。在这株微光中某种性质逐渐呈现出其轮廓，这种性质是属于世界的，而不是属于我们的自我、自我的感情及自我对怜悯和恐惧的体验的。[①]

显然，舍勒对悲剧性问题的上述认识从个体认识之中跳跃了出来，从命运与生存的宏观角度来理解悲剧性问题，这对我们的论述有着重要的启发作用，因为我们将要探求的问题并不是对悲剧艺术进行具体的分类，而是要探讨悲剧艺术与人的生存之间的根本关系问题。正是在此意义上，我们认为，悲剧艺术中以特定人物的方式所呈现出来的命运事实恰恰不是"特定人物"的命运，而是与每一个人都紧密相关的命运。因为在悲剧艺术的创作与欣赏活动中，人们所遭遇到的不是别的东西，而是与每一个人的生存紧密相关的一些重大问题。

简言之，正是在悲剧艺术活动中，人们对生存的某些基本问题产生了精神共振；在这种精神共振之中，被日常生活的流程所忽视和遮蔽的那些关于生存的深层思考逼近了我们，从而使我们与生存问题之间的根本关联在艺术活动中得到了重建。伟大的艺术正是因为鲜明地逼近了这个问题，或者成功地重建了这种基本关联，从而成为人类精神的宝贵遗产。这正如卡西尔在《人论》中所说的："戏剧艺术从一种新的广度和深度上揭示了生活：它传达了对人类的事业和人类的命运、人类的伟大和人类的痛苦的一种认识，与之相比我们日常的存在显得极为无聊和琐碎。我们所有的人都模糊而朦胧地感到生活具有的无限潜在的可能，它们默默地等待着被从

---

① ［德］舍勒：《论悲剧性现象》，刘小枫编《人类困境中的审美精神》，东方出版中心1994年版，第289—290页。

蛰伏状态中唤起而进入意识的明亮而强烈的光照之中。不是感染力的程度而是强化和照亮的程度才是艺术之优劣的尺度。"① 基于以上认识，我们肯定如下看法的正确性：任何试图把悲剧作品中的命运观念与我们自身的生存之间划开界限的做法都是现代审美理论的盲视；要深入地理解悲剧的本质问题，我们必须引入生存论的视野，并在悲剧艺术的生存认识中反观我们自身的现实生存。

但是，悲剧与生存的意义关联问题，在不同的生存认识中呈现出不同的形态。人们在不同的时代对生存的内涵作出不同的理解，形成了具体的生存合理性观念，在此基础上，人们以具体的合理性观念和价值体系来解释悲剧作品，在不同的向度上追溯了悲剧产生的根源，从而形成了不同的悲剧理论。结合西方悲剧思想史的事实，对于悲剧根源的追问这个问题，我们区分出如下五种基本形态进行说明，它们分别是：命运与悲剧、原罪与悲剧、理性与悲剧、意志与悲剧和荒诞与悲剧。

为确定我们的思考方向，接下来我们就对形成悲剧的五种根源进行简单阐述。

第二节　命运与悲剧

深沉的命运观是古希腊悲剧作品的根本主题。对于古希腊时代的人来说，生存是由命运所主宰的，无论是人、英雄，还是神，都没有能够摆脱命运的支配。他们坚信，正是命运的支配使人或神进入了现实的生存之路，也正是命运使人或神在生存的道路上遭遇一切痛苦和考验。因此，在古希腊这个前形而上学的生存世界中，命运是悲剧的根源，也正是由命运所支配的生存之痛苦使现实生存最终意义化为悲剧的壮

---

① ［德］卡西尔：《人论》，甘阳译，上海译文出版社1985年版，第188页。

丽画面。

命运观念又称宿命论，朱光潜曾对它作过简单的解释，认为："（宿命论）就是对超人力量的迷信，认为这种力量预先注定了人的遭遇，人既不能控制它，也不能理解它。宿命论与悲剧感密切相关，可以说是原始人类对恶的根源所作的最初解释。"① 结合具体作品的阅读来看，朱光潜的描述基本准确。在古希腊的悲剧作品中，我们随处可见人们对命运无常的感叹，无论是埃斯库罗斯的《被缚的普罗米修斯》或《俄瑞斯特亚》三部曲，还是索福克勒斯的《俄狄浦斯王》，或是欧里庇德斯的《赫卡柏》，都明显体现着浓郁的命运观。在他们三人之中，我们以索福克勒斯的《俄狄浦斯王》为例来展开论述，因为该剧最为深刻地展现了古希腊人对命运的悲剧性感受。

在《俄狄浦斯王》一剧中，神谕启示说国王拉伊俄斯的儿子将是一个弑父娶母者。为了避开这种不祥的命运，拉伊俄斯在俄狄浦斯出生之后即吩咐把他丢弃。但执行此事的牧人把他送给了科林斯王国的牧人。在科林斯国王的抚养下，俄狄浦斯长大成人。在他即将继承科林斯王国之王位时，太阳神阿波罗证实了他将会弑父娶母的神谕。为了避开这种可怕的命运，俄狄浦斯独自离开了科林斯王国，向古城忒拜走去。

俄狄浦斯企图以逃亡的方式避开命运的支配，但正是他的逃亡启开了他的命运之旅。因为在逃亡的路上，为了保全自己的性命，他在一次搏斗中杀死了几位与他争路的人，其中一位老者恰恰是他的生父拉伊俄斯；到了忒拜之后，他又破解了怪兽斯芬克斯的谜语，拯救了忒拜，由此被推举为国王，并迎娶了王后，而王后恰恰是他生母伊俄卡西特。这一切都印证了俄狄浦斯命运中的那个可怕神谕。

自从俄狄浦斯猜破了斯芬克斯之谜以后，凭着他的智慧，他相信自己已经成功地避开了那个与生俱来的可怕神谕，完全能够把握自己的命运。因此，当忒拜城再一次被瘟疫之神所笼罩，并且神启说这是由于王国中有

---

① 朱光潜：《朱光潜全集》第 2 卷，安徽教育出版社 1987 年版，第 421 页。

人犯了乱伦罪所致的时候，俄狄浦斯明确表示要惩办元凶。但是，当剧情的发展一步步地把俄狄浦斯"元凶"的身份展现出来的时候，命运完全证实了它神秘的启示：企图把握自己命运的俄狄浦斯恰恰在自己的行动中实现了命运的可怕支配！有意地逃避命运的安排与无意地实现神谕的支配竟然就是同一个事实！当俄狄浦斯在悔罪中最终自我放逐的时候，剧作最为充分地彰显了浓郁的宿命论色彩。

显然，这个剧作呈现了人与命运之间"道高一尺，魔高一丈"的基本关系：为了开创自己的生存，人固然要努力走出不可知的命运之绝对支配，但是，人的生存将永远无法绝对地割断与命运的相互关联，并且，痛苦永远是生存无法避开的基本事实。这正如剧终时由歌队长所唱的：

> 这就是俄狄浦斯，他道破了那著名的谜语，成为最伟大的人；哪一位公民不曾带着美慕的眼光注视他的好运？他现在却落到可怕的灾难的波浪中了！因此，当我们等着瞧那最末的日子的时候，不要说一个凡人是幸福的，在他还没有跨过生命的界限，还没有得到痛苦的解脱之前。①

《俄狄浦斯王》这个剧作令人震撼地呈现了命运的无常，昭示着人的生存在神秘命运面前的悲壮感。这种悲壮感贯穿了索福克勒斯的所有悲剧作品，在另一部剧作《俄狄浦斯在科罗诺斯》的结尾，索福克勒斯再次拒绝从命运之外的视角来解释生存，对于俄狄浦斯之死，他借歌队长之口申明："一切都是神的安排。"② 显然，"神"在此即指命运。

从索福克勒斯的系列剧作中，我们可以看出古希腊人对生存的独特认识，即强调命运是导致生存悲剧的根源，而悲剧艺术所敞开的精神空间正

---

① ［古希腊］索福克勒斯：《俄狄浦斯王》，罗念生译《古希腊悲剧经典》，作家出版社1998年版，第180页。

② ［古希腊］索福克勒斯：《俄狄浦斯在科罗诺斯》，罗念生译《古希腊悲剧经典》，作家出版社1998年版，第240页。

是命运与生存之间所形成的根本矛盾。在古希腊人看来，既然在个体生命的开始与终结之间，一切都受命运的支配，人就必须勇敢地接受命运的必然安排。作为命运之体现的生命本身，本质上是神秘的，它拒绝命运之外的伦理解释；但是，正是因为生存与命运的必然遭遇，使生存本身的意义得到了追问和思考；也正是在此必然遭遇中，由它所激起的思想火花闪亮了艺术创造的精神空间，而艺术活动及其结晶也就成为唤起这种思考的深沉呼号。简言之，古希腊的悲剧作品昭示了这个事实，即命运总会在冥冥之中呈现出它的神秘性和不可穿透性，但是，正是在此神秘性中，痛苦生存获得了自身的审美意义，因为古希腊人最终把这一切都转化为悲壮的艺术创作，其巅峰即是古希腊悲剧艺术。

第三节　原罪与悲剧

严格说来，悲剧艺术是古希腊这个前形而上学的生存世界所特有的精神现象，因为悲剧艺术与对命运的神秘体验紧密相关。一旦宗教或哲学对生存作出了清晰的规划之后，生存便失去了对命运的神秘体验，悲剧艺术从而也就失去了生存的根基。这正如朱光潜在《悲剧心理学》中所说的：

> 虽然悲剧也和宗教和哲学一样，试图解决善与恶这个根本问题，但悲剧的精神与宗教和哲学却是格格不入的。当一个人或一个民族满足于宗教或哲学时，对悲剧的需要就会消失。哲学试图把令人困惑的一切都解释清楚，在一定程度上，宗教也是如此。哲学一旦找到可以从理论上加以论证的教条，宗教一旦找到可以给情感以满足的信条，就心满意足了。……可是，人们一旦在宗教里求得平静和满足，悲剧感也就逐渐减弱以至于完全消失；因为从宗教的观点来看，这个短暂的现世苦难和邪恶，与来世的幸福相比是微不足道的。因此，一个人

走向宗教也就离开了悲剧。[①]

学界普遍认为基督教世界与古希腊世界之间被划开了一道鸿沟，支持这种认识的有力论据之一就是基督教世界在宿命论的角度脱离了古希腊的悲剧世界。

具体说来，当基督神学在"至善"第一因的思想基础上构筑起它的神学体系的时候，生存整体便纳入了伦理至善的特定视野之中。由于它认定了对"至善目的"的追求是生存的唯一真实道路，它便完全拒绝了基于宿命论之上的对生存的悲剧性解释，因为宿命论没有给生存确定一个明确的目的。当基督教认为它通过一套至善理论能给生死问题提供一种合理解释的时候，它便把生存从宿命论的不可知之深渊中拉了出来，并纳入了由至善伦理所夯实的坚实大道上。这一点我们在圣·奥古斯丁的《忏悔录》一书中不难找到明确的表述。对于奥古斯丁来说，类似于剧场与罗马斗兽场这些场合，它们都是生命偏离了至善关怀的罪恶渊薮，除了激发人们的恶劣情欲，使生命永远从至善目的中沦落之外，它们的存在别无意义可言。总而言之，基督神学认定至善信仰是拯救灵魂的关键，它力求对"恶"进行伦理的说明，希望通过阐明"恶"的本质，从而使沉沦的生存回归至善境界。

基督教思想改变了古希腊的生存观，也终结了它们的悲剧观；但是，它同时也形成了独特的生存观，在艺术领域也就形成了独特的悲剧观。在基督教思想看来，生存是一场悲剧，这是毫无疑义的。但是，导致生存悲剧的根本原因并不是命运，而是人与生俱来的原罪，这种原罪不是自我之外的神秘启示，而是与自我的生存如影随形的罪恶欲望。具体而言，基督教的悲剧观认为，生存的痛苦本质上是由于人们生来即具有的沉沦罪孽所致，它使人们在现实的生存实践中偏离了绝对的至善目的；在日常的生活中，人们只懂得爱慕现实的具体事物，而不知道爱慕超越于万物之上的上

① 朱光潜：《朱光潜全集》第 2 卷，安徽教育出版社 1987 年版，第 422—424 页。

帝，由此便造成了生存的无限痛苦；但是，只要人们在面对生存的痛苦考验时能坚持对上帝的绝对信仰，生存便能够从痛苦与沉沦中解脱出来，达到至善的自由幸福境界。这种认识贯穿了中世纪的所有宗教剧，其中，最为鲜明地体现这种宗教认识的剧作，无疑是西班牙诗人卡尔德隆的系列剧作了。

歌德曾经在《浮士德》中描写了浮士德为了追求心灵的最高安慰而把灵魂抵押给魔鬼的故事，这个故事的母题直接来源于卡尔德隆的剧作《神奇的魔法师》。在该剧中，哲学家西普里亚诺在魔鬼的诱惑下爱上了美人胡斯蒂娜，甘愿把自己的灵魂抵押给魔鬼，通过学习魔法拼命追求自私的肉体享乐。但是，他学来的魔法并不能使胡斯蒂娜就范，因为意志自由的信念与对上帝的信仰让胡斯蒂娜克服了种种诱惑；同时，当西普里亚诺怀抱里的胡斯蒂娜突然间显现为没有生命的骷髅时，他也猛然意识到自己灵魂的堕落，因此向魔鬼索还他的灵魂抵押契约，但魔鬼绝不应允。最终，因为胡斯蒂娜信奉基督教，违反了罗马的世俗法则；西普里亚诺也因为把灵魂已经抵押给魔鬼，没有自由的意志，他们决定通过走向死亡，让灵魂最终摆脱世俗法则与魔鬼诅咒的痛苦，回归于万能与仁慈的上帝怀抱中。

卡尔德隆在该剧中明言："如若没有我寻找、敬仰和崇拜的伟大的上帝，人类的各种荣耀就如同尘土、青烟、灰烬和风。"① 显然，上帝在此已经是唯一的真实存在，对上帝的信仰成为解脱原罪和灵魂得救的唯一手段。相对于这个唯一真实的上帝来说，所谓现实的人生的过程无异于过眼云烟，生存的过程不过是一场梦幻，这一思想明确地体现在他的《人生如梦》一剧中；同时，由于上帝是全知全能的造物主，上帝的正义就先于一切世俗的法则。在世俗法则与神性正义产生冲突的时候，人必须选择上帝的神圣正义，因为从基督教精神看来，自然法永远高于世俗法，这种思想同样明确地体现在他的《萨拉梅亚镇镇长》一剧中。总之，在卡尔德隆的戏剧世界中，原罪作为生存的悲剧根源，与神学上帝作为悲剧拯救的保

① ［西班牙］卡尔德隆：《神奇的魔法师》，周访渔译《卡尔德隆戏剧选》，上海译文出版社1997年版，第339页。

证，它们之间的相互关联得到深刻的展现，他的剧作为基督教神学对生存之悲剧性解释提供了经典范本。

由于基督神学对生死问题作了原罪沉沦的裁定和灵魂救赎的许诺，因此，由上帝的圣洁之光所笼罩的痛苦生存最终便变成了一出以幸福结局为指归的喜剧，这一切在但丁的诗作《神曲》中体现得再清楚不过了。在但丁的诗篇中，我们可以清楚地看到他对生存悲剧性历程的深刻描述，他一再强调了人的原罪是生存所有痛苦的缔造者。但是，在此神学诗篇中，世俗生存的一切痛苦与沉沦都在对"至善"的认识这把标尺下得到衡量与定位，也最终在天国的圣恩中得到了救赎与升华。从这个角度来说，中世纪的基督神学对生存的悲剧性描述在本质上是一出以乐观主义为基调的神学交响曲。因此，从本质上来说，任何由基督神学所派生的宗教悲剧都已经脱离了古希腊世界对痛苦的艺术感受，它们在本质上都是生存喜剧，而不再是生存悲剧。

虽然古希腊的悲剧生存世界与中世纪的基督教世界都是一个有神论的世界，但"此神"非"彼神"，由此而形成的悲剧观也就有着本质的区别，这正如朱光潜所说的，古希腊悲剧表现人与命运的搏斗，常常在我们眼前生动地揭示无可解释的邪恶和不该遭受的苦难，所以总带着一点渎神的意味。但是，在希伯来人看来，这个世界秩序井然，完全服从正义的原则，上帝不可能冤枉好人，所以上帝造成的一切也不会有冤屈，上帝是全知全能的，所以一切都是由天意预先安排好的，而不是由不可知的命运所支配的。① 因此，生存的悲剧性问题只能是由于至善目的沦落所致，而不是由神秘命运的支配所致，这就是基督教神学关于悲剧性问题所持的根本观点，也是它区别于古希腊悲剧观的根本所在。

当然，由基督教神学所影响的悲剧观念，其体现形式是多方面的，莎士比亚和拉辛所写的悲剧就明显区别于卡尔德隆的宗教剧，但是，对于体现着明显的异教精神的莎士比亚悲剧，近来也有学者试图从基督教精神的

---

① 朱光潜：《朱光潜全集》第2卷，安徽教育出版社1987年版，第436—443页。

角度来作出研究与解读，认为莎士比亚的悲剧关于死亡的描写完全可以从基督教的复活教义中找到其认识根源。[1] 因此，对于莎士比亚的悲剧，我们同样可以从基督神学的基础上来理解它；至于完全以基督教思想中的神秘精神为主题的拉辛戏剧，那就更不用我们去细说了。

第四节　理性与悲剧

以理性精神来取代宗教信仰，并以之为依据来裁判生存的合法性问题，这是西方近代以来的思想变迁大势。因此，从理性的角度来考察生存的悲剧性问题，这显然是近代现象。对于悲剧的根源问题来说，基督教认为是人的原罪导致了生存的悲剧，但是，理性主义者则认为，是人的片面理性导致了生存的悲剧。有必要指出的是，从基督神学的角度转变到理性精神的角度来考察生存的悲剧根源，本质上不过是一种元叙事立场替换了另一种元叙事立场，但从某种确定的目的出发来规定生存的合法性这个共同的预设并没有根本的改变，因此，从理性的角度来呈现生存的悲剧性问题，这与前述从基督神学的角度来呈现生存的悲剧性问题有一定的内在相似性。

从理性角度来解释生存的悲剧性，这大致可以分为两种形态，一种是以高乃依为代表的新古典主义的悲剧观念，另一种则是以黑格尔为代表、以绝对精神的发展为形式的悲剧观念。在此，我们先从高乃依的新古典主义悲剧说起。

《熙德》是高乃依对新古典主义剧作的经典贡献，它叙述了这样一个故事：唐·狄埃格作为国家的元老，被国王委以王子太傅一职，现任权臣唐·高迈斯不服，在一次争执中打了狄埃格一记耳光，这极大地污辱了后

---

① ［英］海伦·加德纳：《宗教与文学》，江先春等译，四川人民出版社1998年版。

者的尊严。狄埃格的儿子罗德里格出于家庭荣誉感，为父报仇，在决斗中杀死了高迈斯。高迈斯的女儿施梅娜原来是罗德里格的情人，但出于血亲伦理的责任，她要国王处死罗德里格。在矛盾相持不下的时候，此时恰巧外敌摩尔人大举入侵，罗德里格率部抵抗，大获全胜，保卫了国家的安全。在国王的斡旋下，施梅娜捐弃前嫌，最终与罗德里格结为连理。这就是剧情的大致经过。

高乃依剧作中的人物都处于情感与理性这个基本的二元对立模式中，并且最终是让理性作为价值判断的最高标准，从而战胜了情感。具体在《熙德》一剧中，我们可以看到，罗德里格所面对的一方面是自己家族的荣誉，另一方面是自己与施梅娜的爱情，在两者不可得兼的情况下，他选择了前者；同样，施梅娜面对着同样的选择，在情人与家族荣誉之间，她也只能选择了后者。这个相同的选择明显体现着新古典主义的价值标准：正是对社会责任这种片面理性要求的坚持使人物处于悲剧的尖锐冲突之中，但是，在社会责任与个人的情感之间，个人情感永远要毫不犹豫地服从于社会责任的支配。

剧情发展到罗德里格杀死了高迈斯这一步之后，原先是一对爱侣的罗德里格与施梅娜已经互为仇人，虽然他们彼此仍然深深地爱着对方。但是，仍然存在着化解他们矛盾的可能性，这就是国家利益。在国家利益这个宏大观念中，坚持个人复仇的片面理性完全可以得到化解。在剧中，已经成为民族英雄的罗德里格不必因为自己的内疚（因为他杀死了情人的父亲）而自杀，施梅娜也可以捐弃自己的家仇而与罗德里格结婚。在此戏剧转变中，我们再一次看到了新古典主义的深层价值标准：即在片面的伦理责任与国家利益之间，国家利益是绝对决定因素，个人情感与家族荣誉这些片面的理性要求必须在绝对王权的支配下取得一致与达到和谐。

高乃依的悲剧，在价值取向上是极为纯粹的。在他看来，导致悲剧的是理性，解决悲剧的也是理性。显然，这种纯粹性是他用宏大理性这个价值坐标滤清了人性的种种负面因素，并最终把它纳入绝对王权之中而得来的。社会的正义问题在国家利益这个主题下得到最终解决，人性的崇高则在理性的光辉下得到彰显；绝对王权是悲剧的庄严基调，绝对理性则是悲剧鲜明的价值指向，这就是新古典主义悲剧的鲜明价值维度。文学史家韦勒克曾认为："法国新古典主义趣味对于文明的一项不朽贡献就在于它的纯洁性。"①

在高乃依的悲剧中，作为绝对理性之化身的世俗王权取代了宗教信仰，成为价值等级中的最高目标，这条思路已经清晰可见。黑格尔则通过绝对精神的发展来树立理性精神的最高价值，进一步巩固了世俗王权（现代国家体制）在精神世界中的最高地位，这一认识在现代思想界有着重要的影响。在黑格尔看来，古希腊的悲剧作品《安提戈涅》在解释绝对精神的生成方面具有无可代替的作用，因为它形象地解释了原先各具片面性的理性精神如何导致不可调解的矛盾，这种矛盾冲突又如何克服自身的片面性，从而上升为绝对的理性精神；并且，它还在深层次上解释了个人的牺牲最终怎样在现代国家整体的理性精神中得到慰藉这个重要问题。

《安提戈涅》讲述了这样一段故事：俄狄浦斯在自我放逐的生活中死去之后，他的两个儿子波吕涅克斯与埃特奥克勒斯之间的矛盾就公开化了，开始的时候他们是轮流执政，然后是互相争夺王位，最终双方都战死于权力的争夺中。由于弟弟波吕涅克斯集合了一批外邦人来攻打自己的城邦，违背了城邦的利益，因此，已经篡位的克瑞翁下令只许埋葬长兄埃特奥克勒斯，对波吕涅克斯则暴尸野外，并且下令：违令埋葬叛国者同死！可是，安提戈涅是他们的姐姐，出于骨肉至亲的伦理责任，她违抗了新国王的命令，偷偷埋葬了波吕涅克斯，克瑞翁由此下令处死安提戈涅。安提戈涅的情人海蒙恰恰是克瑞翁的儿子，他也无法劝自己的父亲网开一面，便随安提戈涅同死；克瑞翁的妻子面对着凄惨的结局，也引刀自戕。对于这个结局无限凄凉的古希腊悲剧，黑格尔赋予它无限的理性光芒，一再肯定地指出："从冲突这一方面来看，《安提戈涅》是其中一部最优秀最圆满

① ［美］韦勒克：《近代文学批评史》第 1 卷，杨岂深、杨自伍译，上海译文出版社 1997 年版，第 55 页。

的艺术作品。"①

黑格尔认为，艺术是"理念"的感性显现，但此"理念"必须经过对立矛盾的扬弃和发展，片面的理性精神才能最终在冲突中扬弃自身，在更高的层面上回归到绝对精神，艺术恰恰要体现这个理念的形成过程。悲剧作为艺术的最高形态，它正好是体现"绝对精神"生成过程的最佳例子。从矛盾冲突的角度来看，黑格尔强调，悲剧中生成的绝对精神必须经历如下三个步骤，即：一是作为人物性格出现的相互对立的精神力量；二是两种不同的精神力量在不可调和的斗争中经历辩证的斗争；三是相互对立的因素克服了各自的抽象性与局限性，从而上升为具体的"永恒正义"。在黑格尔看来，《安提戈涅》恰恰符合上述条件：因为安提戈涅与克瑞翁是同在一个王权系统之下的人物，但他们之间不可避免地存在着观念的片面性与矛盾的对立性：即安提戈涅只尊重骨肉伦理，克瑞翁只尊重世俗王权；从常理来说，安提戈涅同样应该尊重这个王权体制，而克瑞翁也同样应该尊重血统伦理，但他们在现实情况中都无法独自调和这个矛盾，因此，它们必然要经历矛盾的激烈冲突，在此过程中克服彼此的片面性和抽象性，最终才能上升到"调解"的、辩证阶段的"永恒正义"。

毫无疑问，黑格尔的悲剧理论是以逻辑裁剪历史的典型例子，但这还远远不是问题的本质所在。最为关键的是，无论在高乃依的悲剧作品中，还是在黑格尔的悲剧理论中，它们的背后都耸现着现代国家体制的理性追求。正是在这种追求的驱动之下，理性主义哲学把本真的生存状态解释为合乎理性的生存之后，再以悲剧这种最高的艺术形式来图解这种生存设想，最终把悲剧精神定位在现代国家的形成这个理性构造物之上，这种先验的独断才是问题的本质所在。对此，我们不妨追问：理性把自己捧为生存的最高价值，根据何在？现代国家体制的实现与完善是生存的必然结果吗？问题追问到这一步，从理性精神来解释生存的悲剧性问题便呈现出它

　　① ［德］黑格尔：《美学》第3卷·下，朱光潜译，朱光潜：《朱光潜全集》第16卷，安徽教育出版社1990年版，第294页。

的现代性色彩：即从理性的角度来解释生存的悲剧性本质，并以之为基础而建立的一整套理性哲学，这不过是现代国家体制所催生的一套现代神话！在这个意义上来说，理性主义同样是一套宏大的元叙事话语，正如阿伦·布洛克在《西方人文主义传统》一书中所说的："理性主义打破了宗教和教会对人思想的垄断以后，自己也变成了一种教条式的意识形态，同样不允许对它的假定进行检查，也同样不容异见。"① 显然，这个评论对我们的理解极有助益。

正如陀思妥耶夫斯基在《卡拉马佐夫兄弟》中所描述的：究竟是宗教的国家化，还是国家的宗教化，这是摆在现代西方人面前的重要选择。现代西方人最终在宗教祛魅化的过程中以现代国家体制的理性追求取代了传统宗教教义对生存的有效组织，西方社会由此进入了现代社会。但是，从人类生存的角度来说，现代国家体制毕竟只是一种近代现象，只是一种特定的社会组织模式；从人类的精神状况来说，以理性为价值判断的最终裁决标准也只是一种特定的文化形态而已。因此，说高乃依的剧作"创建了一所伟大灵魂的学校"，② 说他是"为人类而写作的诗人"，③ 或者认为黑格尔的悲剧理论已经穷尽了悲剧艺术的内涵，这些评论显然都是一孔之见，它们只有在特定的时代背景下才有具体的意义。因为人类固然在以理性为价值核心的社会中发展了极大的文明，但这种文明也给今天的人们带来了许多生存问题，这一切都迫使我们对理性的生存方式进行深刻的反思。这正如宗教学家尼布尔所说的，当人类把终极信靠的观念仅仅集中在人类的某一种能力上的时候，它必然导致以人为中心的现代"人本主义"观念。如果人们对这种能力过于乐观的话，人类也就容易忽视了自己永远不可克服的认识盲点，从而再次埋下人类生存的悲剧根源。

① ［英］阿伦·布洛克：《西方人文主义传统》，董乐山译，生活·读书·新知三联书店 1997 年版，第 176 页。

② 伏尔泰语，转引自［美］韦勒克《近代文学批评史》第 1 卷，杨岂深、杨自伍译，上海译文出版社 1997 年版，第 53 页。

③ 巴莱蒂语，转引自［美］韦勒克《近代文学批评史》第 1 卷，杨岂深、杨自伍译，上海译文出版社 1997 年版，第 189 页。

第五节　意志与悲剧

当黑格尔式的理性精神努力以"性格"、"个性"及"典型性"等概念来描述和规范生存的本真状态，通过艺术去超越日常的现实之时，有人则努力通过生存本身来解释生存，他们力求把现实生存本身作为艺术品来看待，努力使日常的现实生存同样获得它的审美意义，从而使生存获得它的诗性内涵。对待生存的这种态度，最为明显的便是叔本华的唯意志论思想。对于叔本华来说，形成"生存是一场悲剧"这个判断的根本前提既不是理性，也不是原罪，而是与生存活动须臾不离的意志。

把意志作为生存的本体，并把生存本身当做意志欲求的过程来理解悲剧的精神，而不是从至善目的的标准之下通过理性精神的发展来理解悲剧精神，这是唯意志论悲剧思想的根本着眼点。可以肯定地认为，极力否定理性精神对生存解释的垄断和遮蔽，是唯意志论思想的根本出发点，而这一切在叔本华的思想中表现得再明显不过了。

在叔本华看来，黑格尔式的理性精神认为自己最终能把生存引向一个超脱矛盾与冲突的"绝对"，这显然是错误的，导致这种错误的根本原因就在于人们一直都没有真正地探索过生存的本体基础，即意志。叔本华明确认为，由意志的个体化原理所形成的现实生活有着其必然的矛盾与冲突，这是凭借抽象的理性法则永远也不能平息的。因为意志的本质就是"我要"，而这恰恰是一切有生命特征的事物之最初本能，企图在矛盾的对立发展中消除这种"我要"的意志基础，这无疑是"痴人说梦"。正是从这种观点出发，叔本华明确认定，在意志个体化原理的支配之下，基督神学与理性主义者所盼望的至善目的绝不可能实现，因为它们在本质上都是意志活动的体现，所以，至善目的和绝对精神不过是理性伦理所编织的一个谎言，打破了这个谎言之后，现实生存本质上彻头彻尾地呈现为一个悲剧性过程，在叔本华看来，造成这种悲剧现实的根本原因不是什么理性，而是意志。

在对生存作出了唯意志论的解释之后，叔本华建立了独特的艺术认识论与悲剧理论。在他看来，艺术并不是生存自身的矛盾被克服或扬弃的过程，真正的艺术正是生活本身，只不过人们必须从中跳出来，把生活本身当做一个宏大的画面来观看。这样即意味着艺术就是人们超脱了意志，对生存整体进行审美的静观。简而言之，对生存的非意志静观就是艺术活动。悲剧作为艺术的最高形式，就是要在最为日常化的生活画面中呈现最为激烈的意志冲突，并在此激烈的意志冲突形式中透视生存的本身的残酷性。一旦最为激烈的意志冲突方式作为画面呈现在我们面前，我们也就达到了艺术认识的最高境界：生命意志的完全平息。

由于把生存本身当做艺术来看，真正的悲剧性就不在于黑格尔所说的片面理性及其激烈的矛盾冲突，而在于在日常生活中包含着不可避免的意志欲望。在叔本华看来，英雄的不幸遭遇固然能引起人们的悲剧性感受，但平常人在日常生活中仍然无法避免不幸的遭遇，则更能激起人们对生存的悲剧性感受，因为正是日常生活中不可避免的意志冲突更为完整地呈现了生存的悲剧性本质。以此标准来衡量古希腊悲剧，叔本华不得不认为，古希腊悲剧仍未臻完善。在举例解说自己的观点这个问题上，叔本华未能做到尽善尽美。正是出于这种认识，王国维认为，《红楼梦》是解释叔本华悲剧思想的最佳范例，它是"悲剧中之悲剧"，因为该书恰恰是通过日常的现实生活呈现出生存的虚无本质与悲剧本性，所以，在《〈红楼梦〉评论》一文中，王国维一再明确指出："《红楼梦》一书，实示此生活此苦痛之由于自造，又示其解脱之道不可不由自己求之者也。"①

在王国维看来，《红楼梦》之为悲剧中之悲剧，是因为它充分地展现了日常生活中的意志冲突之不可消除性，同时也最为充分地展现了生存的

① 王国维：《〈红楼梦〉评论》，王运熙等编《中国文论选》近代卷·下，江苏文艺出版社1996年版，第473页。

意志与悲剧——叔本华与尼采悲剧思想比较研究

解脱之道在于生命意志的平息。他认为：

> 宇宙一生活之欲而已。而此生活之欲之罪过，即以生活之苦痛罚
> 之：此即宇宙之永远的正义也。自犯罪，自加罚，自忏悔，自解脱。
> 美术之务，在描写人生之苦痛与其解剖之道，而使吾侪冯生之徒，于
> 此桎梏之世界中，离此生活之欲之争斗，而得其暂时之平和，此一切
> 美术之目的也。……若《红楼梦》之写宝玉，又岂有以异于彼
> 乎？……《红楼梦》者，可谓悲剧中之悲剧也。①

总之，由于叔本华思想与东方佛教思想的相近性，王国维据之分析
《红楼梦》，从唯意志论的思想基础上解释了该书的精神实质，这在完善叔
本华的悲剧思想方面无疑是一个重要贡献，也正是通过对《红楼梦》的分
析，使人们对悲剧的认识视野产生了新的扩展。

把生存本身作为一场悲剧来阅读，这是叔本华给尼采的最大启发。但
是，尼采区别于叔本华之处就在于，尼采并不通过否定生命意志来静观生
存本身，恰恰相反，他强调必须通过肯定生命意志才能激发起生存本身的
支配欲望和求胜意志，从而使生存在痛苦的经历之中绽放出绚丽的艺术之
花。在叔本华思想的基础上，他撰写了对后世有着深远影响的著作《悲剧
的诞生》。

尼采悲剧理论的最大贡献在于他在生命形而上学思想的基础上，通过
引入酒神精神与日神精神这两个重要参照系来解释了古希腊的悲剧之诞生
及其对生存的重要意义。在尼采看来，悲剧这种伟大的艺术，是古希腊人
的一种神圣活动，无论是在悲剧的创造中还是在对悲剧的观看中，人们都
经历了个体化原理的去除过程，通过音乐的感召，人们走出日常的自我，
在创造性的行动中与生存的神秘太一合为一体。总之，尼采认为，在悲剧
这种集体化的酒神庆典活动中，古希腊人在醉感的生存状态中消解了生存

---

① 王国维：《〈红楼梦〉评论》，王运熙等编《中国文论选》近代卷·下，江苏文艺出版社
1996年版，第474—477页。

的所有痛苦，并使之变形为伟大的艺术创造。总之，在这醉感的艺术生存中，人们走出自我，把自身看做生存本身的一件艺术品，通过个体的生生灭灭而融入了生存整体之中，从而实现了生存艺术化的创造本质。

总之，在人们对生存本身的思考渐行渐远的时候，唯意志论思想重新使生存之思获得了它的非理性基础，使生存本身的悲剧性问题完整地呈现在人们面前。在叔本华通过唯意志论思想把生存本身形而上学化之后，尼采通过分析悲剧的诞生，最终使生存的本质问题之思引向艺术创造的精神空间，从而颠倒了西方长久以来在哲学与艺术二元对立的思想框架中来考察艺术的根本看法，为后来的存在主义哲学提供了人思的参考路标。

第六节　荒诞与悲剧

从生存本身出发，而不是从理性精神出发来解释生存的意义，这在本质上是拒绝人们对生存进行抽象的主题化；值得注意的是，生存本身虽然拒绝一切主题化的抽象叙事，但生存本身并不拒绝意义，它自身就是意义之源，这是唯意志论思想关于生存之思的基本预设。正是在这个基础上，叔本华与尼采都不再奢望理性哲学能够成功地拷问出生存本身的意义，他们不约而同地换了一种思路，即力求借助艺术性的眼光，通过把生存整体理解为一场悲剧艺术的方式去追问生存的深层意义。但是，在20世纪很长的一段时间内，生存究竟有无意义，却成了人们思考的前提。不论人们对此命题的思考究竟得出肯定或是否定的结论，生存的意义已经显得陌生起来。正是这种陌生的生存体验形成了20世纪西方生存之思的大体特征，也正是对它抱着这种陌生感，在艺术作品中所体现出来的精神世界便成为一个荒诞的世界。总之，在生存本身是一个悲剧过程的命题之上，人们又以一种无根之思给它抹上一层荒诞的色彩，于是，荒诞与悲剧便在本质上相互关联了起来，对生存的荒诞认识和体验，也就成为人们解释悲剧的根本原因。

毫无疑问，使荒诞意识变得举世瞩目的是第二次世界大战后的"荒诞派戏剧"的出现。1950年，当尤奈斯库的《秃头歌女》登上舞台的时候，它宣告了荒诞派戏剧的正式诞生；1953年，贝克特的《等待戈多》的成功上演则为荒诞派戏剧赢得了世界性声誉；1961年，英国批评家马丁·艾斯林以"荒诞派戏剧"为名对贝克特、阿达莫夫、尤奈斯库和热内等人的剧作进行研究的时候，"荒诞派戏剧"的名称便正式固定了下来，成为人们特称这类戏剧创作的专有名称。

显然，要确定荒诞派戏剧的文化身份，是十分困难的，因为它的荒诞身份本身就强调不确定性。从内容方面来说，各个剧作所强调的内容并不相同。比如说，在《等待戈多》中，它突出的是人生的没有意义；在《秃头歌女》中，它反映的是人与人之间的不可沟通；在《椅子》中，则突出语言完全失去作用；在《新房客》中，则强调了物对人的压迫；等等。从形式的方面来说，各位剧作家的出发点也并不相同，比如说，有的作家重在追求"反戏剧"的效果，有的作家则重在强调它的"反理性"色彩，有的作家则着重追求"纯戏剧性"，等等。面对着与传统戏剧所追求的"纯粹性"与"明晰性"完全相反的情况，如果我们要对它进行简单概括的话，则大体上可以认为，荒诞戏剧是西方精神传统的崩溃及现代战争对人性尊严的摧毁之深层影响在现代这个高度工业化的生存环境中所产生的艺术之花，它以荒诞的形式深刻地呈现了现代生存的悲剧性体验。

显然，荒诞戏剧把生存的困境问题摆到了我们每个人的面前，面对着这种与我们的生存紧密相关的、以荒诞的形式体现出来的悲剧性，我们如何理解它与评价它呢？参考艾斯林的评论，对我们会有一定的启发性。在他看来：

> 希腊悲剧使观众知道反抗命运无法抗拒的力量和神的意旨时人的悲壮的立场，这对他们具有陶冶的作用并使他们更好地正视其时代，在荒诞派戏剧里，观众见到的是人的状况的疯狂，使他们看到了其状

第一章 解释悲剧的五种根源

37

况的严峻与绝望，而这在消除其幻想或隐约感到的恐惧与焦虑后，便使他们能够有意识地面对这种状况，而不是感到它隐约地隐藏在语言委婉和乐观主义幻想的表面之下。而这反过来，便造成了解除焦虑的作用。这就是世界文学中的全部怨愤的幽默和黑色幽默，而荒诞派戏剧，则是这种幽默的最新例子。①

结合艾斯林的整体论述来看，他多次把荒诞戏剧与古希腊悲剧、中世纪神秘剧与巴罗克圣礼剧相提并论，对荒诞派戏剧的评价是较高的。从上述引文来看，他也试图借用亚里士多德的悲剧理论来解释荒诞戏剧的"卡塔西斯"功能，认为荒诞戏剧能够让人们从荒诞意识中警醒过来，还有解除焦虑的心理作用等。可是，我们必须指出，虽然荒诞戏剧在把握生存所处的精神困境及其征候方面，是极为敏感和准确的，但荒诞戏剧对于生存的意义之探索这个问题基本上采取了消极态度，因为它基本上认同了价值的虚无主义观点，这对于要如何开拓本真的生存空间这个问题来说，它所提供的价值参照其实是极为有限的。

首先，荒诞派戏剧认定，直接呈现病入膏肓的生存世界，这就是艺术。甚至，如果人们对这个令人"恶心"的生存世界还安之若素，那么荒诞戏剧的剧作家们就通过明确的理论指导，采取一系列反常的戏剧手段，有意识地打破人们的认知习惯，把一个超出常理之外的生存世界给制造出来，以求人们在戏剧观赏中达到"间离效果"，希望能够以此来唤醒人们对现实的非认同感。这正如赫伯特·马尔库塞所说的："要使人认识到当代世界隐藏在意识形态和物质面纱背后的真面目，认识到它是怎样发生变化的，戏剧就必须打破观众与舞台事件的同一。所需要的并不是移情作用和感受性，而是间距和反思。"② 就这点来说，荒诞派戏剧并不能摆脱它的"主题先行"性，它与古典理性主义的"主题先行"性之区别只在于：他的主题是荒诞的"无"，而古典理性主义的主题意识则是宏伟的"理性"。

① ［英］马丁·艾斯林：《荒诞派戏剧》，刘国彬译，中国戏剧出版社1992年版，第260页。
② ［美］赫伯特·马尔库塞：《单向度的人》，刘继译，上海译文出版社2006年版，第62页。

意志与悲剧——叔本华与尼采悲剧思想比较研究

因此，荒诞艺术的背后显然有着一套明确的哲学认识在支持着它的探索与实践，这与它自己一再强调要打破哲学对艺术的支配这种认识有着内在的紧张性。就这点来说，现代荒诞戏剧与其说是绽开在生存的真实基础之上的艺术之花，不如说是建立在一套特定的哲学认识基础上的艺术探索。也正是因为这种内在的矛盾性，使荒诞戏剧在本质上成为一种无根之思。

其次，就荒诞戏剧"以生活来说明生活"的基本立场来说，它与唯意志论思想对生存的认识有一定的内在关联性。但是，值得注意的是，叔本华与尼采都没有认同现实的生存本身直接就可以作为艺术而呈现它自身，因为平面的生存事实还必须有意义的深度，这样才能使艺术具有丰富的内蕴。在叔本华与尼采看来，艺术远远不是人们交流失败的产物，也绝对不是苍白世界的无义言说，相反，艺术是重建人与人之间本真关联的根本途径。就这点来说，现代荒诞戏剧对现实的失语，对人与人之间有效交流的刻意阻断，对生存之虚无主义自甘沉沦，这明显与尼采的酒神精神完全对立。如果我们认为尼采的悲剧精神对现代人的生存仍然有一定的价值和意义的话，那么，现代荒诞艺术如何走出它的失语困境，重建人与人之间的意义关联，便成为生存之思责无旁贷的使命。

第七节 小结:诗性生存的入思路标

胡塞尔的现象学已经证明，任何试图否定真理之存在的命题或论断，都不过是人们在无知中犯了简单的逻辑错误。如果我们把胡塞尔所说的逻辑真理置换为生存的终极意义，那么，现代荒诞艺术对生存之意义的否定同样也犯了一个简单的逻辑错误。因为生存本身就是意义之源，但作为生存方式之一的荒诞艺术却试图否定生存的意义，这正是它不可克服的内在矛盾。因此，荒诞艺术对生存之意义问题的思考是难以令人满意的，它并没能够给生存指明一个基本的价值方向，我们在荒诞戏剧的语言断路中还没有找到生存的归家之途。正如海德格尔所说的，现代艺术在什么地方去认出或者至少是寻找艺术的最固有的东西，仍然是晦而不明的。① 如果我们试图在荒诞艺术中寻求可靠意义的话，它的意义就主要体现为：当它把生存的困境摆到了我们每个人面前的时候，也无形中把"生存如何走出这种困境"的问题摆到我们每个人的面前。

众多的思想流派都在为当代人的生存困境寻找出路。

首先，试图从基督教的传统中找到适应现代人生存的精神支点就是这种努力的表现之一。事实上，基督教精神从启蒙运动开始至今，就一直在努力地调整着自身，以求成功地面对现代理性精神的挑战。从19世纪陀思妥耶夫斯基的小说，到20世纪社会学家丹尼尔·贝尔的社会蓝图设计，我们都可以看出基督教精神对现代西方人的深刻影响。显然，基督教神学仍然是现代无根生存的一个不可多得的精神栖息地。但是，在世俗化的洪流中，在尼采"上帝已死"的呐喊余响中，重估一切价值的认识在驱使着我们走出宗教信仰的领域，它不断地提醒着我们必须把目光越过基督神学的畛域，努力去探索生存的本真根源。正是在这种意义上，前形而上学时代的古希腊精神世界一再成为思想家注目的园地。许多思想家深信，对它的回溯极有可能重新燃起生存的指路明灯。

其次，坚持人文主义的立场，试图从文艺复兴以来的人文精神传统中发展出现代生存的价值规范，则是这种努力的另一种表现形式。人文主义者相信，人权观念并不是一个固定不变的概念，六百多年来的现代历史，固然是一部人类生存的苦难史，但它也是一部由人权观念在努力地与生存环境中的落后、丑恶及残忍进行搏斗的历史。在追求人的理想生存这个问题上，现代人文主义精神一直没有放弃它悲壮的努力。康德的经典名言"在一切事情上都有公开运用自己理性的自由"② 无疑是人文主义精神的最大驱动力。正是基于这种认识，哈贝马斯一再申明："现代性是一项未竟

---

① ［德］海德格尔：《只还有一个上帝能救渡我们》，孙周兴编《海德格尔选集》下卷，上海三联书店1996年版，第1317页。

② ［德］康德：《历史理性批判文集》，何兆武译，商务印书馆1990年版，第24页。

之事业"，并在此基础上再一次展开理性的批判工作，为理性的现代性事业寻求进一步的拓展空间。

　　显然，坚持在原有的思想框架中，希望以开放的对话姿态展开进一步的讨论和思考，理性哲学的努力无疑是值得肯定和借鉴的。但是，我们可以追问：在传统形而上学的思想框架之外，即在基督神学与理性哲学的视野之外，生存还有别的可能吗？神学与理性哲学对生存的基本设定难道是理解生存的唯一确定的出发点吗？如果现代性的生存总是无法摆脱传统形而上学的困境，我们为什么不尝试从另一种角度来展开我们的生存之思呢？问题一经这样追问，上述叔本华与尼采的唯意志论思想对生存的悲剧性思考便显出了它的独特意义。因为唯意志论思想最为明显的特点之一，就是试图从传统的哲学与艺术二元对立的思想模式中跳出来，把生存本身还原为审美认识与艺术创造，在此基础上去追问生存的深层意义。如果这种思考对开启我们的另一种生存方式确实有助的话，那么，把生存的基础确定在诗性的艺术创造活动之上，在诗性的创造活动中确立生存的意义标准，这未必不是当前人们生存困境的福音。也正是出于这种思考，我们把论题聚焦在叔本华与尼采的唯意志论思想对生存基础的悲剧性追问这个问题上。虽然叔本华与尼采都没有真正地跳出传统形而上学思想的影响，但他们对生存的悲剧性之思无疑是极富启发性，我们现在重新探讨唯意志论思想的悲剧性论题，就是希望通过对比叔本华与尼采的悲剧思想，为追问诗性生存的可能性这个问题打开一个缺口。

第二章

日常生存:梦幻与痛苦

　　叔本华是唯意志论思潮的发起者,他的哲学运思在相当大的程度上影响了20世纪西方思想的整体流向。贝霍夫斯基在叔本华的思想传记中就认为:20世纪所有唯心主义哲学如同一个合唱队,第一领唱人就是法兰克福的隐士叔本华。[①] 这个评价无疑是极富洞察力的。毫无疑问,对生存整体进行唯意志论的解释,是叔本华对于生存问题的基本定调,这个基调是基于对生存意义的特定理解之上而形成的。具体而言,叔本华通过批判康德与黑格尔哲学,从而形成了对世界的独特看法,这种看法的根本着眼点就是:生存的本真基础是艺术性的,真正的生存就是把生存整体当做艺术画面来看,对生存本身进行审美的镜式观照。在此,人们会问:既然生存本身是艺术性的,可事实上人们的日常生存又毫无艺术性可言,这是怎么回事?日常生存为何失去了艺术性?为了回答这个问题,叔本华提出了两个重要的命题,即"作为表象的世界"和"作为意志的世界",正是对这两个命题的思考,启动了叔本华的艺术生存之思。

---

　　① [苏联]贝霍夫斯基:《叔本华》,刘金泉译,中国社会科学出版社1987年版,第179页。

第一节　生存与梦幻：作为表象的世界

叔本华对世界的第一个解释是："世界是表象"，换成直白的说法，即是认为"世界是观念体系"。早在《充足理由律的四重根》一书中，他就明确提出：

> 成为主体的对象和成为我们的表象是同一回事情。所有我们的表象都是主体的对象，而所有主体的对象都是我们的表象。我们的全部表象都在一种有规则的联系中互相依赖，这种有规则的联系可以被确定为先验的，并且正因为是这样，任何彼此独立的存在物，任何单个的或孤立的东西，都不能成为我们的对象。①

显然，叔本华的上述认识受到康德哲学的明显启发，正是康德在认识论上实现了"哥白尼式的革命"，使叔本华关于"世界作为表象"的观点得到了坚实的理论支持。但是，叔本华与康德有着重大的区别。结合上述认识，我们有必要指出如下几个要点：

首先，俗常的认识总是认为外物是客观存在的，人的意识只能反映这些客观的外物；事物的规律是客观的，人只有在正确的认识活动中才能发现这些客观的规律。但叔本华强调，"世界"并不是什么物质性的东西，而是由我们的认识所构造出来的表象；它是一个观念性的精神空间，而不是一个先在于认识之外的物质世界。叔本华一再否定实在论的世界观，认为实在论的认识固然能够处理好许多事情，但就是不能把哲学学好。他强调：任何客体都必须进入主体的认知活动才能成为一个客体而存在，即使

---

① ［德］叔本华：《充足理由律的四重根》，陈晓希等译，商务印书馆 1996 年版，第 29 页。

是我们自己的身体，也只有在认识活动中，我们才知道有一个身体存在着。所以，任何客体本质上都是表象。身体同样是一个表象，因为它们都由先验的认知规则所构造。

其次，表象的形成要依据一套先验的规则，这种先验的规则是普遍的，而且是无法再进行证明的，它们是认识的基本条件。康德把这些原则列为一个范畴表，叔本华则把这些条件统称为充足理由律。叔本华认为，在认识活动中，这些充足理由律与先验的时间和空间范畴共同构成一切思维和认识的基本形式，并在此基础上推演出一切抽象规律。

再次，叔本华明确去除了康德保留在认识活动中的"物自体"。对于作为在展开认识活动之前就存在着的、并且是独立于充足理由律之外的"物自体"，叔本华认为是不可思议的。他明确认为：没有认识，就没有一切；只要有认识，就没有什么能够处于充足理由律之外；设想存在着一个"物自体"的时候便同时预设了一个正在认知的主体，因此，认识必然先于"物自体"。由认识所构造的这个世界就是我们所生活于其中的世界，同时也是服从充足理由律的世界。在叔本华看来，企图在充足理由律之外去设想和证明一个"自因"的东西，例如"上帝"、"实体"或"物自体"等，都是明显的理性僭妄；诸如此类的东西都是导致传统形而上学陷入泥潭的诱惑。因此，在运思之初，就必须把这类东西逐出思想的领域，正如他所说的：

> 这个自因不过是要粗暴地割断永恒的因果链条的一个自相矛盾的词，一个前后的颠倒，一种对我们的无理要求——简言之，在某种意义上恰如当看到自己够不着紧紧拴在钩子上的大军帽时就登上了椅子的奥地利人的所作所为。"自因"说的真正标志乃是明希豪森男爵，他骑马落入水中时，就借助于"自因"的箴言，用腿夹住他的马，并抓住了自己的辫子就把自己连同马一齐提了出来。①

---

① ［德］叔本华：《充足理由律的四重根》，陈晓希等译，商务印书馆 1996 年版，第 17 页。

把世界还原为表象，使叔本华的思想在整个西方思想传统上至少体现出两个明显的不同之处。

首先，叔本华指出，在因果关系支配的认识世界中永远也不存在一个无条件的起因或归宿。他认为，经验世界是一个充满变化的世界，物体由一个状态向另一个状态变化，这个过程中绝对没有任何偶然性可言，任何物质运动都受因果法则的必然性支配。因此，企图在这个由因果关系所严格支配的世界中寻找宇宙论的第一因，这显然是极大的错误。在此基础上，叔本华重点反驳了黑格尔的哲学思想。在叔本华看来，黑格尔以认识的辩证发展来推演出一个可以脱离因果关系的绝对精神，这明显是痴人说梦。在此，叔本华用了一个很有趣的比喻，认为因果规律并不像一辆出租马车那样随人摆布，只要到了目的地就可以把它打发走，他明确指出："在因果关系中，我们只是涉及了不生不灭的物质的形式变化，并且显然，向以前并不存在的存在跳跃是不可能的。"并且，"关于生成的充足理由律必然导致一种将这种证明（按：即宇宙论证明）摧毁并宣布它为无用和空虚的思想。"①

其次，是关于道德的动机问题，对此问题的思考是叔本华思想的核心之一。在叔本华看来，关于道德问题存在两种错误认识，一种是"意志自由论"，一种则是康德式的"绝对命令论"。前者认为，某人在面对某个选择的时候，他有可能会作出某种选择，也有可能会作出与之相反的另一种选择，行动的主体在此是意志自由的，作出哪种选择完全依他的自由意志所定；后者则认为，指导人们行动的道德原则是一种绝对律令，人的伦理实践只有服从了这种绝对律令，才能实现真正的善。叔本华认为，这两种错误观点都没有正确认识到道德的真正基础，因为他们都潜在的把伦理至善与意志自由结合了起来。

叔本华反对上述两种观点的根据是行为的动机论。叔本华指出，正如物质的变化受原因所支配、动物的行为是受刺激所支配的那样，人的行为

---

① ［德］叔本华：《充足理由律的四重根》，陈晓希等译，商务印书馆 1996 年版，第 38、43 页。

是由动机所支配的，而动机的深层内涵恰恰就是被目的化了的意志。意志自由论者，比如康德，普遍认为人们可以在意志自由的状态中选择一个确定的动机，使之超越于现行的因果关系而在另一个起点上重新设定新的因果序列。但叔本华坚定地反对这种意志自由论，他坚定地认为，在意志支配的表象世界中，人们的选择永远不能摆脱自身的意志本质，他永远不能作出他自身所是之外的选择。因此，人们的道德实践作为人的行为方式之一，它并不是自由的，而是同样受他自身的意志要求所形成的确定动机所支配。叔本华强调，一个人的行为具有统一性，更具有不可改变性，因为个体意志的体现形式对具体人物的行为有着绝对的支配作用，因此，个人的选择永远不能超出他自身所是。人们奢谈行动的道德律令或意志自由，其实都是错误的。因此，康德式的道德律令并不能保证人们能够处于自由之中，也不能确证人的行动比动物更为自由，道德同样处于必然性的法则支配之下。

具体而言，叔本华对道德的分析，我们大致可以从如下三个方面来陈述。

首先，叔本华认为，俗常的"意志自由论"明显是错误的。因为在面对选择的时候，人们所做出的任何决定，在一开始的时候，就必然是由他一贯的行为原则内在地决定下来了。正如一根直立的棍子，在它失去平衡的一刹那，人们固然可以从理论上认为它可能会朝前倒，或朝后倒，也可能是朝左边倒，或朝右边倒。可是，在事实上，这根棍子在失去平衡的一刹那之间，它究竟朝哪边倒，就已经是被重力以及它的运动趋势内在地决定了的。① 同样的道理，特定的个体人物所具有的特定个性以及他一贯的行为动机，对他的行动所起的支配作用就如引力和运动趋势对失去平衡的物体所起的作用一样，是具有决定性的。因此，叔本华一再指出："当特征已经给定并且动机也已确认时，每一个意志行为事实上会按照严格的必然性作为遵循力学法则的变化而实现。"②

---

① Schopenhauer, *The World As Will And Idea*, Vol. I, trans by. R. B. Haldane, M. A. and John Kemp, M. A. London: Kegan Paul, Trench, Trubner & CO. Ltd. 1909, p. 375. 中文译文参见 ［德］叔本华《作为意志与表象的世界》，石冲白译，商务印书馆 1982 年版，第 399 页。

② ［德］叔本华：《自然界中的意志》，任立等译，商务印书馆 1997 年版，第 88 页。

其次，从叔本华的上述观点来看，类似萨特的那种自由选择论同样是不自由的。因为，在面临着选择的时候，我们固然可以凭借某种信仰来反对现实的压力，实践我们的选择。但是，叔本华指出，在选择过程中，不外是两种动机在相互冲突与斗争，当某种较强的动机战胜了另一个较弱的动机时，随即依这个较强的动机发展出具体的实践行动，这样的行动同样是处于因果关系之中的行动，同样遵守严格的充足理由律，这并没有什么自由可言。

再次，在叔本华看来，康德式的"绝对命令"的道德设想尤其是错误的。叔本华认定，以抽象的法则律令来规范人们的道德实践，这明显是文人迂腐的表现，因为理性自律并不能保证一定能够使人心向善。一个了然的事实就是：在人们坚持实践恶的动机方面，在理性法则的支持下，人们的行动同样是极为清醒与严格的，理性法则在此同样起着绝对的支配作用和同样的辅助功能。因此，叔本华指出，康德希望通过理性给道德立法，并没有像他所想的那样，能够使人超越于因果关系之上。

把我们生存于其中的世界还原为一个受严格的因果法则所支配的表象世界之后，原来在实在论的认识中以实体或物质形象体现出来的世界，在此就体现为一个与梦幻世界并无本质区别的世界，因为所有这一切不过是由认识活动依据先天的范畴所构造出来的表象而已。值得注意的是，这种认识在基督教的思想传统中有明确的体现，莎士比亚在《暴风雨》一剧中就借剧中人物普洛斯帕罗的口吻说道：

> 顶着云霄的高楼，富丽堂皇的宫殿，壮严的庙宇，甚至这地球本身，对了，还有地球上的一切，将来也会像这毫无根基的幻象一般消逝，并且也会和这刚幻灭的空虚的戏景一样不留下一点烟痕。我们的本质原来也和梦的一般，我们的短促的一生是被完成在睡眠里面。①

---

① ［英］莎士比亚：《莎士比亚全集》第 1 卷，梁实秋译，中国广播电视出版社 1995 年版，第 70 页。

类似的认识在许多思想家的论述中同样可以找到，17 世纪法国思想家帕斯卡尔在其《思想录》中同样论述了这个问题，在他看来：

> 我们既然常常梦见我们在做梦，梦上加梦，那么难道不可能我们一生中自以为是醒着的那一半，其本身也就只不过是一场梦境而已么？其他的梦都是嫁接在这场梦上面，这场梦我们要到死才会醒过来……或许这些激荡着我们的种种不同的思想都只不过是幻念，正如时间的流逝或者我们梦中的幻景那样？①

把生存过程看做一个梦，叔本华在其《作为意志与表象的世界》中同样明确提出类似观点。在他看来：

> 人生和梦都是同一本书的页子，依次联贯阅读就叫做现实生活。如果在每次阅读钟点（也即是白天）终了的时候，我们也经常不经意地随便这儿翻一页，那儿翻一页，没有秩序，也不联贯；常有已经读过的，也常有没读过的，但总还是那同一本书。这样单独读过的一页，固然是脱离了固定的阅读贯联，但只要他记得全篇秩序井然的阅读也不过同样是临时拈来的急就章，以书始，以书终，一本书也可以看作是较大的一个单页的时候，它也就并不因此就比依次阅读差多少。②

简言之，在叔本华看来，梦与我们现实的人生并无本质上的真伪差别，它们都是人的意识活动的产物，唯一的差别只不过在于：现实人生是由一系统规则所编织起来的梦幻，而现实生活中的梦不过是无规则的、零

---

① ［法］帕斯卡尔：《思想录：论宗教和其它主题的思想》，何兆武译，商务印书馆 1985 年版，第 194 页。

② Schopenhauer, *The World As Will And Idea*, Vol. I, trans by. R. B. Haldane, M. A. and John Kemp, M. A. London: Kegan Paul, Trench, Trubner & CO. Ltd., 1909, p. 22. 中文译文参见［德］叔本华《作为意志与表象的世界》，石冲白译，商务印书馆 1982 年版，第 45 页。

散的意识活动而已。

值得指出的是，基督教在人生如梦的认识基础上强调必须重建对上帝的信仰，而叔本华在此则开始思考另一条与基督教不同的伦理学道路，最为明显的区别就在于：叔本华把神学道德论和理性道德论都纳入了"梦"的认识，认为传统的道德伦理本身也不过是一个"梦"，我们绝对不要对这个独特的"梦"信以为真。这样，这个世界彻头彻尾就是一场梦，至善的道德律令同样概莫能外！这就是叔本华"人生如梦"说的更深层内涵。

总之，把生存的世界作为一个受严格的必然律支配的梦幻世界来看，叔本华无非就是想说明：除非"梦醒"，否则梦中的一切永远都是梦，任何种类的梦本质上都还是梦。具体说来，叔本华认为，表象的世界是一个受因果法则严格支配的世界，道德世界同样受这种因果法则的支配，它自身同样是一个虚幻的梦，我们杜绝任何企图从这些梦幻世界中捏造终极自由的谎言，无论它如何冠冕堂皇。对于这个由因果关系所编织起来的梦幻世界，我们不要幻想理性的思辨或神学的启示能够割裂它的必然性法则，因为只要处于因果关系中，那么其中的任一个关节点都永远不可能脱离因果关系的支配。因此，唯一的解脱方式只能是用非因果关系的认识来看这个世界。正是在这一点上，叔本华的思想明显区别于西方的理性主义传统与神学信仰体系，因为后者先验地在无限的因果推导过程中设置了一个"至善目的"作为思想的开端或终点，明确地以神学或理性伦理的道德实践作为精神救赎的根本依靠，一再地以形而上学的至善目的论来整合世界的基本秩序。叔本华认为，这种至善目的论一直是套在人类头上最大的精神枷锁，传统的认识论一直潜在的要求形而上学给伦理学以支撑，一直试图证明事物的物理秩序依赖于道德秩序，这是一块礁石，它造成的灾难事故影响长远，它导致"最优秀的思想家在这块礁石上垮掉了"。①

当然，造成我们要从另一种视角来理解这种现实生存的，还有另一个

① ［德］叔本华：《自然界中的意志》，任立等译，商务印书馆 1997 年版，第 146 页。

重要的原因：即这个世界不仅本质上是梦幻的，而且还是痛苦的。

第二节　生存与痛苦：作为意志的世界

　　世界的存在方式是表象，这个观点确立之后，我们还可以追问：这个世界是谁的表象？形成这个表象的最终动力是什么？或者说，是什么动因构成了我们生活于其中的这个表象世界？叔本华坦言，世界是"我"的表象；形成表象的根本动力不是别的东西，正是意志。简而言之，日常的生活世界是在本体意志的支配之下形成的表象世界。显然，把世界看做意志的体现，而不是由理性目的或伦理秩序所设定的物质实现，并且强调人不是要他自己所认识的东西，而是认识他自己所要来的东西，这是叔本华的哲学运思在西方思想史上造成的最大因果颠倒。这个显著的因果颠倒在解释"生存是一个痛苦的过程"这个命题时便产生了与理性主义者的运思明显不同的结果。

　　痛苦是怎样产生的？在理性传统的思想习惯看来，痛苦的产生是因为理性没有能够合理地规范和制约意志的影响，从而导致了至善观念的沦落，最终造成了生存的种种痛苦。依此思路来看，克服和医治痛苦的方法就是重建理性的至善目的，从而完善合理的伦理秩序。理性传统坚信如下假设：即至善目的的指引能够在根本上使生存脱离苦海。因此，人们必须通过对认识能力进行不断的澄清，以找到最终的至善目的。这个观点最为明显的表述就是苏格拉底的经典名言："知识即美德"。在苏格拉底看来，能正确认识一个善行就能正确地实践一个善行，明知是善却不按认识行事的人是没有的，并且，所有的错误行为都不是出于自愿，而是出于某种错误的认识。苏格拉底的这种认识在柏拉图的《理想国》中得到明显的体现。

　　在《理想国》的第 10 卷中，柏拉图描述了一个关于正义的灵魂与幸福生活之间的选择关系问题，柏拉图认为："神使在把生活模式让大家选择之前布告大家：即使是最后一个选择也没关系，只要他的选择是明智的他的生活是努力的，仍然有机会选到能使他满意的生活。愿第一个选择者审慎对待，最后一个选择者不要灰心。"① 显然，在柏拉图看来，在幸福的选择上，拥有"选秀权"的人并不一定就会正确地选上真正幸福的生活，因为幸福的选择是一个关于善恶的认识问题，不是外在物质享受问题。只要能正确认识自己灵魂中较善的部分，并能正确认识其中较恶的部分，就能作出适合自己的正确的选择，过上符合德行的幸福生活。在这里，意志是不能干扰正确的认识的。强调正确的理性认识对人们德行实践的重要性，这是柏拉图哲学对西方传统思想的重要影响所在。

基督教早期神学家圣·奥古斯丁以"三位一体"的思想明确化了柏拉图的上述认识。在《忏悔录》一书中，奥古斯丁就这样说道：

> 我愿意人们对自身的三个方面思索一下。……我所说的三个方面是：存在、认识和意志。我存在，我认识，我愿意：我是有意识、有意志；我意识到我存在和我有意志；我也愿意我存在和认识。生命在这三个方面是多么纯一而不可分割：一个生命，一个思想，一个本体；不可分割却又截然分清。即使有人在其中捉摸到一些，能表达出来，也决不可自以为捉摸到超越一切的不变本体，这不变的本体是永恒不变地存在着，永恒不变地思维着，永恒不变地愿意着。②

显然，意志在此是与生命和思维紧紧地相连在一起的，三位一体的本体所强调的正是这三者之间的相互和谐，而这恰恰是基督教神学所追求的本体境界。

显然，传统思想预设了生存的幸福目的，认为任何从这种至善的幸福中偏离开来，或者从至善中降至对可变之善的向往，都是恶的体现，从而

---

① ［古希腊］柏拉图：《理想国》，郭斌和译，商务印书馆1986年版，第423页。
② ［古罗马］奥古斯丁：《忏悔录》，周士良译，商务印书馆1963年版，第295—296页。

远离了上帝的圣恩，生存由此体现为进入了歧途的必然过程。痛苦就是堕入这种歧途的结果，由此受到上帝的惩罚也就是正义的事情。但是，只要人们能保持向善的意志，即使遭受痛苦也是值得的，因为一切痛苦最终都会在至善的实现中变为幸福。这正如柏拉图在《理想国》中所说的："一个正义的人无论陷入贫困、疾病，还是遭到别的什么不幸，最后都将证明，所有这些不幸对他（无论活着的时候还是死后）都是好事。因为一个愿意并且热烈地追求正义的人，在人力所及的范围内实践神一般的美德，这样的人是神一定永远不会忽视的。"① 总之，痛苦在此体现为一种可以消除的东西，幸福最终是对痛苦得以消除的许诺。

但是，叔本华断言，理性与至善不是世界的本体，也不是伦理实践的最终归宿，只有意志才是世界的真正本体。在叔本华看来，所谓的理性不过是人类独有的一种抽象概念思维，对于同样处于大自然中的生灵来说，这种抽象的概念思维能力其实是第二性的东西，远远不是第一性的东西。真正第一性的东西是由意志所支配和决定的生命。但奇怪的是，人们一直以来都把这种抽象的概念思维看做第一性的东西，把自身与别的存在物区别开来，在此基础上构想道德与宗教的形而上基础，这显然脱离了基本的经验事实。叔本华一再强调指出，只要形而上学真正与经验事实相关联，我们就能够认识到，真正第一性的东西不是理性，而是意志。对于这个观点的发现和确立，叔本华毫不掩饰他的自豪，他明确认为：

> 我是第一个宣称意志肯定属于一切无生命和无机物的东西的人。因为在我看来，意志并非人们迄今所设想的是认识的从而是生命的一件偶然事件；反而生命本身就是意志的表现。相反，认识才真正是生命的偶发事件，而生命又是物质的偶发事件。②

把意志上升为世界的本体，并从此角度来解释世界的根本形成原因，

① ［古希腊］柏拉图：《理想国》，郭斌和译，商务印书馆1986年版，第416页。
② ［德］叔本华：《自然界中的意志》，任立等译，商务印书馆1997年版，第93页。

意志与悲剧——叔本华与尼采悲剧思想比较研究

这无疑是叔本华的创举。因为，关于世界的认识经过康德"哥白尼式的革命"而被转变成为内在的精神空间之后，我们关于世界的认识就无法再停留在幼稚的实在论之上，叔本华对康德的这个哲学贡献赞赏不已。但是，在叔本华看来，康德的思想仍然存在一个不可忽视的缺陷，这就是他没有进一步追问如下这个问题，即形成这个表象世界的根本动力究竟是什么。正是基于这个考虑，叔本华以"意志"改造了康德思想中的"物自体"，使它成为这个世界的本体和起源。这样，作为表象的世界就不能仅仅是一个静止的精神空间，它还必须是受某种动力驱动所形成的认识世界，这种根本的内在驱动力，在叔本华看来，正是意志本身。简言之，由意志所支配的表象世界永远是一个"我要"的世界，永远是属于"我"的世界。

以意志为本体来观察表象世界的本质，所得结论立即就与传统形而上学认识大相径庭，最为明显的表现就是：一旦以意志为基础来解释生存的痛苦现象，痛苦便成为不可消除的基本事实！因为任何认识都奠基于意志活动，都是"我要"的体现。我们从"我要"这个简单事实中能够明确看到的不是别的东西，恰恰是因为我的意志要求之不遂而产生的种种痛苦。所以，只要存在意志，就无法避免痛苦。这样，在意志所支配的生存状态中，痛苦在本质上就是不可消除的，更不是传统的道德伦理以"进入歧路"或"迷途"的方式能作出解释的。对此，叔本华指出：

> 每一真正的、原生的、直接的意志活动同时立即而直接的也就是身体的可见活动。与此相应，在另一方面，对于身体的每一感触也立即而直接的就是对于意志的感受。这种感受，如果和意志相违，就叫作痛苦；如果相契合，则叫做适意，快感……苦乐决不是表象，而是意志的直接感受，在意志的显现中，在身体中。①

---

① Schopenhauer, *The World As Will And Idea*, Vol. I, trans by. R. B. Haldane, M. A. and John Kemp, M. A. London: Kegan Paul, Trench, Trubner & CO. Ltd., 1909, p.130. 中文译文参见［德］叔本华《作为意志与表象的世界》，石冲白译，商务印书馆1982年版，第152页。

具体说来，意志在个体化的活动过程中体现为欲望，欲望的本质就是永远追求要实现它自己。但是，在每一个意志活动的过程中，都必然有着外在的困扰，从而使欲望的实现过程充满种种挫折，由此必然产生痛苦。因为意志的活动恒久不息，它绝不愿意停留在某个固定点上，得到了满足的意志很快就感到厌烦；于是新的欲望又被激发，意志活动又重新处于痛苦的过程之中。因此，从叔本华的唯意志论思想来看，受意志所支配的现实生存永远无法摆脱两种折磨，一是欲望未实现之前的痛苦，二是欲望实现之后必然产生的厌烦。正是这两种折磨使人们的现实生存踏上了永不停息的"伊克希翁之轮"，永远处于无休止的痛苦折磨中。总之，在现实的生存过程中，痛苦和厌烦构成了最为基本的内容，成为不可消除的基本事实。叔本华对生存之痛苦本质的上述设定，在西方思想史上有着重大的影响，正如西美尔所说的：

> 叔本华的生命价值的最终图景，以生命中苦难对幸福的绝对优势为中心。此图景成为了叔本华哲学的外部标记，并且对过去数十年间的情感文化具有重要意义……叔本华把苦难变成被感知的存在的绝对实质，变成先天的规定性；他将苦难沉降到我们的生存的根基上，使从这根须结出的任何果实都不可能具有别的性质。[①]

从这种观点来审视痛苦在生存活动中的情形，我们便发现，所谓"止于至善"的幸福许诺其实是一场骗局，一直以至善目的为依据进行运思的宗教神学与理性哲学便成为这场骗局最大的理论支持。对叔本华而言，世界永远不是一个静止的、中立的世界，因为"这个世界在空间和时间中的映象从而产生，它不过是动机在其中作为目标而表现自己的一张地图"[②]。显然，在这个由动机（意志的具体形式）所支配而成的表象地图上，道德

---

① ［德］西美尔：《西美尔文集：叔本华与尼采》，莫光华译，上海译文出版社 2006 年版，第 67 页。

② ［德］叔本华：《自然界中的意志》，任立等译，商务印书馆 1997 年版，第 82 页。

律令和神学信仰并不是第一性的东西，它们本身就是意志动机的一种体现，依靠这种意志动机来消除生存的痛苦，显然是无能为力的。对此，叔本华的立场极为明确，他曾说过：

> 所有哲学体系中的乐观主义是与伦理学密切相关的，而伦理学则好像是责无旁贷地满足它们的要求……但是当所有其他的体系在完成了对诸多世界中的最美的这一个的颂歌的论述时，在其体系的背后，像一个妖怪般迟到的复仇者，像一个升起于坟墓的幽灵，像《唐璜》中的雕像，最后总要出现这样一个问题：罪恶之源，可怕的、难以名状的罪恶之源，这个世界骇人的、令人心碎的苦难之源——在这里，它们哑口无言，或者只能找些空洞、响亮的辞藻来应付这一棘手的问题。①

总之，叔本华明确认为，宗教信仰与理性主义的道德伦理观念在人生的痛苦面前显然是无能为力的。他指出，在这点上，康德的道德哲学同样没能走出这个窠臼，因为以"绝对律令"体现出来的"道德神学"在至善的追求上仍然与"神学道德"没有多大区别。叔本华在《充足理由律的四重根》一书中就完全摒弃了康德哲学对于理性形而上学的向往，最为明确的表现就是他把道德世界定义为充足理由律的表现形式之一，从而同样地把意志自由的最大保护区——道德观念——纳入了受因果关系支配的表象认识之中。这种认识自始至终支配了叔本华的伦理学思想。在《伦理学的两个基本问题》中，叔本华还对康德的道德哲学打了这样一个比方，认为康德的"绝对律令"犹如舞会上的一位蒙面女子，某男子整晚与她调情，希望赢得她的爱慕，直到最后，当她匆匆脱下伪装，该男子尴尬地发现：这位蒙面美人原来竟是他的妻子。②

据此，叔本华坚定地认为，理性主义者一直以来都犯了个明显的错

---

① ［德］叔本华：《自然界中的意志》，任立等译，商务印书馆1997年版，第149页。
② ［德］叔本华：《伦理学的两个基本问题》，任立等译，商务印书馆1996年版，第191页。

误，因为他们一直都相信这个前提，即以为痛苦可以通过道德律令这些抽象的理性知识予以疏导和消除。其实不然，合乎理性的生活远远不能淡化生存的痛苦，因为这种痛苦与生存活动是同根同源的。在《作为意志与表象的世界》第一编中，叔本华就认为："如果说正确使用理性就真能使我们摆脱人生的一切重负和一切痛苦而导致极乐，那就差得太远了……人的肉身上的痛苦是不可能用一些命题，定理的逻辑推论，就可在哲学的谈话中把它谈掉的"。① 正是在这个意义上，叔本华一再引述西班牙剧作家卡尔德隆在《人生如梦》中的经典台词来形容人生的痛苦本质："因为人降生于世，就是最大的罪行。"②

第三节　个体化原理的几种表现形式

基于上述认识，叔本华明确认为：由生命意志支配而成的表象世界是一个局限于个体化原理之中的世界，这种个体化原理所支配的世界充满了痛苦，是本真生存之上的"摩耶之幕"。在导出叔本华对本真生存的基本设想之前，我们先要对"摩耶之幕"和"个体化原理"这两个概念作简要的解释。

"摩耶"，梵文原文是"Maja"，意为欺骗、骗局，它是古印度佛教用来指称欺骗之神的纱幔，它蒙蔽着凡人的眼睛，使他们以为所看到的这个世界便是真实的世界本身。确实，在现实的生活中，人们总是认为他们眼见的事物就是实际的事物，于是他们往往就把受这层摩耶之幕所蒙蔽的世

① Schopenhauer, *The World As Will And Idea*, Vol. I, trans by. R. B. Haldane, M. A. and John Kemp, M. A. London: Kegan Paul, Trench, Trubner & CO. Ltd., 1909, p. 119. 中文译文参见［德］叔本华《作为意志与表象的世界》，石冲白译，商务印书馆 1982 年版，第 141—142 页。

② ［西班牙］卡尔德隆：《卡尔德隆戏剧选》，周访渔译，上海译文出版社 1997 年版，第 10 页。

界当做真实的世界。佛教思想就是要以万事皆空的虚无思想来揭开认识的这层"摩耶之幕"。钟情于印度佛教思想的叔本华借用了术语，用来特指人们对于生存所持的个体化原理认识。

叔本华所说的个体化原理（principium individuationis）这个重要概念，是他从古代经院哲学借用来的术语。叔本华明确认定：时间和空间就是个体化原理。①叔本华明确把进入认识之光里的世界看做依据充足理由律所构造的表象世界，同时也是意志在特定的因果条件中客体化的结果；因此，它本质上既是一个有生有灭的世界，同时也是一个由欲望所驱动而形成的世界。但是，凡人偏偏就把这个由时间、空间、因果关系及欲望共同构造出来的世界作为一个实有的世界，认为这就是本质的世界，并且还在抽象理知的系统中把它当做生存活动的坚实基础。所有这一切，叔本华称之为"摩耶之幕"或"个体化原理"。所以，这两个概念特指人们对这个本质上是由欲望所构成的世界的"误以为真"。

从叔本华的整体论述来看，我们把产生摩耶骗局的主要根源总结为如下四个方面：一是以"自我"的视角与感知方式来理解这个世界；二是依据理性伦理传统对于生存整体进行幸福论的阐述；三是以理性思维来贬低直观认识；四是把共属于生命的"生"与"死"当做绝对对立的两方面来看。下面我们尝试对这个问题作简单的分析。

首先，生存的个体化原理明确地体现为利己主义思想。对此，叔本华指出：

> 每个人是直接地意识到他自身，但是通过他的想象，他仅仅是间接地意识到别人；而直接的印象坚持它的权利。换句话说，正是由于我们意识本质的主观性，每个人自身即是全世界；因为一切客观的东西仅仅间接地存在着，不过是主体的心理图像；是以每一事物便一定

① Schopenhauer, *The World As Will And Idea*, Vol. I, trans by. R. B. Haldane, M. A. and John Kemp, M. A. London: Kegan Paul, Trench, Trubner & CO. Ltd., 1909, p. 145. 中文译文参见〔德〕叔本华《作为意志与表象的世界》，石冲白译，商务印书馆1982年版，第168页。

按自我意识来表达。这个唯一的、个人对之真正领会并有一定知识的世界，他把它记在心上，像由他的头脑制成的一个映象；所以，他是它的中心。于是，对他自己来说，他是一切的一切；并且既然他感到，他把一切实在之物全包括在他的自我之内，那么对他来说，什么东西都不比他自己的自我更为重要了。①

简单说来，人们把经由个体的认识视角形成的、依据充足理由律构造而成的世界作为真实的世界，这是伦理学上利己主义思想产生的根本原因。虽然这样的表象认识本质上必然是要出现的，但是如果认同了它的本真性，便必然会产生摩耶骗局。这种骗局所带来的结果是"我"与"他人"之间的紧张关系。

其次，我们在日常生活中把人的生存与动物的生存严格区分了开来，在理性认识的基础上以潜在的"人类中心主义"观点来看待事物，这同样是摩耶骗局的明显体现。按俗常的观点来看，理性认识是人之为人的根本标志，人类的生存是由理性的道德法则所支配的，这一点明显区别于动物，因为动物的生存明显只能是受本能和刺激所支配的。在这个基础上，人们一直企图通过理性的思考来达到生存的自由，由此演绎出一整套的理性伦理观念和神学思维体系，强调人性的善性本质，以不朽的"至善"这个最高目的来整合宇宙的万物秩序。总之，人们以"善—恶"的二元对立作为判定生存的合理性原则，这种判断方式明显是以人为中心的判断方式，"物"被排除在人的理性认识之外，从而形成"人"与"物"之间的内在紧张。在叔本华看来，这是理性主义哲学内在思路的必然结果：

> 当莱布尼兹与沃尔夫遵照笛卡儿的观点，用抽象观念建立他们的理性心理学，并构造一个永恒的有理性的灵魂时；于是动物界的自然要求显然起来反抗这种独有的特权……我们的哲学家们，由于他们的

---

① ［德］叔本华：《伦理学的两个基本问题》，任立等译，商务印书馆1996年版，第222页。

理智良心不安，不得不赶快为他们的理性心理学从经验方法上寻求帮助；他们于是企图揭示在动物与人之间存在一巨大裂隙，一个深不可测的鸿沟，不顾相反的证据，把两者描述为本质上不同的存在物。①

再次，在叔本华看来，以理性思维来整合人们的认识，并以之为依据来裁定生存的合理性，这其实是一种历史久远的偏见。人们历来都把理性认识的真实性高架在直观认识的等级之上，但是，在他看来，理性虽然是高于直观认识的思维形态，但它只不过是直观认识的抽象表达罢了。相比于直观认识，理性认识是更为后起的东西，是"表象的表象"。传统的认识一直认为感性认识是理性认识的干扰，是"真实的认识"弃之如敝屣的东西；但叔本华强调，任何抽象认识的真实性都必须从直观认识中得到印证，直观认识是一切抽象真实性的最终根源；如果没有了直观认识，就绝不可能有理性认识，正如月亮的光辉是太阳光辉的折射一样，没有了太阳之光，月亮的光辉是不可想象的。以此为基础，叔本华继而指出，认识的任何真正进步，都绝不是从理性的抽象演绎中推导出来的，而是从直观认识中直接了悟事物的因果关系而形成的。事实上，没有任何人是因为学习了抽象的伦理学知识而成为有道德的，也没有任何人因为学习了抽象的美学知识而成为艺术家。道德与艺术的基础都不是抽象的理性，而是感性的直观。

此外，从根本上来说，认识只不过是为意志服务的一种生存手段，它在本质上是意志活动的一个方面，人和动物共有的直观认识是如此，人所独有的理性认识同样是如此。因此，叔本华明确认为，以理性的抽象论述来证明认识的合理性，这是西方思想的一个重大误区。一方面，事实上直观认识比理性知识更为基础，存在的范围也更为广泛，以理性知识作为认识的最终判断原则明显是独断的；另一方面，人们历来所要克服的错误并不是由直观认识带来，而恰恰是由理性的抽象知识带来的，而且它的消极

---

① ［德］叔本华：《伦理学的两个基本问题》，任立等译，商务印书馆1996年版，第268页。

影响比直观认识更为久远。他明确地认为：

> 在直观表象中，假象可以在当下的瞬间歪曲事实；在抽象的表象中，谬误可以支配几十个世纪，可以给整个的民族套上坚实如铁的枷锁，可以窒息人类最高贵的冲动；而由于它的奴隶们，即那些被它蒙蔽的人们，甚至还可给那些蒙蔽不了的人们带上镣铐。对于这个敌人，历代最为睿智的人和它进行过实力悬殊的斗争；只有他们从它那儿缴获的一点东西才成为了人类的财富。①

总而言之，以理性思维来贬低直观认识，是摩耶骗局产生的根源之一，这种摩耶骗局在根本上造成了生存基础的内在紧张。

基于这种认识，叔本华对理性主义的伦理观念明确表示了不信任，因为理性主义的伦理观念一直坚信以原则性的知识法则来约束意志和欲望的正确性和合法性，认为邪恶正是从堕落的欲望中产生的。但叔本华与这种观点完全相反，他认为，生存意志虽然是痛苦的根源，但并不是邪恶的根源，相反，正是在一个由理性的抽象知识所主宰的世界中，才导致了邪恶的真正出现："植物的天真无邪基于它的无知无识。邪恶并不在意欲中，而是在带有知识的意欲中。"②

最后，最难以穿透的摩耶骗局就是把生死作为对立的事件来看待，这种摩耶骗局在根本上遮蔽了生死之间的本质关联。叔本华认为，理性伦理学传统的结果之一就是造成对这种本质关联的最大遮蔽；体现在人们的生存态度中，就是对死亡之痛苦的回避，由此幻想出种种宗教信仰来解释死后的世界。就这种认识的根源来说，它是局限于一己之认识体会的表现，

① Schopenhauer, *The World As Will And Idea*, Vol. I, trans by. R. B. Haldane, M. A. and John Kemp, M. A. London: Kegan Paul, Trench, Trubner & CO. Ltd., 1909, p. 45. 中文译文参见［德］叔本华《作为意志与表象的世界》，石冲白译，商务印书馆 1982 年版，第 69 页。

② Schopenhauer, *The World As Will And Idea*, Vol. I, trans by. R. B. Haldane, M. A. and John Kemp, M. A. London: Kegan Paul, Trench, Trubner & CO. Ltd., 1909, p. 204. 中文译文参见［德］叔本华《作为意志与表象的世界》，石冲白译，商务印书馆 1982 年版，第 225 页。

是利己主义思想的明确表现；就这种思想的理论来源来说，它更是从基督教神学信仰和理性主义的伦理学思想中得到有力的支持。所谓"天国"、"救赎"等神学概念，它们所说的是什么？所谓"至善"、"灵魂不朽"等哲学概念，它们所说的又是什么？它们都不过是向害怕死亡的人们提供伦理学上的承诺，它们通过承认人们的生命在另一个维度上得以延伸，从而使人们对死亡的痛苦和惧怕得到一定程度的化解。当教会机构以罪感意识来形成人们的良心观念，并通过兜售"赎罪符"的方式来让人们求得良心的安慰时，这种救赎的许诺更是赤裸裸地变成了一桩垄断买卖。在叔本华看来，理性主义哲学所提供的种种承诺其实都是无力的，都是在竭力掩盖生死的本真状态。

就动物来说，因为它们生活在直接的意识活动中，即生活在由直观表象构成的世界中，因此，它们没有能够在意识中思考和认识自己的死亡，只是在死亡的一刻到来之时，它们才进入其中。但是，人与动物不同，人因为具有抽象的思维能力，这使得人们能够脱离直接的意识而生活在自己的抽象认识之中，也即是生活在由抽象表象构成的世界中，这种抽象的表象让人们能够对非直观的世界进行思考，由此人们便不得不面对着一个未来的重要时刻，即把死亡纳入他们的思考中。在叔本华看来，正是这种情况使得人们一再地局限于抽象思维之中，通过严格的逻辑推理来构造种种形而上学的哲学体系和理性道德伦理观念，把人束缚在自己的抽象表象中，把生死的感受局限在自己的个体认识中，从而产生摩耶骗局的最大幻象。

对此，叔本华明确指出，无论是动物或者是人，只要他们局限于个体认识之中，他们的认识能力在本质上就不过是为意志服务而形成的一种生存手段。简言之，由认识之光所照亮的现实世界不过是由个体意志所支配的生存欲望之具体实现。总之，把生命理解为个体一己所拥有的过程是个体化原理的一个必然结果。上述四种常见的摩耶骗局都是生存的个体化原理的明确体现。因为在生存意志的驱使下，个体只能看到由意志所要求的东西；并且意志本质上就是要维持自己的生存，所以在现实的生存活动中人们只能以依靠争夺得来的东西维持自己的生存。在此基础上，叔本华认为，局限在个体化原理中的所有哲学运思与伦理学建构，都不过是特定的认识能力在生命意志的支配下所形成的"表象世界"，这种"表象世界"遵循严格的因果法则，如果希望能在这种个体化原理所支配的表象世界中找寻到生存的最终意义归宿，显然是缘木求鱼的事情。

　　既然这样，生存还有没有拯救的可能？叔本华认为：有！但出路不在个体化生存的世界之中，而在生存的个体化原理之外。所以，我们必须打破生存与认识的个体性，用另一种眼光来阅读我们的生存世界，只有这样，我们才能从生存的根本痛苦中解脱出来。但怎样才能打破生存的个体化原理？叔本华认为途径有二：一是通过审美认识进入整体的理念世界；二是通过伦理的禁欲平息生命意志，从而静观意志本体。我们必须牢牢记住：在叔本华看来，生命是意志的偶发事件，而认识能力又是生命的偶发事件，并且在认识能力这个有限的领域中，抽象认识又不过是一个独特的顶点，因此，在抽象的理性认识中思考死亡，并把死亡局限在个体的认识中，这显然是极为错误的。因为，从生命的整体来说，由认识之光所照亮的生存过程虽然是生存意志活动的一个结果，但它不过是意志本体的一个有限区域，在此认识之光以外，仍然是意志存在的广大区域。所以，在叔本华看来，生死的分别不过是意志活动的不同形式，对于意志这个宇宙本体来说，个体的生命过程不过是整体意志的某一段过程，这段过程的最大特点就在于它由认识之光所照亮，在此有限过程中，生与死不过是它的起点和终点两个定点而已。简言之，生命从意志的虚无中来，进入了认识之光所照亮的世界；但它也将退出这片光亮的世界，回归意志的虚无之中去。因此，打破生存的个体化原理，这并不意味着要在所谓理性的认识中建构一个绝对至善的表象世界，通过膜拜这个表象而企求生命的痛苦得到超越，而是要在根本上平息意志的欲求，用一种非意志的眼光来重新认识我们的生存世界，在这种非意志的认识中，生存便体现出它的整一性，因为人们的目光超出了生与死的两个定点，看到了这两点之外更为深沉的意志本体。在此非意志的认识中，在克服了"人"、"我"之间的区别性认识之后，"人"、"我"、"物"之间的意义同一性便得到有效的重建，从而认识到万物的生命过程正是同一个意志本体"一月映万川"的结果。

就叔本华对生死的上述理解而言，它在本质上与基督教的原初教义是有很大的相似之处的，他多次引用西班牙宗教剧作家卡尔德隆的经典台词来证明他的观点即为明证。在莎士比亚的剧作中，我们也同样可以找到类似于叔本华思想的这种认识。在《恶有恶报》这个极富悲剧性的剧作中，扮作修道士的文禅西欧公爵对于死刑犯克劳底欧的一段说教，对我们理解叔本华关于"摩耶之幕"的论述有很大的启发，兹引如下：[①]

> 对于生命应作如是观：如果我失掉你，我只是失掉了一件愚人才爱惜的东西：你只是一口气，受天上星辰的支配，你所居住的这个躯壳随时受命运的折磨。你完全是在受死神的摆布；因为你努力逃避他，而事实上你对他越走越近。你并不体面：你所有的舒适便利乃是由别人的辛苦劳役所供给的。你一点也不勇敢；因为你怕一条蛇的细弱的叉形舌头。你最好的休息是睡眠，你常常召请睡魔；但是对于和睡眠差不多的死亡，你又非常恐惧。你不是你自己；你的生存只是靠了泥土中生出的千千万万的谷粒。你并不幸福；因为你没有的，你永远追求，你有的，你忘记了。你并非是一成不变的；因为你的性格受月亮的影响而常起奇异的变化。如果你是富有的，其实你还是穷苦的；因为你像是驮着金条的驴子，只是负着重载走一段路，一死便卸了负荷。你没有朋友；因为就是你自己的儿女，叫你作爸爸，你自己的骨肉，他们也要怪你那痛风、湿疹、风湿为甚么不早些结束你的性命。你没有青春，你也没有老年；只好像是饭后小睡，同时梦见这么两段经验；因为你在幸福的青春时代，你就变成老朽了，要向长辈乞求施舍；经到年老有钱的时候，你没有勇气、情绪、体力、丰姿，去享受你的财富了。那么所谓生命，还有什么内容可言呢？而且除了上

---

① ［英］莎士比亚：《莎士比亚全集》第 1 卷，梁实秋译，中国广播电视出版社 1995 年版，第 342 页。

述的以外，生命中还隐藏着千种的可怕的事物；但是对于这一了百了的死亡，我们却怀着恐惧。

这段文字虽然没有点明叔本华的生命形而上学这个主题，但它把生存的个体化原理形象地描述了出来，让人们对于局限在一己生存之中的种种痛苦有深切的体会和认识，为理解叔本华所说的生存的"摩耶之幕"提供一个形象的说明，也为我们深入理解和分析叔本华的悲剧生存论提供了一个明确的参照。

艺术生存与审美救世

对日常生存的痛苦本质作出了如上论述之后，叔本华继而思考这个问题：我们如何才能打破生存的"摩耶之幕"？我们如何才能在根本上从痛苦的生存中解脱出来？对这些基本的哲学问题，叔本华提出了与别人完全不同的答案。

在叔本华之前的整个西方思想史中，关于从生存的痛苦中获得拯救的思路大致有两条：一条是依靠理性主义的伦理学所强调的理性和良知来建立一个至善目的，并企求通过知识的逻辑性来保证这个至善目的的绝对性，希望通过理性形而上学的思维方式来把握这个绝对自由的精神境界。显然，"知识即德行"是这种理性伦理学思想内涵的高度概括，苏格拉底、柏拉图和亚里士多德的理性传统是它的坚实学理基础。另一条是神学伦理学的思路。神学伦理学强调信仰在痛苦解脱中的重要性，在它看来，理性传统的知识论永远不能达到信仰的绝对自由境界，因为它们都只是世俗的有限知识，要达到真正的精神自由和超越痛苦，唯有神学的坚定信仰才能达到此绝对自由的精神境界。但是，这两条思路有一个共同的特点，这就是在形而上学的思维构架中强调一个绝对的至善目的或神学境界，认为它无条件地超越于现实的痛苦之上，对此至善目的的模仿或神学境界的信仰，能让人们超越于痛苦的生存现实之上，而艺术和审美则成为认识此形而上学之至善目的的附从和婢女。

叔本华坚定地反驳了这两种救赎思路，明确提出了从艺术审美的道路来思考痛苦之解脱的可能性问题。艺术审美的认识方式与上述两种救赎思路的最大区别就在于它对感性认识的依赖和强调，并把艺术与审美上升到生存的本体论地位。总之，当叔本华从唯意志的角度来理解日常生存之本质的论述得以完成之后，他关于审美和艺术的一整套论述将走上一条与理性论者及神学论者明显不同的思想之途。这条不同的思想之途的起点不是别的，正是理性论者和神学论者一再否定的东西：感觉。

第一节　感觉：我们与世界遭遇

感觉与理性的对立是西方思想传统上一场持久的笔墨官司。强调理性之知是唯一的真实之知，感觉之知只是肤浅之见，这种思维习惯显然是由柏拉图以来的理性主义传统形成的。但是，叔本华却以感性直观作为认识的最大真实性依据，这显然与理性主义传统形成了明确的对立。值得注意的是，叔本华一生最为推崇柏拉图与康德哲学，他如何在理性传统的前提下得出上述运思起点呢？在此，我们就以柏拉图、康德与叔本华关于美的论述为线索展开本节的内容。

柏拉图在《理想国》的第六篇里，通过线段的划分与排列的方式，构造了一个从底层的一般想象通向上层的至善知识的认识图式，我们可以把它列为下图：①

---

① Samuel Enoch Stumpf, *Socrates to Sartre*: *A History of Philosophy*, New York St. McGraw - Hill, Inc. 1993, p. 54.

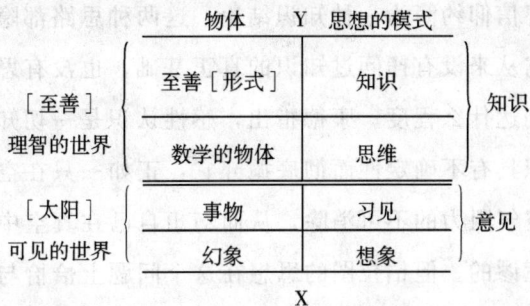

	物体	Y 思想的模式	
[至善] 理智的世界	至善［形式］	知识	知识
	数学的物体	思维	
[太阳] 可见的世界	事物	习见	意见
	幻象	想象	

X

在柏拉图看来，整个认识的世界分为两大部分，一是肉眼可见的世界，这个世界又由两个部分构成，一是一般的想象，与它对应的是生生灭灭的种种幻象；另一则是习见，这种习见是经由传统而来，它与日常可见的事物形式相应，是人们不加考虑就直接接受的东西；这两部分合在一起便构成了可见世界，这个可见世界是由"意见"组成的世界，本质上是一个充满偶然性的世界。

在可见世界之外，还有一个至善的理念世界。它同样由两部分组成：一部分是正确的思维，即由逻辑与数学的确定性保证其真实性的世界；另一部分则是最高的知识，与它相应的只能是"至善"的形式；柏拉图强调，这个至善的理念世界只能由至善的认识才能照亮。在上述区分之中，柏拉图明确认定了感性认识的不可靠性，一再肯定了至善理念的可靠性。

柏拉图正是以此为基础来论述艺术与真理之间的关系问题的。在柏拉图看来，悲剧诗人并不是真理的产生者，因为诗在本质上是一种不具真实性的模仿，它既不模仿事物本身，更不模仿事物的理念，所以，诗与真理隔着三层，是"影子的影子"。由于诗不具有知识的清晰性或确定性，它只迎合人们的不良习性，因此，诗人只是"意见"的产生者和传播者，它阻碍人们对真理的把握。据此，柏拉图明确指出，诗人在理想国中没有地位。

康德的批判哲学显然是对上述认识图式的修正。在康德看来，柏拉图主义起码犯了两方面的错误，一是认为必须驱除感性知识才能确保得到明确的知识；二是以知识的必然性来论证至善信仰的必然性，从而力图把至善信仰约简为一种知识结论。这两种思路都隐藏着极为危险的误区，因为它从来没有拷问过知识的真正基础，也没有思考过知识的有效性究竟能够到达什么程度。康德指出，感性认识是一切知识的基础，如果因为感性认识具有不确定性而彻底抛弃它，正如一只在空气中飞翔的鸟儿，因为感到空气阻力的不可消除，从而幻想自己在真空中一定飞得更自由，这显然是荒谬的。但柏拉图的思想在这个问题上恰恰与这只飞鸟极为相似。①

在康德看来，依靠知性的知识系统是永远无法推出应然的价值信念的，同时，应然的伦理法则也永远不能从经验事实中归纳出来。因此，知识与伦理之间存在着明显的鸿沟。但是，审美活动恰恰是"调节性"的"应然"目的在感性基础上的自由体现，审美恰恰是沟通感性经验与先验理性之间的可靠桥梁。康德相信，这个世界虽然并不存在一个能够依靠知识而得到构成的上帝实体，但人们在具体的审美鉴赏中所"隐然"认识到的正是大自然给人类的生存所设定的应然价值目的。因此，审美认识在根本上填平了感性认识与理性实践之间的鸿沟，同时也以"应然"的态度为人类设定了生存的基本目的。简言之，康德正是通过把至善目的从知识的"必然性"转变为实践的"应然性"，在审美活动中重新把感性事实纳入了理性思考的领域之内。

面对着康德哲学努力要弥合感性与理性之鸿沟的尝试，叔本华哲学却一心要严格地区分感性与理性。正是在这一点上，使叔本华与康德有了明确的区分。但是，我们必须明白，康德所说的"理性"与叔本华所说的"理性"不具有同一性。在具体的论述中，叔本华一再指出，无论康德如何修正"理性"这个概念，都无法给它一个明确的定义；因此也就未能把形而上学从泥潭之中超拔出来。因此，他一再指明康德对"理性"这个概念的混乱使用，恰恰是证明了这个概念除了导致思想混乱之外，别无所是。

这样，叔本华干脆把康德哲学中的先验理性领域去除掉，只留下先验感性论与先验悟性论两个领域，并把它们重新整合为意志本体之上的直观

---

① ［德］康德：《纯粹理性批判》，邓晓芒译，人民出版社 2004 年版，第 7 页。

感性与抽象理性两个基本概念。它们之间的对照，我们根据叔本华《康德哲学批判》一文的内容与康德《纯粹理性批判》一书的内容进行归纳和对比，具体列如下图所示：

从上述图式来看，在"物自体"和"先验认识"的二元对立中，从"先验感性"到"先验理性"的上升追问，构成了康德思想框架的基本运思方向。但是，在"表象世界"与"意志本体"的相互关系中，从"抽象理性"到"意志本体"的下行追问，则构成了叔本华思想框架的基本运思方向。显然，对"理性"的不同理解以及追问方向的根本差异就形成了他们完全不同的运思空间。在此，必须指出的是：对西方哲学传统的核心问题（即先验理性所追问的问题）采取完全否定的态度，认为先验理性完全是一个伪命题，这种在近代西方哲学中有着重要影响的思考路向，无疑是从叔本华的哲学运思中开始的。对此问题的孰是孰非，在此我们暂不作深究。在此，我们只强调两点，第一，叔本华把"理性"等同于"概念思维"，用自己所定义的"理性"来解说康德哲学中的"实践理性原则"，认为康德式的道德原则是一种抽象的知性法则，这是有意的误读。叔本华的哲学运思之可能性与创造性在很大程度上依赖于这个误读。对于康德而言，"实践理性原则"恰恰是一种感觉意识，而不是思辨法则。早在《论优美感和崇高感》一文中，康德就明确地指出："真正的德行只能是植根于原则之上，这些原则越是普遍的，则它们也就越崇高和越高贵。这些原则不是思辨的规律而是一种感觉的意识，它就活在每个人的胸中而且它扩张到远远超出了同情和殷勤的特殊基础之外。"（着重号为笔者所加）① 第二，叔本华的上述认识有两方面重要意义：一是它通过去除理性主义

---

① ［德］康德：《论优美感和崇高感》，何兆武译，商务印书馆 2001 年版，第 14 页。

的先验目的论，从而在根本上质疑理性传统对生存所设定的道德伦理观；二则是它通过去除先验的目的论，为理解艺术活动重新设定了新的基础。

人们对生存与艺术问题的理解，历来都未能脱离柏拉图主义的基本预设。理性主义者认为，感性的生存不是真正的生存，只有在理性目的的支配下，由伦理规范所约束的生存才是本真的生存。柏拉图的至善理念为这种认识开了先河；亚里士多德的形而上学则为它提供了宇宙论的伦理学秩序；从事批判哲学的康德同样把道德理性视为当然，在此基础上去探讨它的先验基础。理性主义哲学把寻找生活的合理性原则视为哲学的根本目的，叔本华则第一次把理性的道德伦理观看做"摩耶之幕"。就这点来说，叔本华的唯意志论思想无疑击中了理性论者的软肋。因为，在叔本华看来，在理性的道德伦理之前，还有更为基本的"生命"这个事实，而生命并不是人所独有的，动物也有生命，植物也有生命。生命的表现形态虽然不同，但本质上都是同一个意志本体"一月映万川"的结果。因此，生存远远不是人自己的生存，更不是由理性一方独自说了算的生存，而是生命本身的整体生存。理性论者和神学论者把一整套伦理思想观念构筑在人的生存周围，以人的一己之"至善"作为整个自然的最终目的，这明显是以人的单独生存这个事实遮蔽了生存整体本身。

显然，把哲学的落点定位在整体生命基础之上，是叔本华思想的重大突破。既然给生存设定理性目的是不可能的，那么，在叔本华看来，康德试图凭借理性给道德立法的道德哲学所要达到的目的就是企图以抽象概念来规范生活本身。叔本华强调，康德把道德神学化，并没有比传统宗教把神学道德化更能接近生命的本质基础。

把这种认识落实到艺术的思考中，我们便会看到，叔本华的运思与理性主义的认识有着明显的区别。在叔本华看来，理性系统是依靠一系列法则与符号组织起来的，因此，以它为基础所组织起来的认识永远是抽象的认识，它远远不能达到对事物的审美直观。叔本华通过形象的比喻来说明理性概念在艺术中的根本缺陷，他认为：

> 正如镶嵌手艺一样，不管它们如何细致，但是镶嵌石之间的界限总是存在的，所以从一个颜色毫无痕迹地过渡到另一种颜色是不可能的。概念正是如此，由于它的硬性规定，由于精确地互为界划，无论我们如何用细致的规定，把这些概念分而又分，还是永远不能达到直观中的那种细腻分限。①

也正是因为这个理由，叔本华明确指出："一切真正的艺术只能从直观认识出发，而决不能从概念出发。"②

叔本华认为，"感觉"（feeling）恰恰与概念相反，在感觉中呈现的世界本质上是一个无法借助抽象理性进行定义和约简的完整世界。正是因为它的非定义性和非抽象性，叔本华明确地认为感觉的真实性高于理性的真实性，这个观点与柏拉图的认识恰恰构成明显的反差。他明确认为：

> 一种认识愈是带有必然性，就愈多一些根本不能从感知中思考和展现的东西——例如，空间中的种种关系——这种认识愈是明晰和充足；就愈少纯粹客观的内容，或者说就愈少实在性。反过来说，认识中愈多一些必须纯粹偶然来理解的东西，愈多一些作为单是经验上的已知而对我们涌现的东西，则这种认识里就愈多真正客观的东西，实际的东西；不过同时也就更多一些不可理解的东西，即更多一些不能

　① Schopenhauer, *The World As Will And Idea*, Vol. Ⅰ, trans by. R. B. Haldane, M. A. and John Kemp, M. A. London: Kegan Paul, Trench, Trubner & CO. Ltd. , 1909, pp. 73—74. 中文译文参见［德］叔本华《作为意志与表象的世界》，石冲白译，商务印书馆1982年版，第97—98页。

　② Schopenhauer, *The World As Will And Idea*, Vol. Ⅰ, trans by. R. B. Haldane, M. A. and John Kemp, M. A. London: Kegan Paul, Trench, Trubner & CO. Ltd. , 1909, p. 74. 中文译文参见［德］叔本华《作为意志与表象的世界》，石冲白译，商务印书馆1982年版，第98页。

再从别的什么引申得来的东西。①

　　总之，在叔本华看来，生存的合法性基础远远不是理性认识，艺术的合法性原则也远远不是理性的道德伦理观念。本真生存与艺术的共同基础正是传统思想为获得认识的确定性而一再驱除的感性直观。

　　有必要指出的是，叔本华的上述观点并不能等同于英美实用主义哲学从感觉基础上理解艺术的观点。例如，杜威明确认为，"艺术就是经验"，他在经验论的基础上对艺术史上的许多重要问题作出了独到的解释。但是，杜威整套艺术思想的学理基础是英国经验主义的思想传统，学术背景则是大陆理性传统与英国经验主义的对立。叔本华的观点却是立足于唯意志论的基础上的，并且，叔本华的"感性直观"与杜威的"经验"有着不同的内涵。在叔本华看来，艺术之所以是感性直观活动，并不仅仅是因为它与抽象理性相对立，而是因为它直接来自意志整体。正是这个原因，使叔本华的运思与理性主义传统及经验主义传统的运思明确区别了开来。

　　简言之，叔本华坚信，只有在感性直观之中，我们才真正地与整体世界相遭遇。因此，基于直觉之上的艺术也就比基于理性之上的概念认识能更为真实地认识世界。正是通过上述思想范式的转变，叔本华启动了一个重要的思想历程：开始颠倒由柏拉图所建立的整个思想图式。

第二节　美：作为理念的世界

　　但是，叔本华在颠倒柏拉图思想传统的同时，并不影响他同时也是一

---

① Schopenhauer, *The World As Will And Idea*, Vol. I, trans by. R. B. Haldane, M. A. and John Kemp, M. A. London: Kegan Paul, Trench, Trubner & CO. Ltd., 1909, pp. 158—159. 中文译文参见［德］叔本华《作为意志与表象的世界》，石冲白译，商务印书馆 1982 年版，第 181 页。

个杰出的柏拉图主义者。明显的体现就是，叔本华以柏拉图的理念论作为他的美学思想的基础，明确地把美理解为对理念的感性直观。

从理念来解释美的本质，这是柏拉图的形而上学思想确立的基本路数，康德、黑格尔对于"理念"的理解有所不同，但从形而上的思路来解释美的本质，这却是相同的。叔本华关于美的思考同样采取了这一思路。但是，叔本华如何在自己的运思中容纳了柏拉图哲学？梳理这个问题，对于我们加深理解"美"的问题是有帮助的。

柏拉图对于美的规定有两个方面对后世影响深远。一方面是从至善的角度来规范美的本质，这个思路由亚里士多德与康德哲学所承袭；另一方面则是从永恒性和完整性方面来规范美的本质，这个思路则主要由叔本华哲学所承袭；基督教神学与黑格尔则以综合的姿态把美的理念发展到至善与完满相结合的境界。总之，在整个西方思想史中，美与理念紧密相关，这已成为关于美的认识的基本前提。

柏拉图思想最为吸引叔本华的地方就是理念世界的永恒性和完满性。在《作为意志和表象的世界》第三篇中，叔本华集中论述了这个问题。他指出，柏拉图哲学与康德哲学对理念世界作了不同的处理：柏拉图坚信苏格拉底"知识即德行"的观点，强调在认识论的基础上来说明至善理念；康德则强调知识的限度，严格把至善理念的规范作用落实在伦理实践之中，强调从实践论的角度来呈现至善理念。叔本华反是。他坚信，柏拉图放弃了感性直观来思考永恒的理念，与康德企图借抽象的伦理法则来实践至善的观念，都明显是错误的。

从前述分析可以看到，由"本体意志"与"个体化原理"所构成的问题框架形成了叔本华的思想基础。现在，叔本华把柏拉图的理念置入"意志"和"个体化原理"两个环节的中间，明确认为"理念"是本体意志的完满客体化形式，使之成为一个居中的过渡阶段，区别于个体化原理对意志本质的不完满分有。这三个环节之间的关系便构成了叔本华论述美与艺术问题的基础。我们把上述内容简化为如下图式：

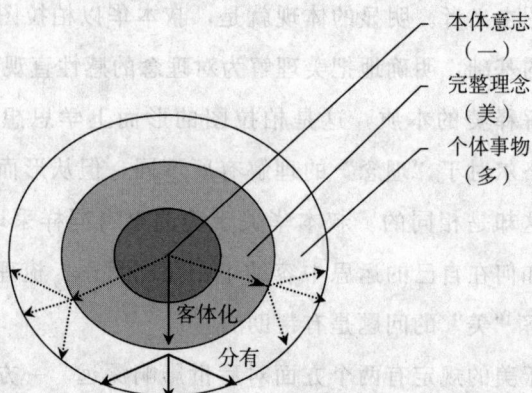

本体意志
（一）
完整理念
（美）
个体事物
（多）

客体化

分有

首先，从这个图表可以看出，意志作为本体，处于三个同心圆的中心。它的最初客体化形式构成了向外的第一个圆圈，这就是美的客体化形式。在这个圆周内的每一个点都代表一个不同的理念，正如圆心与圆周内的无数多个点构成"一"与"多"的关系一样，意志与理念就构成这种"一"与"多"的关系。其次，分有同一个理念的众多事物再次构成了意志本体的最外一环，因为每一个理念同时都为无数的同类个体所分有，所以，理念与个体之间的关系再次重复了意志与理念两者之间的关系。但是，无论是理念还是个体，它们的共同中心（本质）都是意志，这样，在整个大圆的平面空间中的任一个点无一例外地都是意志活动的客体化。理念对意志的客体化是直接的、完满的；个体对意志的客体化则是间接的、不完满的。审美认识的作用就是打破个体的认识局限，达到对理念，即意志完满客体化形式认识。这就是上述图表的基本内容。

显然，对于从柏拉图以来的、从至善目的和伦理实践的角度来论述美的理念这个传统路数，叔本华持明确的反对态度。他认为，哲学必须从具体的生命感受开始，而不能从既定概念或抽象玄思开始；同时，任何哲学结论也必须能够在生命感受中得到直接的验证，除此以外，任何脱离生命感受的哲学都只能是迂腐的和奢谈式的哲学。因此，叔本华认定：康德的道德哲学以绝对律令的形式对人的生存本身作出规范，以抽象的法则来保证自由的实现，这在根本上背离了生存的基本事实，无助于我们对生命感受的认识。

对比柏拉图、康德、黑格尔和叔本华关于"美是理念"的认识，对于理解叔本华的美学思想是很有帮助的。柏拉图认为：美是超越于感性事物之外的至善至美的理念本身，认识至美即认识至善；康德认为：美是在感性认识的领域中对至善目的的向往，美是道德的象征；黑格尔认为：美是理念的感性显现，而理念则是"具体的精神的统一体"；① 叔本华的观点则可以描述为：美就是对理念（意志完满客体化形式）的感性直观。比较而言，前三者的共同之处就是企图找到一种更高的认识，作为永恒的真知，以克服由一般的认识所带来的谬误与痛苦。叔本华则认为，我们所能做的恰恰是放弃这种偏见，只有回到直观的认识中才能把握美的理念。此外，值得注意的是，叔本华与黑格尔对于美的论述有着极为相似的表达形式，但是，他们所说的理念有着完全不同的内涵，对于理念的存在方式也有着完全不同的理解。对于黑格尔而言，理念的本质就是理性精神的最高形态，克服矛盾的发展上升是精神达到理念世界的根本方式；对于叔本华而言，理念完全不是什么理性精神，而是意志本体的完满客体化，对理念的认识永远不能依靠理性精神，而只能依靠非理性之外的感性直观。

从上述对比中，可以看到，叔本华在完满性与永恒性方面发展了柏拉图的理念论，他把柏拉图的整个思想套路往意志的本体上深拓了一层。此外，我们还可以看到，叔本华的思想在本质上正是柏拉图主义的翻版，他在整体上套用了柏拉图的理念论思想，因此，他是一个坚定的柏拉图主义者。但他与柏拉图有明显的不同：首先，柏拉图强调，艺术作为模仿活动，它只能模仿可见事物的外形，艺术的产品既不是真正的事物本身，也不能达到事物的本质理念，因此，柏拉图明确认为艺术远离真知；叔本华则强调，艺术恰恰是在感性活动中把事物的整体及其本质完整地呈现出来，达到理念的完整认识。总之，叔本华认为，只有在艺术的感性直观中，本真的理念世界才能呈现出来，作为抽象认识的哲学反而离真实的理念世界最远。

---

① ［德］黑格尔：《小逻辑》，贺麟译，商务印书馆1980年版，第8页。

第三章 艺术生存与审美救世

第三节　审美静观：生命意志的解脱

　　叔本华认为，对于日常的生存活动，人们有两种不同的基本态度，一种是全身心地投入其中的活动，另一种是旁观其变的静观活动。如果说前一种活动构成了我们日常现实绝大部分内容的话，那么，第二种活动则构成了我们审美认识活动的基础。显然，叔本华正是在此基础上对现实人生与审美人生作出了严格区分。

　　叔本华认为，审美活动并不是浪漫主义者所说的抒发感情，而是一种独特的认识活动，它本质上是区别于理性认识之外的感性直观认识活动；它所认识的特定对象不是具体事物，而是完整的理念世界。也即是说，审美活动不是由意志欲望所支配的认识活动，不是对事物的关系性认识，而是对作为意志完满客体化的理念的静观。显然，在叔本华看来，作为静观的审美认识活动绝对不仅仅是一种关于艺术的理论，在深层意义上，它是另一种生存方式的追求，这种生存方式在本质上区别于由个体化原理所支配的现实人生，我们可以称之为审美人生。要对审美静观有更深入的了解，我们就必须对现实的生存活动有清楚的认识。

　　叔本华认为，现实的生存活动是由特定的认识方式所支配的，这种认识方式即是受制于个体化原理的认识，它是在具体的时间和空间中展开的意志活动，本质上是由因果关系所支配的关系性认识。由这种关系性认识所支配的表象世界即是人们习焉不察的"摩耶之幕"。因此，由"摩耶之幕"所遮蔽的人生不是真实的人生，而是虚幻的人生。因为在个体化原理的支配下人们只能看到一己的生存事实，没有能够看到生存的整体理念，由此而产生了无穷的痛苦。

　　人生是痛苦的。对于这一点，神学思想与理性主义传统并不否认，他们也都在审美与艺术这个领域中寻求解答。但是，神学思想与理性主义传统相信，人本来有一个原初的幸福家园，也将有一个最终的幸福归宿，中间阶段的痛苦则是由于人性的迷失与堕落所致。所以，只要思维能够达到一个至善的理念，人就能够依靠它而超越痛苦，因为至善的信仰或确定的认识能够对意志起到约束与规范作用。针对神学思想与理性传统的思考路数，叔本华一再强调，生存意志之间的相互吞噬是一个永无休止的过程，所谓原初的"伊甸园"或最终的至善目的都不过是理性的构想，它本身就构成了产生痛苦的最大幻象。

叔本华认定，像神学论者和理性主义者那样，要在关系性的表象世界中寻找非关系性的东西，这注定是不可能的。因此，例如亚里士多德的"第一因"、康德的"物自体"和黑格尔的"绝对"等这些哲学概念，在叔本华看来，说到底只能是自相矛盾的东西，是思维混乱的结果。因为"第一因"既然是一种"原因"，那它必然具有另一个更早的"原因"导致它的出现；同时，所谓不可认识的"物自体"同样是矛盾的，因为整个世界的存在必须依靠一双看着它的眼睛才能存在，假如没有这种认识之光，所谓不可认识的"物自体"肯定是自相矛盾的命题。同样，在叔本华看来，黑格尔的"绝对"更是令人无法想象，它一开始就从一个不受因果关系制约的、神秘的东西开始其哲学推演，并在严格的因果控制中回归到自由的"绝对"中去，所有这些认识最终都只能导致神秘独断的宗教信仰，而不是导向哲学。总之，对于理性主义者的哲学追求，叔本华明确地把它看做另一种神学追求："那些有宗教热情的人，没有谁比他离哲学更远的了，他并不需要哲学。"①

我们在前面分析过：叔本华明确认为生命是意志的偶发现象，而认识又是生命的偶发现象，其中，理性认识又仅仅是认识的一种特殊形态而已，因此，叔本华认定，理性认识不过是一种能力极其有限的认识活动。但是，传统的理性思维方式一直局限于理性认识的范围，在脱离生命整体与意志基础的事实上来谈哲学的超越，这样就构成了传统理性主义哲学的

① Bryan Magee, *The Philosophy of Schopenhauer*, Oxford: Clarendon Press, 1983, p. 10.

最大盲视。叔本华认为，俗常的认识本质上不过是为意志服务的生存手段，因此，展现于人们眼前的表象世界恰恰是人们个体意志的间接客体化形式。在其中，事物是以它的有用性与人们相遭遇的，如果它不符合人们的需要，人们就继续欲求自己所想望的东西；如果它偶然符合了人们的需要，那也不过类似扔给乞丐的一块面包，让人暂时维持自己的生命，欲望绝对不会得到永久的平息，因为它会在明天让这种饥饿的痛苦继续延续下去。因此，要从痛苦中解脱出来，唯一的可能就是从关系性的认识中解脱出来，从欲望与牵挂中解脱出来，以一种非关系性的认识来认识整个世界。在叔本华看来，这种非关系性的认识正是审美与艺术活动的认识方式。在这种认识方式中，个体意志完全隐退，个体的人上升为认识的纯粹主体。认识的表象也从有用性中解脱出来，呈现为认识的纯粹客体，审美认识在此纯粹的主体与客体之间保持无欲的静观。叔本华认为，只要人们能够真正地对一个对象持无欲的审美静观，那么，无论他贱为死囚或尊为国王，在生存的自由解脱这个问题上，并没有任何本质的区别。这正如郭象在《庄子》的注释中所说的："夫悲生于累，累绝则悲去，悲去而性命不安者未之有也。"① 总之，审美静观脱离了个体化原理中的意志欲望，把原来充满痛苦的生存作为一面镜子来观赏，世界由此成为一个无欲的世界，美的世界；生存的真义也正是在这种无欲的至美世界中得到真正的体认。

生命意志的解脱，意味着认识主体在审美活动中成为纯粹主体。由于克服了个体的生命意志，表象世界就以超然于时间和空间关系之外的形式进入认识，世界也便成为一个整体的世界，进入审美认识的世界也就比进入理性认识的世界有着更为丰富的内涵。叔本华一再强调这点：

　　一个普通的艺术家尽管下了很大的功夫，他所画的一幅远处的风景画仍是如此糟糕，这是为什么呢？原因就在于他看到的就是这样的

---

① 郭象：《庄子·逍遥游篇》，上海古籍出版社 1989 年版，第 4 页。

景色。那么为什么他在其中看到的美是如此之少呢？这是因为他的理智没有充分地从其意志中解脱出来。在人们中间这种分离的程度产生了才智上的巨大差别；因为认识从意志中解脱的程度超高，它就愈纯洁，因而也就愈客观，愈正确。①

为了进一步说明这个问题，叔本华具体分析了"俗美"（the charming or attractive）。所谓"俗美"，即是某物在美的形式下所起的作用不是平息生命意志，而恰恰是激起人们的占有欲，这类事物即是"俗美"，它基本上可以概称所有流行的社会时尚或不健康的艺术癖好。叔本华强调，"俗美并不是真正的审美"，因为它一方面求助于概念认识，另一方面则激起人们的意志欲望，这两者都完全区别于真正的审美静观。但是，人们在生活中经常把"俗美"当做"真美"，一方面是因为人们难以摆脱欲望的支配；另一方面则是人们对非概念性的认识感到陌生，总是急于把陌生的认识归入某种熟悉的概念范畴中去，只有在其熟悉的表象世界中才感受到安全。在叔本华看来，这根本不是真正的审美，那些出于欲望的支配并习惯于把事物置于熟悉的概念之下来理解的人，正如一个懒得动弹的人总要急于找到一把椅子似的，"对于生活本身是怎么回事的观察，他是不花什么时间的"。②

在此，我们注意到了这个事实：叔本华关于审美认识的纯粹性与康德关于审美活动的形式性有明显的相似之处。康德在审美判断中明确区分了"纯粹美"与"依附美"，关于美的四个否定性定义同样从纯粹性方面来强调美的"非知识性"和"非实用性"。人们会问：同样是强调审美认识的纯粹性，康德美学与叔本华的美学思想是否有区别？追问这个问题，对于我们深入了解叔本华美学思想的独特之处是有帮助的。

① ［德］叔本华：《自然界中的意志》，任立等译，商务印书馆 1997 年版，第 86 页。

② Schopenhauer, *The World As Will And Idea*, Vol. I, trans by. R. B. Haldane, M. A. and John Kemp, M. A. London: Kegan Paul, Trench, Trubner & CO. Ltd., 1909, p. 243. 中文译文参见［德］叔本华《作为意志与表象的世界》，石冲白译，商务印书馆 1982 年版，第 262 页。

在康德看来，审美判断不是知识上的逻辑判断，也不是实践上的目的判断，而是感性的鉴赏判断，这种判断在质上不带利害感；在量上不依靠概念然而又能够普遍地令人喜欢；在关系上是无目的合目的性形式；在模态上则是应然的、不依据概念的判断。粗略地看，似乎康德也否认审美判断是伦理判断、知识判断或肤浅的欲望判断，这与叔本华的美学思想有极为相近的地方。但是，在根本原则上，两者的区别是无法通约与化简的。

在康德看来，审美活动是沟通纯粹理性与实践理性的桥梁。具体说来，我们判断某事物是美的，正是因为我们在感性的审美活动中隐然地认识到某种至善目的实现，由此引起的希望感能够激发人们对自由的向往。对此，康德断言，美是道德的象征。康德关于美的论述我们要注意如下三点：一是审美活动的感性基础，这是不可让渡的重要基础；二是审美活动的伦理指向，这是审美活动的价值内容；三是从感性体验到实践理性之间关系的"应然性"而非"必然性"，及"非概念的普遍性"。这三点是康德在整部《判断力批判》一书中一再强调的东西。有了这个理解基础，结合康德所说的"历史理性主义"思想，我们对康德论美的根本目的及其大致内涵也就有一定的理解了。对于康德来说，审美鉴赏判断所要达到的结果恰恰是他在《纯粹理性批判》中一再强调的生存之"调节性目的"在感性认识中的形象体现，这种在伦理实践活动中有着重大作用的"调节性目的"在人类的纯粹理性认识能力中是不能被认识的，但它可以在审美体验中得到隐约的体验。

把这种认识扩展到现实的人生活动中，便成为康德所说的"历史理性主义思想"。具体说来，"历史理性主义"观念就是强调在一个"上帝祛魅"的世俗世界中，人们只能坚信在这个"去神学化"的大自然之中有一个"应然"的至善目的在隐然地规范着人类的历史发展，这个"应然"的至善目的是康德用来取代传统神学思想中的上帝的价值信念，是康德希望借以有效地重新组织人类历史观念的另一个价值坐标，审美鉴赏恰恰是人们体验这个应然目的的现实活动，审美能力也是大自然赋予人们去追求自由的重要能力。因此，审美判断在康德的思想体系中，绝对不是"唯美主义"或"形式主义"的认识,而是有效地整合生存之基础的新的价值坐标。

相比起来,叔本华的美学思想与康德之间的区别是很大的,因为他在根本上反对理性传统所设定的任何至善目的。在他看来,世界的本体是意志,正是这种本体特征让世界永远处于无穷尽的相互冲突之中,在个体化的生活中我们固然可以为生存设定一个目的,但是,对于超出个体化原理之外的意志本身来说,根本就不存在一个由理性认识所设想的至善目的。换言之,虽然意志在不同的级别上以不同的形式进入因果关系,在这过程中的意志是有目的的,欲望是有对象可言的;但是,作为本体的意志却谈不上欲求什么目的,它的本质就是"要",但是想要什么,它却说不上来。正如叔本华一再强调的:

> 每人也经常有目的和动机,按此指导他的行为,他也总是能够为自己的个别行动给出理由;但是如果人们问他何以根本要欲求,或何以根本要成为存在,那么,他就答不上来了,他会觉得这问题毫无意义。这里面就真正的说出了他意识着自己的便是意志,而不是别的。意志的欲求根本是自明的,只有意志的个别活动在每一瞬点上才需要由动机来作较详尽的规定。事实上,意志自身在本质上是没有一切目的,一切止境的,它是一个无尽的追求。①

意志在本体上是没有目的的,由此,叔本华一再强调,康德企图以"应然"的希望来取代神学的至善目的其实也还是预设了一个抽象目的。因此,康德关于美的思考在起点上仍然是从抽象的目的出发,而不是从具体的、感性的、直观的事实出发;在价值指向上,康德美学仍然是以抽象的理性概念为目的,而不是以理念的直观为目的,正是在这点上,叔本华

① Schopenhauer, *The World As Will And Idea*, Vol. Ⅰ, trans by. R. B. Haldane, M. A. and John Kemp, M. A. London: Kegan Paul, Trench, Trubner & CO. Ltd., 1909, p. 213. 中文译文参见［德］叔本华《作为意志与表象的世界》,石冲白译,商务印书馆 1982 年版,第 235 页。

明确认定康德在他的伟大思想中仍然犯了一个重大错误：

> 和在《纯粹理性批判》中一样，他说判断的那些形式可以给他打
> 开认识我们整个直观世界的大门，在这《美感判断力批判》里他也不
> 从美自身，从直观的直接的美出发，而是从美的判断，从名称极为丑
> 陋的所谓趣味判断出发的。……就他整个这一部书的形式方面说，应
> 指出这形式是从这样一个念头产生的，亦即在目的性这概念中来找解
> 决美的问题的钥匙。[①]

显然，在美的价值取向上，叔本华与康德完全不同。康德的美学思想
仍然有一定的神学色彩，因为无论是"必然"的目的还是"应然"的目
的，它到底还是目的论；但叔本华在根本上否认这种至善目的，他从超脱
于欲望的纯粹认识方向来论述审美认识，认为只要存在着意志冲突，那么
我们就永远也不要企望有一个至善的终极目的在等待着人类。人们只有在
审美认识中当下便认识到生命意志在求得实现自身之时的永恒残酷性，从
而平静地从生命意志所支配的现实世界中解脱出来，对生存整体进行非意
志的纯粹静观。正是对生存整体的审美静观，而不是历史理性主义的目的
诉求，构成了叔本华审美理论的本质所在。因此，关于美的论述，两人的
差别在此判若二途。

简言之，叔本华与康德同样强调审美对实现人生的距离，但两人对这
种距离的认识是完全不同的。对于康德而言，他要在审美距离之中还原出
审美判断的非经验性，因为他坚信只有非经验的先验性才能保证一个审美
判断的普遍有效性，并希望通过审美判断这种先验的普遍有效性最终把审
美判断引向无目的的合目的性这个生存设想上来；对叔本华而言，他却要

---

① Schopenhauer, *The World As Will And Idea*, Vol. Ⅰ, trans by. R. B. Haldane, M. A. and John Kemp, M. A. London: Kegan Paul, Trench, Trubner & CO. Ltd., 1909, pp. 154—155. 中文译文参见［德］叔本华《作为意志与表象的世界》，石冲白译，商务印书馆 1982 年版，第 721 页。

82

在审美的距离中明确地与意志欲望划清界限，从欲望的无边苦海中抽身而出，从而对苦难众生的生存欲海作整体的静观。这正如有学者所指出的："（叔本华）这个审美的世界距离意味着：眺望世界，同时'完全不积极地被卷入其中'。这个审美的距离保持打开一个超验的点。它得保持虚空。没有意愿，没有应该，仅仅是一个存在，它完全成了看，成了'世界之眼'。"[①]

第四节　悲剧艺术:理念世界的完整观照

平息生命意志只是审美认识的主观方面，审美认识的客观方面则是对理念世界的完整静观。上节我们已经分析了审美的主观方面，本节我们分析审美的客观方面，并重点分析悲剧艺术在叔本华审美认识中的重要作用。

叔本华所说的理念，在很大程度上借用了传统思想中的典型论。虽然他从唯意志论角度把理念规定为意志的完满客体化形式，但从他的相关论述中，不难看出，除了人本身之外，叔本华在很大程度上把理念理解为事物之"类"的典型。具体说来，植物与动物的理念都是指它们所属事物之"类"的典型特征，这种特征从个体事物的完满性与强健性上体现出来。但是，人的理念区别于前两者之处就在于，人的理念不是"人"这个大类的基本特征，而是具体的人物自身所是的性格特征；因此，每个人都是他自身理念的摹本，每个人各自不同的理念会在具体的行动中体现出来，因为每个人的本质特征都是在他的行动中明显地体现出来的。在不同的行动与情境中，个体理念的体现有完整与不完整的区别。因此，无论是绘画或雕塑，在呈现事物理念的时候，都要选择最具典型性的场景和活动，这样才能把它的类特征完满地呈现出来；在呈现具体人物之理念的时候，则要

第三章　艺术生存与审美救世

[①]　[德]萨弗兰斯基：《尼采思想传记》，卫茂平译，华东师范大学出版社 2007 年版，第44 页。

选择一个最能呈现他的理念形象的最佳时刻来刻画他的形象。典型的例子如罗丹的雕塑"掷铁饼者",按叔本华的观点来看,掷铁饼者的运动形体在转体的最大逆度中,在即将进入下一个动作(即挥出铁饼)的那个瞬间,最为完整地呈现了这位运动员的运动之美。

理念的上述艺术呈现,都还只是对个体事物的理念之呈现。当我们打破了生存的个体化原理,把生存整体作为一个艺术作品来看的时候,我们从中所认识到的便不再是个体事物的类特征,而是意志本体。当这个意志本体能够成为人们的审美认识对象的时候,意志的完满客体化形式体现为什么呢?叔本华坦言:对意志本体的审美直观在此达到了生存之虚无本质的认识!也即是说,在悲剧欣赏中对虚无的认识便成为艺术静观的最高境界。

具体而言,叔本华一再强调,我们在艺术欣赏中所认识到的不是神正论,也不是道德象征,而仅仅是意志完满客体化的最好形式。悲剧作为最高的艺术形式,意志完满客体化的形式体现为意志冲突的无意义性,这种无意义性的最佳表达即是生存本身的虚无!简言之,诗人之所以创造悲剧艺术,既不是出于神学思想上的神正论,也不是出于理性伦理学上的道德冲动,而是仅仅希望把生存的画面呈现给人们观看,当悲剧艺术对日常生存活动作出完全的镜式反映之时,它并不导向别的目的,生存的理念在此体现为绝对的虚无。总之,悲剧艺术无所不照,但自身又无所营求,它仅仅是生活的一面镜子。对此,叔本华明确地说:

> 任何人也不能规定诗人,不能说他应该是慷慨的、崇高的,应该是道德的、虔诚的、基督教的,应该是这是那;更不可责备他是这而不是那。他是人类的一面镜子,使人类意识到自己的感受和营谋。①

总之,在叔本华看来,诗人的最高职责并不是通过什么道德法则和神

① Schopenhauer, *The World As Will And Idea*, Vol. I, trans by. R. B. Haldane, M. A. and John Kemp, M. A. London: Kegan Paul, Trench, Trubner & CO. Ltd., 1909, p. 322. 中文译文参见[德]叔本华《作为意志与表象的世界》,石冲白译,商务印书馆1982年版,第346页。

学观念给我们的现实生活注入些什么特别的东西，使它能够变得更完善和更幸福。在最高的程度上，悲剧艺术就是把生存活动本身呈现给一直沉浸在其中而不自知的人们进行观看，作为艺术的最高形式，悲剧所达到的效用就是让理念世界以虚无的形式呈现出来。在此，人们已经越过了理念世界的静观，达到了对意志本体之虚无本质的直观认识。人们通过悲剧艺术的观赏和阅读，获得了对自身行为进行审美观照的另一个视点，这样，人们便能够意识到局限于个体化原理之中的生存是何等的狭隘，这样，他便具有了打破这种个体化原理的意识，生存正是由此而具有了平息生命意志的可能。悲剧艺术作为艺术的最高形态，它所提供的作用就是最大限度地达到个体化原理的打破，实现对理念的最高形态——虚无——的最终认识。

　　具体而言，在《作为意志与表象的世界》第三篇中，叔本华在意志完满客体化的基础上，沿着从简单到复杂的上升过程，对艺术与理念的完整静观这个问题作了具体的考察，在悲剧与生存本质的虚无认识中结束了艺术审美在其思想体系中的功能之论述。在此论述过程中，叔本华所要达到的目的就是：通过对理念世界的追寻，努力把生存本身作为最高的艺术来观看。人们在悲剧这种最高艺术类型中达到意志的完整解脱和对理念世界的完整观照，最终上升为对生存之虚无本质的认识。在叔本华看来，一切的悲剧艺术都是现实生存的镜式反映，一切的悲剧艺术都以它的悲惨结局在默默地告诉人们：剧中所发生的一切不是别的，"那就是你"！所以，一旦人们在悲剧艺术中认识到了意志本体的虚无本性，我们也就从"摩耶之幕"中跳了出来，认识到所有的冲突不过是同一意志本体在不同的个体化原理中相互冲突的结果而已，原来所有无边的痛苦和罪恶也不过是同一个生存意志在特定的因果关系认识中所激发出来的东西而已。此刻，原来在生活中使我们如此痛苦又欲罢不能的东西现在离我们而去，我们在悲剧这面完整的理念之镜中以一种悲悯的眼光在静观着这个充满悲情的生存世界，从中我们得以窥见另一种无欲的人生。

　　显然，以悲剧艺术为顶峰的艺术认识在叔本华的哲学思想中有着重要的意义。因为在叔本华看来，整个生存世界都受生命意志的支配，通过消灭对方以实现自身的意志欲望成为生存的基本事实，生命意志对此过程的支配是铁定的，从无机界到有机界的最高层次（人），都概莫能外。唯有艺术的认识，尤其是悲剧的认识，为这个法度森严的因果法则世界撬开了一道缝隙，使人们能够通过这种审美认识打破生存的个体化原理，第一次洞察到一个完整的理念世界。总之，悲剧艺术中的理念认识让人们意识到，所有的利害冲突都不过是同一个意志本体在不同的因果关系中要残酷地实现它自己罢了。但是，在意志本体的虚无认识之中，根本没有"人"、"物"之分，也没有"你"、"我"之分，所有的一切最终都在意志永无终结的欲求中走向虚无。总之，艺术，尤其是悲剧艺术，为人们打破了认识的个体化原理，实现以"世界眼"的方式静观宇宙的生命流程提供了一个至关重要的临界点；也正是在艺术（尤其是悲剧艺术）所敞开的认识空间中，生存第一次走出了弱肉强食的残酷状态，第一次意识到自己浑身的累累伤痕原来不过是意志在盲目无知的冲突状态中给自己造成了浑身的残酷伤害。就此而言，叔本华明确地认为，悲剧是文艺的最高峰。①

要充分地理解这个问题，参照叔本华本人的论述，是有启发性的。叔本华这样描述悲剧的认识作用：

> 诗的最高成就的目的是再现人生可怕的一面，这对于我们的整个理论系统是非常有意义的，对于观察也是有价值的。无法言说的痛苦、人类美德的哀诉、邪恶的飞扬跋扈、偶然性的轻蔑统治、及正义和清白无法挽回的堕落，都在我们面前展现出来；对于实存的世界和自然，在这里也有一个意义深远的启示。这是意志和它自己的矛盾斗争，在客体化的最高级别上，它彻底被揭示了出来，以可怕的姿态出

---

① Schopenhauer, *The World As Will And Idea*, Vol. Ⅰ, trans by. R. B. Haldane, M. A. and John Kemp, M. A. London: Kegan Paul, Trench, Trubner & CO. Ltd., 1909, p. 326. 中文译文参见［德］叔本华《作为意志与表象的世界》，石冲白译，商务印书馆 1982 年版，第 350 页。

现。在人们的痛苦中，它成为可见的了。……在所有这些现象中，正是同一个意志存在和显现于其中，但是他们的现象却相互反对并彼此毁灭。意志在某一个体中显现得强有力些，在另一个则软弱些；在某一个体中显现得更为理性，被认识之光所弱化，但在另一个的身上，认识的作用又弱些。直到最后，在某些单独的情况里，被痛苦本身所净化和提高的认识达到了这个程度，在其中，"摩耶之幕"的现象不再能够欺骗他。现象的形式——个体化原理——被这认识看穿了，于是基于这原理的自私心也就随之而消逝了。①

显然，叔本华的论述是富有启发性的，但是，当他试图用古希腊的悲剧作品来解说自己的悲剧思想时，这就多少有牵强的地方了，原因就在于他把古希腊的生存世界"佛教"化了。但是，我们并不能认为他从对虚无的本质认识这个角度来解释生存之意义的做法是无效的，事实上，支持叔本华观点的艺术作品非常之多，萨克雷的文学作品，尤其是《名利场》，明显是叔本华观点的有力证据，而我国的古典小说《红楼梦》则是解释叔本华悲剧思想最好不过的例证。

《红楼梦》明确地把现实的生存定位为"梦"。既然是一场"梦"，那么就存在"梦醒"的可能。在作者看来，人们在阅读活动中能够认识到生存的虚空本质之时恰恰就是梦醒之时。整部小说的主题完全可以用书中第一回的一组偈语"因空见色，由色生情，传情入色，自色悟空"来概括，正是这组偈语构成了《红楼梦》全书的内在认识逻辑，它揭示了佛学上的这个认识原理：生存本是虚空，因果关系的认识在这虚空中形成色相，执著于具体色相于是生"情"；人们一旦认识到"情"不过是因果关系所构筑的色相而已，便达到了生存之虚空的本体认识。简单说来，这就是从空

① Schopenhauer, *The World As Will And Idea*, Vol. I, trans by. R. B. Haldane, M. A. and John Kemp, M. A. London: Kegan Paul, Trench, Trubner & CO. Ltd., 1909, pp. 326—327. 中文译文参见〔德〕叔本华《作为意志与表象的世界》，石冲白译，商务印书馆1982年版，第350—351页。

无中来，回空无中去之意。正是因为该书完整地呈现了生存的虚无本质，王国维借用叔本华的思想对之进行了透彻的论述，一再指出：《红楼梦》一书是"悲剧中之悲剧"。[①]

第五节　禁欲与同情：生命的形而上学

虽然叔本华一再明确地指出，在平息生命意志的严酷支配这个问题上，审美认识所能达到的效果在程度上远远不能与伦理同情相比。但是，既然审美认识与伦理同情在平息生命意志的功效方面是同质的，那么，在伦理同情中能够洞察到的无欲生存，它作为一个无欲的表象世界，这何尝不是一幅宏观的审美画面呢？因此，在本节的内容中，我们把叔本华的伦理思想一同纳入其美学思想中来分析。在此中，我们发现，叔本华的审美认识最终所要达到的不是别的东西，正是对生命整体的形而上学认识。

在《伦理学的两个基本问题》中，叔本华说过如下这句话："道德高尚的人，虽然智力不够敏锐，但却以其行为揭示深刻的洞见，最真的智慧；并使最有成就和学问的天才相形见绌，如果后者的行为暴露他的心还是不懂得这一伟大原则——生命之形而上学的统一性。"[②] 在此，叔本华明确提出了"生命形而上学"这个概念。在他看来，宇宙中"大化流行"的东西不是先验的理性，而是生命整体。叔本华一再强调，正是通过打破生存的个体化原理，对生命整体进行形而上学的观照，生存过程才能从蝇营狗苟的日常现实中解脱出来，在整体上成为一次静穆的艺术静观。

① 王国维：《〈红楼梦〉评论》，王运熙等编《中国文论选》近代卷·下，江苏文艺出版社 1996 年版，第 477 页。
② ［德］叔本华：《伦理学的两个基本问题》，任立等译，商务印书馆 1996 年版，第 300 页。

对生命的形而上学认识完全不同于对生命的日常活动认识。在日常的现实生活中，意志的个体化原理使生存的现实过程充满挫折，从而使个体生存充满痛苦。痛苦因此成为生存的基本特征。面对生存的痛苦，我们所能做的并不是通过抽象的概念知识构造出一个幸福的终极目的，或者相信通过向神学的逃避，依靠一些外在的力量，希望以此能够化解这种生存的痛苦本质。叔本华认为这是理性的幼稚，他一再指明：

> 正如外来力量不能改变或取消这一意志一样，任何异己的力量也不能为他解脱痛苦；痛苦是从生命中产生的，而生命又是那意志显出的现象。人总是被抛回他自己，既在任何一件事上是如此，在主要的大事上也是如此。完全徒劳的是人为自己制造一些神祇，以期向它们求情献媚而得到唯有自己的意志力可以获致的东西。[①]

在叔本华看来，只要我们认识到生存的本体是意志，那么关于生存的任何一种目的论都是不可能的，即使它是关于永恒幸福的许诺，对此也是无能为力的。因为意志本身是盲目的冲动，它要不断地占有物质以表出它自身，正是在对物质的占有中，意志的表现形态之一与它的别种表现形态作激烈的冲突；所以，在一个由充足理由律所组成的认识世界中，痛苦的感受不仅是必然的，而且是先验的，如果企图在充足理由律的世界中获得痛苦的解脱，这只能是哲学的谎言。因为意志在相互冲突的过程中，牢牢地执著于个体化原理，把痛苦的起因归结为他人的存在。人们没有认识到，痛苦的本质其实是同一个意志分化为不同的两方在相互斗争，彼此的冲突不过是意志本身以不同的表现方式在捉弄人。因此，要解脱痛苦，我们所能够做到的绝对不是以幸福的许诺来化解生存意志的冲突，因为所谓的幸福不过是意志欲望得到暂时满足的别称；以欲望来满足欲望恰恰是使

---

① Schopenhauer, *The World As Will And Idea*, Vol. Ⅰ, trans by. R. B. Haldane, M. A. and John Kemp, M. A. London: Kegan Paul, Trench, Trubner & CO. Ltd., 1909, p. 420. 中文译文参见［德］叔本华《作为意志与表象的世界》，石冲白译，商务印书馆 1982 年版，第 447 页。

生存坠入无限痛苦的诱因。我们要做的只能是以另一种认识来观照意志的冲突，在一定的距离之外对生存的痛苦事实进行观照，或者在现实的生活中通过对欲望的禁止来停息痛苦的永恒动力。这就是叔本华对生存之痛苦及其解脱之可能的本质解释。

叔本华认为，艺术能够让人从痛苦的生活流程中解脱出来，但这种解脱是暂时的；要真正地解脱痛苦，人们必须对生命本身进行形而上学的认识。因为所有的痛苦都不过是同一个生存意志在与它自身的残酷冲突中要实现它自身的结果而已，一旦认识到生命整体的生生不息，能够从意志冲突的残酷对抗中退身出来，我们也就能够建立起基于同一个生命基础之上的同情伦理关系。因此，打破个体化原理，实际上就意味着对生命本身采取形而上的同情看法。

叔本华的生命形而上学思想可以归纳为如下三个方面：一是把生存和死亡共同纳入了生命的整体过程；二是在生命形而上学的思想基础之上形成了伦理学上的同情学说；三是继上述认识而形成的生命轮回学说。这三个方面其实都是生命形而上学思想的不同表述。下面，我们对这三个方面试作简单分析。

生命过程最大的痛苦不是别的，正是由死亡所带来的恐惧。从生存的个体化原理来说，世界是我的世界，生命因此也是我的生命。对个体死亡的恐惧使个体的生命意志在最为激烈的程度上要求实现它自己，这种渴望和欲求不惜以牺牲别的物种或摧毁别人的生命意志来肯定自己的生命意志，因此，个体生存本质上是由利己主义的欲望所驱动的。对于叔本华来说，利己主义是日常生存的基本事实，他多次明确地指出：

> 每个人都为他自己渴望一切，要占有一切，或至少是控制一切，而凡是抗拒他的，他就想加以毁灭。……每一个个体，尽管它在无边际的世界里十分渺小，小到近于零，却仍然要把自己当做世界的中心，在考虑其它之前首先要考虑自己的生存和幸福；从自然的角度来看，个体不惜为它这生存而牺牲一切，不惜为它自己这沧海一粟保存

得更长久一点而毁灭这世界。这种立场就是利己主义，而这是自然界中每一事物本质上的东西。①

在此基础上，叔本华认为，以信仰为拯救手段的宗教信仰远远没有它自身所说的那样神圣，因为宗教信仰不过是以另一种方式强化了善恶之间的对立而已，而一切善恶观念本质上都不过是一套人为的表象世界。这是他多次重复的观点，相关的论述直接为尼采对道德和宗教神学进行系谱学的研究提供了极富启发性的参照。

叔本华强调：万物共有一个生命；但在不同的因果关系模式中，生命或意志本体体现为不同的形式。因此，以一己的生命视角来解释世界，是一切残酷冲突的根源所在。显然，叔本华的生命形而上学之思正是要把生命从一己的视角中解脱出来，使人们认识到，生命并不是自己一人的私有物。有个体的诞生就必然有个体的死亡，有个体的死亡也必然有个体的诞生，诞生与死亡都只不过是个体的现象，它们在整体上是共同属于生命的。对此，叔本华曾多次打过相关的比喻，一再强调个体的诞生与死亡不过是生命整体的个体表现罢了，它们都只是现象，而不能影响到生命本身。在《作为意志与表象的世界》的第四篇中，叔本华鲜明地指出：

> 诞生和死亡以同样的方式属于生命，并且是互为条件而保持平衡的。如果人们喜欢换一个说法，也可说诞生和死亡都是作为整个生命现象的两极而保持平衡的。……生殖就是作为死亡的配对而出现的；这就意味着生育和死亡在根本上是相关联的，双方互相对消，互相抵偿。促使古希腊人和罗马人雕饰他们那些名贵棺椁的也完全是这同一心情。正如我们现在所见，这些棺椁上雕饰着宴会、舞蹈、新婚、狩

① Schopenhauer, *The World As Will And Idea*, Vol. I, trans by. R. B. Haldane, M. A. and John Kemp, M. A. London: Kegan Paul, Trench, Trubner & CO. Ltd. , 1909, pp. 427—428. 中文译文参见 ［德］叔本华《作为意志与表象的世界》，石冲白译，商务印书馆1982年版，第457页。

猎、斗兽、醇酒妇人的欢会等，都无非是描写着强有力的生命冲动。他们不仅在这种寻欢作乐和运动的场面中为我们演出这种生命的冲动，而且还可见之于集体宣淫，甚至可见之于萨蒂尔和母羊性交的场面中。这里的目的是显而易见的：目的是以最强调的方式在被哀悼的个体死亡中提出自然界不死的生命；并且虽然没有抽象的认识，还是借此暗示了整个自然既是生命意志的显现，又是生命意志的内涵。……个体必然有生有灭，这是和"个体化"而俱来的。在生命意志的显现中，个体就好比只是个别的样品或标本。生命意志不是生灭所得触及的，正如整个自然不因个体的死亡而有所损失是一样的。①

毫无疑问，叔本华此处关于生命形而上学思想的重要论述为尼采关于生命的整体思考提供了极大的帮助，这个问题我们后文再详述。

值得指出的是，就人们努力给死亡设定意义的种种做法来说，叔本华的思考明显区别于西方理性主义传统。以黑格尔为例，死亡在他的辩证法思想中是绝对精神生成的临界点，是实现精神自由的重要保证，只要它是在辩证法的保证之下的，那么个体的死亡必然是绝对精神实现的途径。因此，黑格尔其实是以绝对精神的自由实现来抚慰个体的生存痛苦及其死亡恐惧，这与基督教思想以形而上学的"天国"思想来安慰死亡的恐惧在形式上是极为相似的。但是在叔本华看来，生与死虽然是生命整体过程的不可缺少的部分，但如果企图通过死亡而实现所谓的自由或至善，这是绝对不可能的；我们所能够做到的只能是从"世界眼"的角度来认识生存过程中的生与死，这样的生存才是真正脱离了痛苦的生存。正是从这个角度来说，能够认识到生命之整体存在的只是少数天才才能够做到的事情，世间绝大多数的生物一直都囿于个体化原理的生存视角，在永不间断的意志冲

---

① Schopenhauer, *The World As Will And Idea*, Vol. I, trans by. R. B. Haldane, M. A. and John Kemp, M. A. London: Kegan Paul, Trench, Trubner & CO. Ltd., 1909, pp. 355—356. 中文译文参见［德］叔本华《作为意志与表象的世界》，石冲白译，商务印书馆1982年版，第378页。

突过程中过着生生灭灭的生活，这是与天才相对立的绝大多数人的共同命运。显然，这是叔本华与黑格尔对于死亡意义的不同理解的重要区别之一。

正是在此基础上，叔本华提出了"同情"的伦理学说。同情伦理所强调的正是：生命意志是一切个体或现象共同分有的生命本体，一切现实的苦与乐都不过是同一个生命意志以不同的方式与它自身的残酷冲突所导致的结果而已，无论是制造痛苦的或遭受痛苦的，展现在人们眼前的一切都昭示着这个真理："那就是你！"这正如叔本华所说的：

> 制造痛苦的人和不得不承受这痛苦的人两者间的区别只是现象而不触及自在之物。这自在之物即存活于这两人中的意志，这意志在这儿被那注定要为它服务的认识所蒙蔽而不能认出它自己，而在它的一个现象中寻求激增的安乐，在它的另一现象中制造巨大的痛苦；它就是在这兴奋的压力中以自己的牙咬入自己的肉，而不知它永远只是在伤害着自己。正是通过个体化这媒介，以这种方式暴露了原来藏在它内部本质的自我冲突。痛苦的制造人和承受人是一而非二。前者错在他以为自己于痛苦无份，后者错在他以为自己于罪过无份。①

所以，如果我们能够认识到个体之间的冲突不过是同一意志在不断地吞噬它自身，我们所能平息这场无穷痛苦的努力绝不是设定什么至善的伦理目的，而只能是在源头上禁止我们的欲望，对所有处于痛苦中的无知生命抱以伦理的同情，非此不能平息这场无止境的意志冲突。

也正是在此基础上，叔本华得出了生命永恒轮回的重要观点。在俗常的认识看来，死亡便断定了个体永远离开了生命，是生命的终结。但是，在叔本华看来，死亡并不意味着脱离生命，正如我们不能因为太阳西沉就

---

① Schopenhauer, *The World As Will And Idea*, Vol. I, trans by. R. B. Haldane, M. A. and John Kemp, M. A. London: Kegan Paul, Trench, Trubner & CO. Ltd., 1909, p. 457. 中文译文参见［德］叔本华《作为意志与表象的世界》，石冲白译，商务印书馆 1982 年版，第 486 页。

认为太阳不再有光和热一样。太阳仍然在发光和热，只是地球的轮转使太阳光不能永远照在一个具体的点上。因此，黑暗与光明共处于太阳的光辉之中，诞生与死亡也就共同地属于生命本身之内。叔本华指出，由个体化原理所支配的认识恰恰遮蔽了这种认识，由它导致的谬误起码有两个方面，第一是认为生命可以划分为"过去"、"现在"和"将来"三个部分；第二则是认为死亡是一个将来的可怕事实。叔本华正是要反驳这两种错误认识。在他看来，所谓的"过去"或"将来"都不过是意志在具有理性之知的"人"这个生物层次上由"现在"的活动所产生的一种认识幻象，真正的生命其实并不是"过去"，也不是"将来"，而永远只有"现在"。

人们历来在因果关系的线性推论中来理解生命事实，企图在单维的因果关系之中通过哲学的论证推导出一个绝对自由的最终结果，以此来拯救生存的痛苦，这是西方思想的一个习常看法。但是，叔本华认为这是不可行的。在他看来，无论是基督教的神学道德，还是康德的道德神学，或是黑格尔的绝对理念，它们最终都导致了伦理学上的"幸福论"，而任何种类的"幸福论"无一例外都是基于某种宇宙的目的论基础之上的。叔本华一再强调，我们生存于其中的这个世界在根本上并无任何目的，唯一的真实存在只有意志和生命的永恒轮回。甚至对生存所设定的任何目的论，表面上看来是能够解除了我们生存的痛苦，但是，正是这些东西更深地导致我们生存的痛苦。因此，叔本华认为，我们唯有从西方传统的线性生存图景中跳出来，从非关系的认识中纵观生命整体，对生命进行形而上的观照，从轮回的生存图景来理解生死，这样我们才能真正地为伦理实践找到坚实的基础。

为了解说这种生命轮回的观点，叔本华打了个形象的比喻，认为意志整体自身是一个滚动不已的圆，因果关系作为一条切线与这个圆相切，两者相接的点只有一个，这个唯一的点正是进入了认识之光里面的意志本身，是由认识之光所照亮的意志活动过程，也正是我们所处的个体化的生命过程，此个体化的生命过程也就永远地构成个体生命的"现在"。这个独特的"现在"之点由于意志本体的运动不已，注定是变动不已的。因为不断上升的半圆正如生命不断上升的部分，而不断下降的半圆则正如生命不断下降的部分。在上升与下降的永恒运动中，不断有各种生命形式进入到由认识之光所照亮的个体化生存世界之中来，也不断地让各种生命形式退出此光亮世界，由此而形成了生命个体永恒不断的生生死死，也正是在此生生死死的永恒替换中，生命维持了永恒的"现在"。所谓的"过去"和"将来"都不过是对"现在"的因果推论，是虚幻的认识。

我们可以用形象的图式把叔本华的上述认识图解如下：

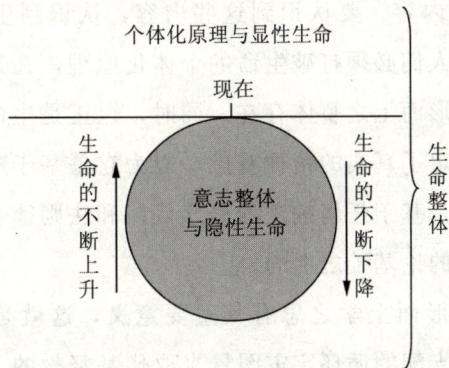

个体化原理与显性生命

现在

生命的不断上升　意志整体与隐性生命　生命的不断下降　生命整体

从这个图形可以看出，整体的生命存在可以分为"显性"的生命存在与"隐性"的生命存在两种形式。但是俗常关于生命的认识都是局限在显性生命的层次上，依据严格的因果关系，在"过去"、"现在"和"将来"三个阶段中对生命进行前因后果的推理，在根本上忽视了隐性的意志运动。叔本华则从唯意志论的角度指出，个体的生命是由永恒运动的意志与严格的因果关系共同作用而形成的现象，可见的生命形态只有永恒的"现在"，个体的生灭正如意志之圆上的任一个点，在意志的永恒运动中不断上升和下降，但生命的"现在"永恒存在，这就是叔本华生命轮回观点的具体内容，也是叔本华对生命整体所勾画的一个整体画面。

但是，个体的死亡毕竟是某种东西的终结，这种东西是什么？叔本华没有作出解释，但我们可以在叔本华的思想前提下回答这个问题。从上图来看，个体生命所终结的不是意志的永恒运动，不是因果关系的线性认识，而是意志运动从经由认识之光所照亮的"现在"这个独特的领域中转变为别的运动形式。某个体的死亡实际是给另一个体创造生存空间，而不同的个体都是同一个意志在不同的因果关系中的个体化体现。因此，从叔本华的生命形而上学来看，生命整体是永恒存在着的，意志运动也是永恒不变的，产生变化的只是它的个体形式。某个体从认识之光的领域中退出来，并不意味着认识之光就永远黑暗了，因为会有另一种意志运动的形态进入认识之光所照亮的世界中来，而退出认识之光的生命之个体化原理重新进入意志永恒运动的另一种形态之中。这就是叔本华关于生命轮回及生命形而上学的全部内容。要认识到这些内容，认识到生命的形而上学存在，叔本华强调，人们必须打破生命的个体化原理，在禁欲的伦理实践中才能认识到生命的形而上之整体存在。同时，也正是生命的形而上存在为真正的伦理实践奠定了真实的精神基础，因为它是基于对生命的直观认识基础之上的，而不是基于任何抽象的概念认识和法则律令之上的，更不是基于任何宇宙的目的论基础之上的。

叔本华的生命形而上学之思有其重要意义，这就是试图以非人格化的、由自然法则所支配的循环宇宙图景来取代基督教的、由人格化的上帝支配的非重复的宇宙图景，从而给生存设定新的价值基础。这种结构性变换带来了一系列认识变化，最为明显的区别就在于：非重复的宇宙图景则强调在善恶的二元对立思维中来理解生存本身，但生命的形而上学思想并不从伦理学上的善恶观念出发来理解生命。总之，生命形而上学的认识在叔本华的思想中具有核心意义，在他看来，无论是审美的认识，还是伦理的禁欲，其目的和功效都是相同的，即都是为了打破认识的个体化原理，达到对生命的形而上认识。叔本华的上述宇宙图景的变换在西方思想史上具有深远的意义和影响，正如西美尔所说的，这种转换，实际上是一场影响深远的认识运动的前兆和要素，在叔本华的意志形而上学中，对人的总体观点，才头一次彻底拒绝服从理性主义。①

也正是在生命形而上学的认识前提下，叔本华区别了两种死亡，一种

---

① ［德］西美尔：《西美尔文集：叔本华与尼采——一组演讲》，莫光华译，上海译文出版社2006年版，第35—36页。

是局限于个体化原理之中的死亡，其极端体现就是由激烈的意志冲突所导致的自杀；另一种是突破了个体化原理，勇于承担一切痛苦，甚至为此不惜牺牲自己的生命的死亡。叔本华认为，个体生命虽然面对着共同的死亡，但前一种死亡的是无价值的死亡，因为至死都没能打破生存的个体化原理，这是极为可悲的；第二种死亡则是出于本真的生存体验，因为这种死亡能够真正地打破一切生命之外的非本真约束，让人们在生命形而上学的认识中重建生存的本真基础——同情伦理。在叔本华的上述区分认识中，我们不难发现，简单地把叔本华的哲学约简为悲观主义思想，这显然是极为片面的。

第六节　小结：从生存到艺术

在具体地评价叔本华的艺术思想之前，我们试图举两个例子来说明叔本华思想的深刻性，一个例子是中国古代庄子与惠子的"鱼乐"之辩，另一个例子则是莫泊桑的小说《项链》。

在《庄子·秋水篇》的末尾，记载了庄子与惠子之间的一次著名对话，详引如下：

> 庄子与惠子游于濠梁之上。庄子曰："鯈鱼出游出容，是鱼乐也。"惠子曰："子非鱼，安知鱼之乐？"庄子曰："子非我，安知我不知鱼之乐。"惠子曰："我非子，固不知子矣。子固非鱼也，子之不知鱼之乐，全矣。"庄子曰："请循其本。子曰：'女安知鱼乐云者'，既已知吾知之而问我，我知之濠上也。"

对庄子与惠子之间的对话，历来有众多的解释，普遍认为庄子被惠子追问得无法回答，只好以狡辩的方式转换了话题。但这种认识是有问题的。

　　以叔本华的审美直观来回答这个问题，并不难破解惠子的逻辑追问。在叔本华看来，"直接自明的依据总是比证明得来的真理完善得多，只有当前者远不可及时，后者才是可接受的"。① 也即是说，叔本华强调，直观的确定性是一切理性认识的基础。但是，在俗常的认识中，理性认识却一再地否定直观认识的确定性，并把真理的确定性严格定位在抽象的推理过程中。在叔本华看来，这是明显的因果颠倒。事实上，"逻辑的证明总不过是证明着人们原已从别的认识方式完全确信了的东西。这就等于一个胆小的士兵在别人击毙的敌人身上戳上一刀，便大吹大擂是他杀了敌人"。② 以上述认识为基础来解释庄子的认识，事实一目了然。

　　对于庄子来说，他与鱼之间构成了"纯粹的认识主体"与"纯粹的认识客体"的审美关系，"鱼之乐"是直观认识之中的确定事实；从生命形而上学的角度看，此鱼的"从容出游"让庄子直观到的不是处于知识关系中的认识对象，而是非意志支配的生命活动。但是，惠子却从抽象的认识立场强调这个事实：你所能知的绝不会超出你自己的范围之外。既然你不是鱼，你就不能说这条鱼是不是快乐的。很明显，惠子的前提已经预设了外在对象的不可知，因此，按他的逻辑推下去，因为你不是那条鱼，所以你不可能知道鱼是快乐的，这是必然的结果。然而，在庄子看来，真正矛盾的并不是自己，而是惠子，因为"鱼乐"作为一个明白的事实已经出现在他的认识前提中，但他却一定要通过逻辑推论想在"能够知"与"不能够知"之间证明出一个结果来，这不是明显的自相矛盾吗？在庄子看来，一个自明的道理，在惠子的认识前提下却显得无从证明，如果一定要证明我是如何知道鱼之乐的，我只能带你去"濠梁"上去"看"了。这正如胡

① Schopenhauer, *The World As Will And Idea*, Vol. I, trans by. R. B. Haldane, M. A. and John Kemp, M. A. London: Kegan Paul, Trench, Trubner & CO. Ltd., 1909, p. 90. 中文译文参见［德］叔本华《作为意志与表象的世界》，石冲白译，商务印书馆 1982 年版，第 113 页。

② Schopenhauer, *The World As Will And Idea*, Vol. I, trans by. R. B. Haldane, M. A. and John Kemp, M. A. London: Kegan Paul, Trench, Trubner & CO. Ltd., 1909, p. 100. 中文译文参见［德］叔本华《作为意志与表象的世界》，石冲白译，商务印书馆 1982 年版，第 123 页。

意志与悲剧——叔本华与尼采悲剧思想比较研究

塞尔在《现象学的观念》中所说的："对那些没看或者不愿看的人，对那些谈论着并且自己提出论据，但却始终处于接受所有矛盾，同时又否认所有矛盾的人，我们毫无办法。我们不能回答：'显然'是这样，他否认有诸如'显然'这样的东西；就像一个不在看的人想否认看的行为一样，或者更确切地说，就像一个在看的人想否认他自己在看和否认有看的行为一样。假如他不具有另一种感官，我们怎么能使他信服呢?"①

庄子的"鱼乐"可以充分地解释叔本华的"审美直观"这个概念的基本内涵，也能够形象地透露出叔本华在审美的直观认识中对生存的无欲追求。如果从叔本华的思想角度来解读莫泊桑的《项链》，我们也将会发现，这篇小说在深层次上解释了个体认识的"摩耶之幕"对本真生存的严密遮蔽这个问题。

《项链》叙述了这样一个故事：罗瓦赛尔太太一心向往上层社会的生活，为一次舞会费尽了积蓄和心思。但是，在舞会上得尽风头之后，她乐极生悲，因为她发现借来的一条钻石项链不翼而飞。为了维护自己的名誉，她与丈夫只好紧急筹借了几万法郎买了一条钻石项链还给原主。为了偿债，夫妻俩从此过上辛劳无比的日子。十年之后，他们终于还清了债务，但罗瓦赛尔太太从此青春不再。一日，罗瓦赛尔太太偶然遇见了钻石项链的女主人，便决心把这事情的真相告诉她。故事在此发生了"突转"，因为女主人告诉她：当年她所借的那条项链根本就不是真货！

俗常认为，莫泊桑以这个故事抨击了小资产阶级成员的虚荣心，控诉了资本主义社会中的人的异化等等。但是，这样的认识显然是标签性的。如果我们从叔本华的思想出发来理解这则故事，便不难发现它的深层意义。

第一，罗瓦赛尔太太一心要享受上层社会的生活，这不过是一种欲望的体现。为了满足这个欲望，她不惜花费重金去打扮自己。当她戴着借来

① ［德］胡塞尔：《现象学的观念》，倪梁康选编《胡塞尔选集》上卷，上海三联书店1997年版，第70页。

的钻石项链在舞会上大得风头的时候，也不过是以虚幻的荣耀满足了自己的欲望而已。她的生活并不因为她的欲望得到了多方面的满足而有任何实质性的改变。

第二，在另一种欲望的支配下，罗瓦赛尔太太一家的生活进入了另一轮的煎熬之中。这种欲望就是：努力在现有的名誉法则下规规矩矩地生活，即使蓦然之间"莫须有"地欠下了一笔天大的债务，也必须打破门牙往肚里吞，绝不能违背现行的价值规范！显然，正是必须维持自己的名誉这个道德要求使他们的生活进入了另一种欲望的折磨过程之中。

第三，也是最重要的一点，就是对下述问题的拷问：以沉重的生活代价去维持的名誉观念或道德规则，是值得的吗？故事结尾所提供的答案无疑是否定的。因为它摆明了这个事实：以十年的时间去维持的名誉，最终不过是得知：你所付出的沉重代价不过是为了偿还臆想中的责任，而构造了此虚假责任的不过是一条假的钻石项链！总之，从叔本华的视角来看，恰恰是因为人们对欲望和名誉这些原本不过是赝品的东西"信以为真"，执著于这些现象，不断地追逐此起彼伏的欲望，最终只能使生存陷于无穷的痛苦之中。

从上述例析来看，叔本华的悲剧思想对生存的基本问题有很深的洞察力。首先，它申明生存痛苦的根源不在于外物的引诱，而在于内心的欲望；其次，它让人质疑现存观念的合理性，通过打破个体化原理去认识生存的整体内容；最终，它让人在审美的生存态度中思考克服生存痛苦的可能性。这些都是叔本华悲剧思想的深刻之处。就他坚定地反对理性主义的目的论，坚定地反对宗教神学的至善论，以及坚定地反对一切由抽象认识所组成的道德法则而言，叔本华对西方思想传统所产生的影响显然是结构性的、断层式的。要人们在当时立即接受这种认识，显然相当困难。这也就解释了为什么他的思想一直被人们所忽视，直至他晚年的时候才真正地被人们认识和接受。

我们如何来评价叔本华的上述思想认识呢？既然叔本华自认他的思想是康德哲学的"接着说"，以康德哲学为参照系来展开论述应该是明智的。

在此，我们整体上把叔本华的思想当做对康德哲学所提问题的进一步追问来看待，看看叔本华究竟在何种程度上回答了康德所不能回答的问题，同时又在何种程度上避开了康德所希望得到回答的提问，由此而形成了什么样的内在不足。

一方面，康德哲学粉碎了神学道德救赎的可能，把"神学道德"转化为"道德神学"；叔本华则在此基础上继续追问道德救赎的可能性。在叔本华看来，康德式的道德神学并不能使人心向善。原因很简单，因为任何抽象的法则都没有注意到生命的意志本质这个问题。所以，任何以定言命令的形式出现的道德律令，都还没能够追问到生存的真正基础，因为这种道德律令必定有着深层的动机，正是这种未经追问的动机在激励着相关的道德实践。简言之，由任何抽象目的所引起的道德行为都不是出自生命的、真正的道德行为。因为真正的道德行为不可能出自生命之外的、抽象的概念认识，而是出自对理念和生命整体的感性直观。叔本华坚信，只有在感性直观的认识基础上才能为伦理实践打下坚实的生命基础，因为直观认识所观照的不是个别人的生存现实，而是生命本身。

正是在此基础上，叔本华提出了"同情"的伦理观，它的核心就是强调万物拥有共同的生命，任何正在遭受痛苦的人或动物在本质上都不是个体在遭受痛苦，而是那个共同的生命在遭受痛苦。感性直观告诉人们：那就是你！因此，一切真正的德行只能是出自同情的生命实践。叔本华认为，在感性直观中以别人的痛苦为自己的痛苦，我们才能打破伦理实践的"摩耶之幕"，真正地从痛苦的无边苦海中脱身出来。但是，要真正达到解脱，一条重要的途径就是把生存整体当做艺术画面来观看，因为审美认识不是一般的认识活动，它恰恰是让人们作为纯粹的认识主体对生命整体进行静观的活动。因此，艺术与本真生存之间的意义关联在叔本华的思想中得到了重建。

一旦从生存的角度来认识艺术，叔本华的思考就体现出与前人不同的地方。首先，在叔本华的美学思想中，艺术虽然仍然是形而上学认识的手段或工具，但它已被置换为达到真正的形而上学认识的重要手段。其次，艺术在此已经不再强调传统伦理观中的"诗的正义"或"寓教于乐"等道德教化的问题，它直接把艺术与生命的整体直观联结了起来，强调艺术是认识本真生命的重要手段，是实现人的本真生存的重要途径。在此，艺术已经不再以理性的模仿或反映来保证它的合法性，它本质上就是生命的直观，是生命的启示。

显然，在叔本华的思想中，艺术首次被赋予了生存的本体论意义。相比康德而言，这比康德的美学思想更进了一层，因为它已经在一定程度上认为艺术是生存的必需，而不仅仅是外在道德律令的象征。总之，叔本华的美学思想越出了西方传统的神学道德论和理性伦理观之外，从生命的角度来论述艺术的直观认识功能，这是叔本华艺术思想对西方传统的重大转变，它使得艺术初步获得生存论意义上的本体论地位。

另一方面，我们在前面曾经指出过，唯意志论思想的运思之可能性是通过否定先验理性所追问的问题而建立起来的，正是这种明确的否定，使唯意志论思想自始至终都难以摆脱其内在紧张性。具体而言，叔本华明确地反对人们对世界的至善设定，完全否定基督教的至善观念和理性主义者的目的论思想，但是，他在否定道德原则之先验性的同时也把日常的生存世界纳入了机械性的规则支配之中，正如洛克在实践原则的问题上所言的："他们既然采取机械主义，就不得不把一切德行的规则排斥出去了。"①换言之，正是叔本华在道德规则与机械法则之间建立了等同关系，在此基础上大力反对康德的实践理性法则。在他看来，对世界的至善设定是传统形而上学的最大盲视，只有劈断这个形而上学的总根子，生存之树才能真正地获得丰厚的土壤。因此，他明确地把康德哲学作为近代最为明显的目的论哲学来看待，努力地反对康德思想对生存世界的合目的设定。但问题是，叔本华的唯意志论思想给生存所设定的同情伦理归宿解决了先验理性的缺席所遗留的种种问题了吗？

叔本华的哲学运思很大程度上通过证明痛苦的不可消除性，从而在根

---

① ［英］洛克：《人类理解论》上卷，关文运译，商务印书馆 1959 年版，第 38 页。

本上质疑康德对这个世界的合目的设定的合法性基础。他一再强调，痛苦是不可能通过哲学的命题推导而得到平息的，因此，康德对这个世界的合目的性设定仍然没有能够平息生存的根本痛苦，从而最终未能摆脱经院哲学的空疏与烦琐。因此，在叔本华看来，与其一再地在先验理性所追问的问题上折腾不休，不如彻底否定这个目的之存在的可能性，在意志本体的基础上另拓哲学运思的空间。就此来说，叔本华价值重估的方案，其变革力度是非常之明显的。

但是，我们必须指出，叔本华的这种提问方式对于康德而言，可能是难于接受的。因为就康德哲学的整体着眼点来说，它并不意在通过设定自然的合目的性来回避痛苦或平息痛苦，而是意在追问我们现实的生存世界究竟还需不需要价值观念的指导，如果需要的话，我们将需要什么样的价值指导。正是相信生存整体不可能没有一个终极性的价值目标，康德一再强调，合目的性的价值目标是必须存在的。在《历史理性批判文集》中，康德指明：

> 对大自然——或者最好是说对天意的——这样一番论证，对于我们之选择一种特殊的观点以进行世界考察来说，绝不是什么无关紧要的动机。因为在没有理性的自然界之中我们赞美造化的光荣与智慧并且把它引入我们的思考，究竟又有什么用处呢；假如在至高无上的智慧的伟大舞台中，包含有其全部的目的在内的那一部分——亦即全人类的历史——竟然始终不外是一场不断地和它相反的抗议的话？这样一种看法就会迫使我们不得不满怀委曲地把我们的视线从它的身上转移开来，并且当我们在其中永远也找不到一个完全合理的目标而告绝望的时候，就会引导我们去希望它只能是在另外一个世界里了。①

---

① ［德］康德：《历史理性批判文集》，何兆武译，商务印书馆 1990 年版，第 20 页。

同时，康德还一再强调，他对生存世界的合目的设定并不是以"一条先天线索的世界历史观念来代替对于具体的、纯粹由经验而构成的历史的编撰工作"，如果人们正是这样来理解他的话，那就"误解我的观点了"。①但是，叔本华对康德的批判正是把康德所说的价值目标转换为抽象的知识法则，从而一再地强调康德哲学试图从抽象法则出发来规范整个生存世界，这恰恰是对康德哲学的明显误解。

事实上，在否定了独断的、"构成性"的上帝之后，康德以"调节性"的希望来重新整合生存的基本价值秩序。正是以"绝对命令"的方式强调我们的生存世界还有一个隐然的目的，从而让人们在痛苦的生存中获得了希望，并由此而超越了痛苦，真正的德行便超脱于任何条件性的因果关系，从而上升为精神的崇高，这是康德哲学的基本着眼点所在。在他看来，沉湎于小恩小惠的同情感之中的人，本质上是缺乏责任意识的，因为这种人的生活缺乏一个根本的目标，而这种缺乏责任感与价值目标意识的人必然是喜怒无常的人。结合叔本华一生的习常行为来看，他让后人非议颇多的行为习性显然不幸被他一再批评的康德所言中。并且，叔本华在一次莫名的狂怒中把一位老侍女推下楼梯，导致这位老侍女失去工作能力，叔本华为此负起了长期的赡养义务。多年后，这位老侍女终于死去，叔本华在其笔记中写有"老妇死，重负释"的字句，这让后人一直对叔本华的同情伦理抱以怀疑态度，认为叔本华所同情的仅仅是动物而不是人。

对于叔本华非理性的生存论设想，我们不妨进一步追问：假如命运已经把我们置入一场斗争，在此斗争中，我们必须努力拼搏才能自救，那么，同情伦理究竟能在多大程度上让我们把握住自身的命运？在痛苦的现实中生存既然已经是我们的无法摆脱的命运，面对这个事实，我们是勇敢地进入其中还是无欲地抽身而出？既然我们必须为自身的生存而奋斗，那么究竟是否存在一个引导人们走上生存斗争之路的应然目标？这个问题一经提出，叔本华的同情伦理同样没有能够穷尽生存的要义，这个事实便清

---

① ［德］康德：《历史理性批判文集》，何兆武译，商务印书馆1990年版，第20—21页。

晰地显现了出来。简言之，叔本华以审美和生存同一的"同情伦理"来反对康德的"绝对命令"，虽然深化了对生存基础之诗性内涵的认识，但它也很有可能失去了人在伦理实践中所应有的原则及节操。一个明显的体现就是，在叔本华的伦理学观念中，正义是低于同情的，在他看来，正义只不过是局限于个体化原理之中的伦理关系，但同情却因为它超越了个体化原理而使它比正义更为高尚。可是，在康德的伦理学体系中，正义却远远高于同情，因为在康德看来，正是发自正义之召唤的伦理实践使人超脱于无原则的同情之中，正是对最高原则的实践而不是对同情的屈服使人成为"崇高"、"可敬"和"高贵"的人。在《历史理性批判文集》的系列文章中，康德对于弱者希望通过消除痛苦来达到"永久和平"的主张有着深刻的批评，认为生存中不可避免的痛苦恰恰给生存赋予了意义，可见康德哲学对生存之痛苦的坚定直面之勇气，这种崇高感显然是人们对痛苦世界进行佛陀式的静观所无法感受到的。值得强调的是，尼采虽然同样大力反对康德的道德哲学，但在"消除痛苦"和"使人高贵"的选择中，尼采也不得不认为康德比叔本华更加高明。

此外，我们必须指出，叔本华仍然是西方形而上学思想传统这个大家族中的坚定成员之一，因为叔本华仍然与他的前辈一样，在认识论的基础上来谈论艺术问题。在西方思想传统中，认识论问题与形而上学思想紧紧地联结在一起，因为认识论的基本前提就是：认识有虚假与真实之分，真实的认识就是要达到形而上之真。这样，美就成为让人们认识形而上学之真的重要手段。

从柏拉图到康德的哲学认识中勾画出上述认识的大体轮廓并不困难。对于柏拉图来说，最高的真是理念，如果诗艺不能保证人们达到理念之真，诗人只能被逐出理想国之外；对于亚里士多德来说，诗比历史更为真实，因为诗中所叙述的事情更具可然性，并且，因为模仿是人的天性，在诗性模仿的活动中人们同样能够得到真知；对于奥古斯丁来说，沉溺于感性之美是罪恶的沉沦的表现，只有在感性活动中窥见至善之美才是真正的美，真正的爱美是爱永恒至善的天主；对于康德来说，美是道德的象征，真正的美是在外物的纯粹观赏中感到至善目的的隐然存在；在黑格尔看来，美就是理念的感性显现，艺术作为客观精神回归它自身的途径，就是要以具体的形式展现与它同为一体的精神，形式与内容之间的必然关联保证了美与真的必然关系。同样，在叔本华看来，艺术认识作为天才的认识，它的根本职能就是打破"摩耶之幕"，直观意志客体化的完整理念，进而直观生命的整体过程。总而言之，叔本华与他的前辈一样，都强调艺术是认识形而上学之真的重要途径之一。关键的区别在于叔本华把作为工具的艺术转变为作为本体论意义上的生存活动。

最为重要的是，叔本华虽然打破了传统理性主义对幸福的终极诉求，打破了一切进步与乐观的幻想，以生命的形而上学认识来解释个体生死的终极意义，从而对死亡这个重要问题作出了生命轮回的肯定，但是，叔本华仍然在伦理学的视野之中来规范生存的本质性问题，从而也在伦理学的基础上来规范艺术的本质问题，因此就使得生存与艺术之间的关联仍然以伦理学的视野为中介。在这点上，叔本华仍然没能够超越他的前人。因为从西方思想史上的情况来说，一个共同的思想特点就是：人们从某种确定的视野出发，凭借它确定了生存的合理性之后，再在此基础上论述艺术问题，从而使艺术一再地成为解释某种生存合理性问题的附庸。叔本华同样没有能够走出这条思路，在他看来，本真生存的意义是对表象世界的无欲静观，艺术恰恰是这种静观的重要形式；生存的本质是虚无，艺术的作用便是洞察这种虚无；等等。显然，在叔本华的思想中，生存的伦理本质仍然预先规范了艺术的本质，正是这条从"生存"到"艺术"的思路使叔本华仍然未能走出艺术工具论的形而上学视野。

此外，生与死的终极意义是德国古典哲学的一个重要主题，叔本华同样在思索这个问题。但是，叔本华的思考是以"如何脱离痛苦"这个论题为焦点的。在叔本华看来，对痛苦的个体认识与本体认识之区别，是生死意义产生区别的关键点。当一个人局限于个体化原理来理解生命，作为过程的生命对于他来说不过是强烈地肯定自己的生存意志而已；当他看穿了"摩耶之幕"，意识到一切痛苦不过是同一个生命意志在承受个体化的折磨时，他就能够默默地承担起所有别人的痛苦，甚至不惜赴死。叔本华认为，这样的生存才是真正的生存。因此，叔本华的思想注重于对"痛苦的本质是什么？""痛苦是怎样产生的？""理性伦理对这种痛苦有拯救作用吗？"以及"我们怎样才能脱离这种生存的痛苦？"这些问题的解释。这样，叔本华的思想就体现为对痛苦的本质进行追问，以及怎样才能脱离痛苦这两个大问题。

问题推导到这一步，叔本华哲学与基督教的内在关联就明显地体现了出来，因为基督教对生存所提的问题其实与叔本华并无二致，他们都力图对生存的痛苦根源作出解释，希望通过解释它而实现解脱。叔本华坦言："否定意志这一词所说的正就是福音书里所讲的否认自己，捐起十字架。"①此外，我们还必须指出，叔本华关于生命以"现在"的方式而存在的观点，与早期基督教神学家奥古斯丁关于时间的重要论述有着内在的一致性，有兴趣的读者可以把叔本华的相关论述与奥古斯丁《忏悔录》的第 11 卷的内容相互比较参照，会有启发。

最后，从认识图式的角度来对比叔本华与柏拉图对于理念的认识，对我们理解叔本华的思想价值是有启发意义的。在柏拉图的认识论图式中，有着"意见"之知与"知识"之知的二元区分，在叔本华的美学思想中，我们同样可以找到"抽象理性"之知与"直观感性"之知的二元区分，我们可以把他们的相似关系列为如下图示：

柏拉图认识图式	意见（艺术）	知识	理念
	变化、虚假之知		永恒、真实之知
叔本华认识图式	意志表象	抽象理知	天才之理念（艺术）
	意志之知（服从因果律之知）		非意志之知（打破因果律之知）

显然，除了对待艺术的态度完全不同之外，叔本华的思想框架与柏拉图惊人地相似！柏拉图要寻找一种认识，这种认识能够达到理念世界；叔

---

① Schopenhauer, *The World As Will And Idea*, Vol. I, trans by. R. B. Haldane, M. A. and John Kemp, M. A. London 1909, p. 499. 中文译文参见 ［德］叔本华《作为意志与表象的世界》，石冲白译，商务印书馆 1982 年版，第 529 页。

本华则认为，这种认识恰恰就是审美认识，正是审美认识把完整与丰富的理念世界带入了生存之中。

　　叔本华的追问所体现出来的问题，让我们进一步地思考：痛苦作为生存的本质，难道我们注定只能避开它或平息它吗？生命意志只能是真实生存的否定吗？既然痛苦在根本上是不可去除的，难道它真的不会给我们的生存造成有意义的东西吗？既然叔本华已经证明了理性主义与神学思想"幸福论"的不可能，要解决叔本华思想的内在紧张，我们就必须在他的思想基础上进一步追问痛苦对于人生的重大意义。

　　在此基础上进行追问的不是别人，正是尼采。

第四章

生存与艺术

叔本华对理性伦理观进行了深刻的批判，对西方传统的道德陈规表示了根本的不信任，一再强调不能从抽象的理性认识出发，而要从生命的直观认识出发来建构伦理的真正基础，这对尼采有着深刻的影响。简而言之，叔本华给尼采的运思提供了一个"阿基米德点"，这就是要从超越于善恶认识之外的视野来追问生存的价值。

具体说来，打破生存的个体化原理，对生命本身进行形而上学的思考，这是叔本华思想给予尼采的最大启发。尼采正是在生命形而上学的思想基础上提出了他的"权力意志"和"相同者的永恒轮回"等重要观点。但是，当尼采的思考获得了自身的明确性之时，批判的锋芒同样指向了叔本华的哲学所设定的价值秩序，在尼采的视野中，生存的整体世界从此体现出与叔本华的宇宙静观完全不同的精神色彩。

总之，尼采在叔本华的思想基础上追问：基督教的道德伦理是西方人的必然宿命吗？现代民主制国家是西方人必然的选择吗？世俗的种种价值观念在多大程度上是我们一直未加以考察的偏见？大众所认同的东西就是正确的东西吗？康德式的道德律令能真正地给伦理实践找到一个坚实的基础吗？道德作为学说几乎是谁都可以说出一番意见的，但哪种道德学说能够给我们带来真实的生存呢？这些都是尼采在运思之初就追问的问题，也是贯穿他毕生思想的问题。尼采同样在唯意志论的思想基础上追问这些问题，但是，他的思想并不仅仅是叔本华思想的简单继承。在关于生存的根本要义这个问题上，尼采与叔本华有着完全不同的认识。追问他们的关联与区别，是我们进入尼采悲剧与生存之思的基本起点。

第一节　艺术生存论

显然，叔本华的运思是构筑在"日常生存"与"艺术生存"这个鲜明的二元对立基础之上的。在叔本华看来，受个体化原理约束的日常生存完全遮蔽了个体化原理之外的生命静观，唯有艺术活动为我们打破生存的个体化原理提供了一条重要的途径，在审美的直观活动中，纯粹的主体与纯粹的客体相遭遇，由此而洞察到事物与生存整体的完整理念世界，正是对完整理念世界的直观确保了艺术活动作为一种生存方式能够高于日常的世俗生存。总之，叔本华认定，只有通过意志的解脱，生存才具有真实的意义可言，也因为伦理同情能在根本上平息意志冲突，在程度上比审美认识更为深刻与持久，所以，本真的生存仍然是伦理性的，而不是艺术性的。但是，对尼采来说，叔本华对生存的这种区分恰恰体现了传统形而上学的残留。在尼采看来，生存的本质并不存在"日常生存"与"艺术生存"的二元区分，所有的生存本质上都不是伦理性的，而是艺术性的。在确定了生存的艺术本质之后，尼采再区分出两种不同样态的生存艺术，一是强健者的生存艺术，另一则是病弱者的生存艺术。在价值等级关系上来说，叔本华认为艺术生存的价值高于日常生存的价值，尼采则认为强健者的生存艺术在价值上高于病弱者的生存艺术。显然，在生存与艺术的关系问题上，尼采把问题划分为两个层次，一是生存的艺术本质性问题，二是艺术生存的价值性问题。对第一个问题的思考更多地体现在尼采早期的思想中，第二个问题的论述则在他晚期的思想中有集中的体现。

在本章中，我们结合《悲剧的诞生》一书的相关内容来考察问题的第一个方面。

我们在前述分析中已经详细分析了生命形而上学的具体内涵，并指出，生命形而上学的观点在西方思想传统中的重要意义就在于：它试图以非人格化的、由自然法则所支配的循环宇宙图景来取代由教会伦理所说的、人格化的上帝所支配的非重复的宇宙图景；在生存图景的转换中，叔本华的思想实现了从传统形而上学向生命形而上学的转换。事实上，正是叔本华的生命形而上学思想给尼采的运思提供了坚实的学理基础。但是，尼采并不局限于叔本华的影响。如果说叔本华仍然停留在深渊的边沿上，以无欲的态度来静观这个生存深渊的话，尼采则"更强烈地受到狄俄尼索斯天性的吸引，他要更近地靠向深渊，因为他猜想里面有更诱人的秘密"，[①] 正是对这个秘密的追问，让尼采把整个生命形而上学的思想艺术化了。

在尼采看来，生存在本质上就是由生成与毁灭的活动所构成的，正是个体生命的不断生成与不断毁灭构成了生命整体的永恒游戏。在这个基础上来说，本真的生命拒绝一切道德论的先验解释。相比之下，真正能够对生存本身作出正确解释的，恰恰是先验的道德论一再排斥的审美认识论，因为在审美活动中，幻象的生生灭灭及其不确定性恰恰是生命本身生成与毁灭的鲜明写照。对此，尼采明确指出：

> 生成和消逝，建设和破坏，对之不可作任何道德评定，它们永远同样无罪，在这世界上仅仅属于艺术家和孩子的游戏。如同孩子和艺术家在游戏一样，永恒的活火也游戏着、建设着和破坏着，毫无罪恶感——万古岁月以这游戏自娱。它把自己转化成水和土，就像一个孩子在海边堆积沙堆又毁灭沙堆。它不断重新开始这游戏。它暂时满足了，然后需要又重新抓住了它，就像创作的需要驱动着艺术家一样。

---

① ［德］萨弗兰斯基：《尼采思想传记》，卫茂平译，华东师范大学出版社 2007 年版，第 44 页。

不是犯罪的诱力，而是不断重新苏醒的游戏冲动，召唤另外的世界进入了生活。①

　　总之，在尼采看来，生命整体的永恒轮回本身就是个体不断生成与毁灭的艺术行为，任何关于生存的道德论述都不过是这种基本艺术活动之上的派生性创造，因此，评定生命之本质与价值的不是任何道德信条，非道德的审美认识恰恰是我们认识生存之本质最为恰当不过的方式。尼采认定，正是在这种审美的态度中，我们才能真正地理解生命的本质，真正地领会生命的价值。在《悲剧的诞生》题献瓦格纳的序言中，尼采就明确说道："我深信艺术是生命的最高使命，是生命本来的形而上活动。"② 在晚期的《自我批判的尝试》一文中，尼采再次强调了生存的艺术一元论基础，认为："甚至在献给理查德·瓦格纳的序言里，艺术——而不是道德——就作为人类真正的形而上活动被设定下来。在此书中，这个使人兴奋的命题就出现过多次，即世界的存在只有作为审美现象才是合理的。事实上，全书通篇都认为，一切事物的背后仅存在一种艺术思想（artist - thought）和一种艺术之后的思想（artist - afterthought）。"③ 显然，打破叔本华式的"日常生存"与"审美生存"的二元区分，把生存的本质规定为艺术性的，这是尼采生命形而上学的基本看法，并作为他思想的一条重要线索，贯穿了他一生运思的始终。

　　但是，我们必须注意这个事实，即叔本华与尼采对各自入思的起点所作的上述选择并不是偶然的个人所好，而是对生存的深层思考所引发的必然结果。具体说来，叔本华不相信康德式的理性话语对伦理领域的独占，

---

① ［德］尼采：《希腊悲剧时代的哲学》，周国平译，商务印书馆 1994 年版，第 70 页。

② Nietzsche, *The Philosophy of Nietzsche*. trans by. Clifton P. Fadiman, New York：the Modern Library, 1927, p. 950. 中文译文参见 ［德］尼采《悲剧的诞生》，赵登荣译，漓江出版社 2000 年版，第 18 页。

③ Nietzsche, *The Philosophy of Nietzsche*. trans by. Clifton P. Fadiman, New York：the Modern Library, 1927, p. 940. 中文译文参见 ［德］尼采《悲剧的诞生》，赵登荣译，漓江出版社 2000 年版，第 10 页。

在否定了康德对伦理领域的理性立法之后，他必须对现实的生存之本质作出独特的论述，在此基础上重新给现实的生存指出拯救之道。因此，叔本华明确认为现实生存所形成的表象世界是虚假的世界，即"摩耶之幕"。哲学通过对生存意志的平息，使认识能够突破严密的个体化原理，实现对生存整体的直观。叔本华坚信，正是对生命的整体直观给生存建造了真正的伦理基础，即非理性的同情。

在这个问题上，尼采的思想所要实现的不是要给理性法则之外的生存重新建造一种新的伦理学基础，而是要追问如下这个问题，即人们历来习惯于从伦理学的视角出发来解释生存的意义这种做法，是不是真的已经穷尽了生存的本真内涵。正是通过追溯道德的知识谱系，尼采打破了由伦理叙事所编织的、覆盖在生存整体之上的"摩耶之幕"，从而把生存的基础奠基在艺术创造的基础之上。

我们先从叔本华的追问说起。叔本华对本真生存之基础的思考是通过批判康德的道德哲学而实现的。他认为，人是有良知的，这种良知是支配人的伦理实践的重要基础，这原本没有错。但是，康德的道德哲学却试图从理性的角度来给良知立法，试图从理性的角度来规定良知的本质内涵；至于理性的立法能不能真正达到伦理学的基础，这一直没有构成一个问题进入康德的哲学追问。显然，康德的道德哲学毫不迟疑地认可了道德的理性原则，由此而努力给它铺垫稳定的先天基础，这正是康德本人没有意识到的"未经追问的前提"。正如叔本华所说的："康德未作任何事前研究，立即在前言中假设，纯粹道德的法则存在；而且自此以后这一假定一直保持不变，形成他的整个体系的真正基础。"[1]

显然，康德把道德的原则与道德的基础这两个完全不同的问题混淆了起来，即把"合乎理性的行为"与"有良心的行为"混同了起来。在一个把一切价值判断都置于理性的审判面前的社会中，人们固然可以通过理性给道德定出具体的原则，但人们绝不能认为经由理性所规范的道德原则就

---

① ［德］叔本华：《伦理学的两个基本问题》，任立等译，商务印书馆 1996 年版，第 142 页。

是道德的本源与基础。正是出于这种认识，叔本华认为康德的道德哲学无形中垄断了伦理的话语解释权，让人们在判断某种行为是有德行的时候，也就认为该行为是合乎理性的，从而把两个不同的问题混同起来。叔本华在《伦理学的两个基本问题》中多次点明了这个问题。总之，叔本华认为，迷信抽象的道德立法，对于理解生存的意义并无助益，甚至，它还使人们远离了对生存的同情感受。

在否定了康德的道德哲学对生存的救赎之可能性之后，叔本华如何给生存设定它的价值路标呢？显然，叔本华在唯意志论的思想基础上追问痛苦的意志根源，企图通过对它的解释重新给生存指出一条基于生命同情之上的拯救之路。

叔本华的具体做法是把本真生存的伦理基础落实到"公正"与"仁爱"这两个最初的道德基点之上。之所以说它们是最初的道德基点（叔本华称之为"元德"），是因为叔本华认为生存的一切道德伦理都是建立于它们的基础之上的。首先，在日常的生存中，人们都是在个体化原理的支配下而从事各种活动的，只要人们在肯定自己的生命意志之时能够不否定别人的生命意志，这就是"公正"；相反，如果人们通过否定别人的生命意志来肯定自己的生命意志，这样便是"不义"；由于人们有维护自己的生命意志的权利，因此人们也就有反抗"不义"的权利。其次，在艺术静观与同情伦理之中，人们从一己的认识中跳出来，认识到别人的痛苦遭遇就是自己的痛苦遭遇，因此倾尽全力地帮助别人，能够替别人去承受痛苦，这就是"仁爱"。它与"公正"的根本区别就在于，它完全挣脱了生存的"个体"化原理，在生命整体的基础上认识到痛苦的非个人性，并以自己的行动主动地去承担痛苦，为此甚至不惜经历自己的死亡。叔本华指出，无论是"公正"还是"仁爱"，它们的基础都是出于对意志的直观认识，而不是出自对抽象理性法则的认同。总之，相比于从抽象的、超验的理性法则基础上来解释伦理学的基础这种做法，叔本华强调，他的"同情"伦理建立在对生命的直观认识基础之上，建立在生命形而上学的统一性基础之上。

显然，叔本华的哲学思想烛照到了整体生存的痛苦根源。面对着深沉的痛苦根源，这位孤独的哲学老人并不寂然自伤，也不独自逍遥，而是采取了默然注视的态度；在对痛苦的默然注视中，生存并不害怕必然面对的死亡，为了承担整体的痛苦，它甚至还勇于面对死亡。就此说来，人们常说叔本华的哲学是一种"悲观"哲学，至多只能是一种习常的、笼统的说法；因为日常所说的"悲观主义"明显是出于对一己的利害得失而形成的心理态度，它体现为哀伤、自怜、没有希望感，等等；叔本华的"悲观主义"更明显地类似于佛陀的"悲天悯人"，这种"悲"情是出于对生存的整体认识而形成的，它完全与上述软弱的哀伤、自怜之情无关，它是出于对整体生存痛苦根源之思的必然结果。

　　显然，正是叔本华的"悲观主义"哲学给尼采厘清了价值重估的思想起跑线。因为，叔本华对理性伦理观的质疑已经把传统至善形而上学的关键问题逼到了这样一个境地，即我们除了通过对整体生命的直观，以期建立同情的伦理基础之外，无须任何生命之外的理性法则来教会我们如何理解生命或如何建立本真的生存关系。在此，我们可以观察到这个事实，即叔本华虽然打破了传统的善—恶二元视界，但他仍然把本真的生存驻足于伦理的世界之中。正是在叔本华运思的终结之处，尼采开始了他的追问：叔本华的哲学运思志在平息生命意志，希望以"同情"来解脱生存的痛苦根源；但问题是：希望通过建立"同情"伦理来消除意志，这本身不正是意志要求的明确体现吗？如果连叔本华的同情伦理都无法真正做到平息生命意志，那么，同情的伦理设想作为本真的生存归宿，这是可能的吗？正是对这个问题的思考，使尼采把揭开"摩耶之幕"的质疑摆到了叔本华同情伦理的设想之前。

　　尼采对叔本华的质疑可以归结为如下两个方面的问题：第一，叔本华一再强调他的哲学运思跳出了善—恶对立的思维框架，把同情伦理设定为自由的根基，但是，叔本华在根本上跳出了传统形而上学的阴影了吗？第二，叔本华一再强调，由于个体化原理的禁锢，人们的现实生存在本质上都是利己主义的，理性的道德伦理对此毫无改变的可能，也即是说，道德理性没有平息生命意志的能力，更不可能更改它的利己主义本质。唯有打

第四章　生存与艺术

115

破个体化原理之后的生存直观才可以平息生命意志，从而改变生存的利己主义本质。正是在这里，尼采追问：一旦我们能够意识到，打破个体化原理的哲学运思不过也是意志本身的另一种要求，那么生存的利己主义本质在多大程度上得到了改变？也即是说，叔本华所说的"公正"与"仁爱"在多大程度上不属于他所要克服的利己主义？问题追问到此境地，它的关键就体现为：叔本华的同情伦理能真正地减轻生存的痛苦吗？深思这些问题，让尼采得出了不同的结论。

在尼采看来，叔本华仍然把本真的生存立足于传统伦理学的基础上，仍然在道德的范围内来理解生存的本质，因此仍然未能真正彻底地走出传统理性形而上学的窠臼，虽然他已经把传统理性形而上学的问题逼到了这样一个极点，在这个极点上，理性形而上学已经难以维持它对生存整体的话语独占。早在《人性的，太人性的》一书中，尼采点明了叔本华思想的形而上学本质，他认为：

> 像叔本华本人那样的"哲学头脑"还是给自己留了一些后门，但是必须看清楚，这些后门是无用的：没有一扇门通到屋子外面去，通到自由意志的空气中；你至今钻过去的每一扇门都显示在它后面还有一堵金属般闪光的命运之墙：我们是在监狱里，只能自由地梦想，却不能让自己自由。①

既然同情伦理仍然无法摆脱传统形而上学的阴影，那么把生存自由的希望寄托在同情之中也就是不可行的了，希望同情能够化解生存的痛苦也就是不可能的了。在《曙光》一书中，尼采不点名地批评了叔本华的同情伦理，认为"同情"不过是一场自贬的骗局，它丝毫无助于减轻别人的痛苦。对此，他明确指出：

① ［德］尼采：《人性的，太人性的》，杨恒达译，中国人民大学出版社 2005 年版，第 322 页。

意志与悲剧——叔本华与尼采悲剧思想比较研究

当你充分地克服了你的虚荣之后，你走向邻人，向他的轻蔑暴露你的愚行，以为在经历了这痛苦的、对你来说是极其困难的一幕之后，一切又都恢复了正义，因为你的自愿的荣誉损失已经补偿了他的不自愿的幸福损失。怀着这样的一种感觉，在道德的升华与美德的恢复之中，你便离他而去。但是，你邻人的痛苦并没有比以前减少一分。你曾经是非理性的，并且曾经承认了这一点，但是他丝毫不觉得这对他有什么安慰：相反，由于看到你在他面前自轻自贱，这使他更为痛苦，仿佛这是一种新的伤害，而他必须为这种新的伤害对你表示感谢——但他并不想进行报复，也不认为你能有什么方式对他进行补偿。归根结底，这出闹剧是你为了你自己而演出给你自己看的，在此中你邀请了一个证人，但却不是为了他，而是仍然为了你——不要再自欺欺人！①

显然，尼采此处的分析是入木三分的：首先，同情伦理并不能改变生存的利己主义本质；其次，你千万不要以为自己的同情能让别人减轻痛苦！因为你的生存永远无法替代别人的生存。你能做到从个体化原理之外去理解别人的生存，但你并不能通过这种个体化原理的打破而减轻别人的痛苦，更不能以你的同情去要求别人的同情与理解，因为那只能使人遭受更大的痛苦。

一旦证明了同情伦理并不能消弭痛苦，一个更为重要的事实便显现了出来，即同情伦理在承担痛苦的名义下掩盖了痛苦的现实，躲开了痛苦对生存应有的激励作用，从而使现实的生存成为一次痛苦缺席的自怜过程，在这种情况下，生命力的衰弱便成为必然的结果。尼采对此洞若观火，同样在《曙光》一书中，尼采明言：

———————

① Nietzsche, *Daybreak*, trans by：R. J. Hollingdale, Cambridge：Cambridge University Press，1997，p. 136. 中文译文参见［德］尼采《曙光》，田立年译，漓江出版社 2000 年版，第182 页。

就其实际造成痛苦而言，同情是一种弱点（weakness），正如经由任何一种有害的情绪而失去自我一样。它增加了这个世界上的痛苦的数量，虽然由于同情，我们可能也会在这里或那里间接地减少或消除了一定数量的痛苦，但是这些偶然的和从根本上说无足轻重的后果无论如何不能用来证明它的本质，正如我已经说过的，同情的本质是有害的。哪怕这种同情主宰人类仅仅一天，人类都会因为它而迅速地枯萎下去。①

在晚期的《看哪，这人！》之中，尼采再次点明了他对同情伦理之弃绝的理由：

我的经历使我怀疑一切所谓"忘我的"冲动，怀疑助人为乐的"博爱"。在我看来，这是虚弱的表现，是没有能力忍受刺激的典型——同情，只有在颓废者身上才算得上美德。我之所以谴责怜悯者，是因为他们会轻易失去如何保持距离的羞耻感、敬畏感和敏锐感；他们忘记这种同情感散发出庸众的气息，并且忘记它与恶劣的举止近似——那种悲天悯人之手很可能灾难性地被抛入一种生死攸关的命运，一种痛楚的孤独，一种对深重罪孽的特权。战胜怜悯之心，我认为是高贵的美德。②

正是上述洞察，使尼采意识到叔本华的同情伦理仍然没有走出基督教伦理的影响。也正是因为尼采清醒地意识到叔本华的思想在西方思想史上的重要意义，在走出叔本华的同情伦理之后，他已充分地意识到，从伦理

① Nietzsche, *Daybreak*, trans by, R. J. Hollingdale, Cambridge：Cambridge University Press, 1997, p. 85. 中文译文参见［德］尼采《曙光》，田立年译，漓江出版社 2000 年版，第 111 页。

② Nietzsche, *The Philosophy of Nietzsche*. trans by, Clifton P. Fadiman, New York：the Modern Library, 1927, p. 824. 中文译文参见［德］尼采《看哪，这人！》，张念东等译《权力意志——重估一切价值的尝试》，商务印书馆 1991 年版，第 15 页。

学的角度来给生存找出一片本真的世界已经全然不可能。因为叔本华已经完全否定了从善—恶二元对立的思想来把握本真生存的可能性，所以，在走出了叔本华同情伦理的形而上学阴影之后，生存的追问何去何从，已经无法再从传统伦理学的视野中找到可信的答案。于是，从艺术的角度来理解生存的意义，这条思路便成为思想的必然进入了尼采的思考之中。正是对这个问题的洞察，让尼采认定，把痛苦转化为生存的创造动力，在痛苦中激扬生命力的辉煌，迎着痛苦唱起生存的艺术之歌，是艺术的天命，也就是人之存在的天命。

总之，叔本华对生存的痛苦抱以默然的注视，希望在打破个体化原理的基础上使生存的同情伦理关怀转变为对整体生存的关注；尼采则坚信痛苦对生存的重要作用，认为任何避开痛苦的思想都导致生命力的萎缩和衰弱，因此，拒绝从伦理学的角度来理解生存的本质，转而在艺术的创造中把痛苦化为一支生存的欢唱，是尼采理解生存的根本着眼点，也是他区别于叔本华的根本所在。

生存的基础是艺术性的，这是尼采在叔本华之后所得出的重要思想结论。但是，在整个西方历史中，生活于哪个阶段的人们曾经创造过并生活在伟大的艺术活动之中？在尼采看来，是古希腊人，正是古希腊的悲剧艺术充分地展现了生存的艺术性本质。因此，尼采把沉思的目光驻足在希腊人的悲剧精神之中："现在我们来评价那些创造了科学的例外的希腊人的伟大吧！谁谈论他们，谁就谈论了人类精神最英勇的历史！"①

第二节 艺术形而上学与悲剧的诞生

悲剧的诞生是尼采生存之思的最初源头，它交织着尼采对生存核心

---

① ［德］尼采：《人性的，太人性的》，杨恒达译，中国人民大学出版社 2005 年版，第386页。

问题的所有追问。要深入地理解尼采生存的艺术生存论思想，我们就必须正确地把握尼采的悲剧精神。在此，我们先就尼采思想中的几个重要概念，即"日神精神"、"酒神精神"、"音乐"和"生命形而上学"作简单的梳理。

正是在艺术生存论的基础上，尼采把生存的本质问题与悲剧的诞生这个问题相互关联起来，以古希腊的两位神：即"阿波罗"与"狄奥尼索斯"来指称生成与毁灭的生命游戏。在尼采看来，日神阿波罗作为光明之神，是把形式赋予万物并照亮万物的宇宙主宰。他在照亮一个世界的同时也就形式化了一个世界，使之成为可认识的世界；而且，被光明之神赋予了形式的事物本质上并不是事物的自身，而是一种梦幻式的创造结果。由日神阿波罗所创造的这种完美造型艺术并不是出自作者个人的感受而形成的艺术作品，而是由整体生存的死亡意识及其带来的永恒痛苦所激发出来的创造冲动而形成的结果，正是整体生存的痛苦及其深层的死亡意识使古希腊人创造了光辉、完美的造型艺术，也正是这种光辉、完美的造型艺术使得古希腊人当下的痛苦生活值得一过。简言之，古希腊的艺术世界正是由日神的认识之光所照亮下的、由个体化原理编织而成的、梦幻事物的完美体现。

由此可见，日神阿波罗的赋形冲动所形成的造型艺术是一种生成的游戏，它通过赋形活动，把梦幻的表象世界定型在一个可见的外在完美形式中。正是这种形体美的生成使得前形而上学时代的古代希腊世界成为一个美的世界。简言之，阿波罗的日神赋形冲动使完美的个体化原理成为痛苦生存的照明灯，让生存于不可知的命运之下的希腊人在这种美的照耀下与万物共处于一个和谐的艺术世界中。

造型艺术是一种形式明确的艺术，也是法度森严的艺术，因为最为完美的个体化原理同时也必然是最为完美的梦幻世界。但是，酒神精神的内在冲动则刚好相反，它是一种毁灭的本能。整体生命的不断运动在生成一切美好的表象世界的同时，也要求毁灭这些美好的东西。当一个美好的表象世界在狂醉中走向毁灭的时候，当人们所熟悉的梦幻世界必然被打破的时候，人们会骤然感受到打破了一切个体化原理的喜悦和狂欢，这种喜悦和狂欢以集体的歌舞祭祀等节日形式表现出来，最为明显地体现在酒神祭祀的悲剧艺术中。

从狂欢的酒神冲动中来考察悲剧艺术（甚至一切创造性艺术）的本质，是尼采在整个西方艺术史上的独到之处，这与他对整体生存的独特理解有着紧密的关系。在一个受基督教文明及其伦理秩序统治了将近两千年的西方世界中，生命本身的躁动被理解为罪恶，欲望的平息则被视为圣洁；生命自身的追求被视为自私，生命之外的伦理法则被奉为神圣；感性的直观认识被理解为谬误的根源，在特定理念的支配下所进行的抽象演绎则被视为真理。生存被这种二元对立的思维方式所深深支配，古希腊的艺术世界也被认为是堕落的"异教"世界。即使是文艺复兴之后，像文克尔曼这样的艺术史家，也无法摆脱传统基督教精神的影响，在关于古希腊的艺术美的判断上仍然强调它"静穆"的一面；叔本华在他的艺术论中也认为古希腊悲剧还不是最完美的艺术，因为它在达到生命的静观这个维度上还不够明显。可是，难道这一切都是天经地义的吗？衡量生命意义的标准必定是制约生命的外在标准而不能是生命的活动本身吗？

很明显，人们关于古希腊世界的这种认识是依据某种固定的习惯而来的，正如罗素所说的：关于希腊人，传统的看法是他们表现了一种可钦可敬的静穆，这种静穆使得他们能置身局外地来观赏热情，来观察热情所表现的一切美妙，而他们自己却不动感情，有如奥林匹克的神明一般。这是一种非常片面的看法。也许荷马、索福克勒斯与亚里士多德是这样，但是对那些直接间接地接触了巴库斯和奥尔弗斯的影响的希腊人，情形就确乎不是这样的了。[①]

尼采恰恰就是从巴库斯的酒神传统中来重塑古希腊的精神世界，而酒神精神恰恰就是要从打破个体化原理的角度来对待一切法度森严的东西，努力通过引入粉碎一切法则的"狄奥尼索斯智慧"来打破生存的静穆与圣

① ［英］罗素：《西方哲学史》上卷，何兆武译，商务印书馆1963年版，第44页。

洁画面。因此，尼采认为基督伦理所强调的圣洁不过是对生命的压抑，可是历来的学者，包括其中最为优秀的人，他们所寻求的东西都毫无例外的是"灵魂的安宁"，从而一而再、再而三地肯定了现行价值秩序的合理性，对生命的活动本身设置了种种不同的外在约束，希望以此能达到"至善"。对此，尼采说道：

> 大多数学者本能地相信，事物是好的，正如它们恰巧所是的那样……即使是他们中的最高贵的代表，也极力夸大它的镇静和慰藉作用，以至于那些慵懒者和寂静者认为，他们正在寻找的东西正是哲学所追求的。相反，在我看来，所有的哲学最重要的问题是，万物在何种程度上具有永恒不变的本质和形式。①

正是出于对生存的这种看法，尼采以酒神精神作为艺术活动不可缺少的一个环节，努力在此中探寻它对生存的重要意义。酒神冲动以对生命的沉醉来摧毁一切对生命的外在约束，正是在个体化原理的解体所唤起的狂欢之中，人们沉醉于与生命整体合为一体的状态中。这一切在尼采的《悲剧的诞生》中有着鲜明的论述，在古希腊悲剧诗人的作品中也得到明显和体现。由此可见，酒神冲动不仅反对基督教传统的伦理价值观，它对现代美学的基本预设也抱以明显的怀疑。正是这一点使尼采的悲剧思想超出了现代美学的基本视阈，其思维的锋芒直指整体生命的核心。

必须强调的一点就是，无论是"日神精神"还是"酒神精神"，它们都是立足于生命形而上学的认识基础之上的。我们曾经分析过，叔本华在论述生命形而上学的思想时，曾认为生命本身是由"显性"生存与"隐性"生存共同构成的整体，死亡并不外在于生命，它是生命本身不可缺少的一个重要环节。在《悲剧的诞生》中，尼采进一步指出："隐性"生存

---

① Nietzsche, *Unfashionable Observations*, trans by, Richard T. Gray, Galifornia: Stanford University Press, 1995, p. 272. 中文译文参见［德］尼采《瓦格纳在拜洛伊特》，赵登荣译《悲剧的诞生》，漓江出版社 2000 年版，第 159 页。

作为生命的重要部分，它不仅是"显性"生存不可割裂的部分，而且还给"显性"生存提供了深层的意义基础。关于生与死的这种意义关联，孔子曾说过："未知生，焉知死。"① 尼采则刚好相反，他明确地认为："未知死，焉知生。"尼采一直在这种认识中思考生命形而上学的内容，也一直在此基础上追问生存的意义。在《快乐的科学》中，尼采还明确地指出过："认为死亡是生命的对立面这种说法，我们可要当心。生不过是死的一种形式，而且是十分罕见的形式。"②

追问死亡对生存的意义，这一直是尼采思想的内在线索。早在《悲剧的诞生》的第三节中，尼采就引述了一节古老的传说来说明"隐性"的死亡对"显性"生存的重大意义：弥达斯国王在森林中苦苦追寻狄奥尼索斯的伴友、能预知一切的精灵西勒尼，但一直没有找到。最终，当西勒尼落入弥达斯国王手上的时候，国王问他：对于人们来说，在所有事物中什么是最好的和最值得要的。西勒尼开始一言不发。在国王再三催问之下，他仰天长笑，大声地说："可怜的朝生暮死的人类啊，命运多舛的孩子啊，你为什么强迫我告诉你最好不要听到的东西呢？对于所有的东西来说，最好的东西是你们永远也得不到的：这就是不要出生，不要存在，成为虚无。(not to be born, no to be, to be nothing.) 但是，对于你们，其次的选择就是：马上去死。"③

注意，尼采在此所要强调的并不是让人们轻率地对待生命，它恰恰是要人们珍惜生命。具体说来，尼采是要把现实的"显性"生存定基在"隐性"的死亡这个基础之上，彰显死亡在整体生命过程中的作用，从而使日常浑浑噩噩的生活在死亡的背景下能够变得绚丽多彩，充满意义，使人的

① "季路问事鬼神。子曰：'未能事人，焉能事鬼？''敢问死。'曰：'未知生，焉知死？'"参阅：《论语》"先进"第十一。

② Nietzsche：*The Gay Science*，trans by，Walter Kaufmann，New York：Random House，Inc. 1974，p. 168. 中文译文参见 ［德］尼采《快乐的科学》，黄明嘉译，漓江出版社 2000 年版，第 138 页。

③ Nietzsche，*The Philosophy of Nietzsche*，trans by，Clifton P. Fadiman，New York：the Modern Library，1927，p. 962. 中文译文参见 ［德］尼采《悲剧的诞生》，赵登荣译，漓江出版社 2000 年版，第 28 页。

一生在生命整体之光的照亮下成为一个充满创造性的艺术过程。

很明显，把现实的“显性”生存纳入生命整体的形而上学思想中，尼采对人生的这种深刻认识无疑带着深深的悲剧意识，这种悲剧意识的内涵体现为：一种发自“隐性”生命的存在之音使“显性”的生命意识到自身本质上是一次不可替代的创造行为；当“显性”的生命过程响应这种生存的召唤，并使自身成为本真的自我创造之后，生存整体在这次不可替代的创造行为中才能成为提升生命的强力召唤。生与死就在这永不间断的艺术创造中建立了稳固的意义关联，生存在此中获得了它形而上的意义，也正是在此活动中，生存确定了艺术的一元论基础。简言之，在古希腊悲剧艺术中所呈现的不是什么审美内容，而是人们对生死之意义关联的诗性追问。生与死在艺术创造的活动中形成了永恒的生命轮回，这就是尼采所说的作为权力意志的生存过程的根本要点所在。

生命形而上学的认识既然是尼采运思的起点，但是，对于尼采而言，我们怎样才能达到生命形而上学的认识呢？在追问这个问题的时候，尼采采纳了叔本华的重要思路，认为音乐是通向生命形而上学的唯一道路。

叔本华对音乐有着独到理解，他曾经明确指出，音乐是意志的直接表出：

> 音乐明显区别于其他艺术，是因为音乐不是现象的，或正确一些说，不是意志恰如其分的客体性的写照，而直接是意志自身的写照。所以，对世界上一切物理性的东西来说，音乐把它自身展示为形而上的东西；对一切现象来说，音乐把它自身展示为物自体。准此，正如我们可以把这世界叫作形体化了的意志一样，我们也可以把它叫作形体化了的音乐。[①]

---

① Schopenhauer, *The World As Will And Idea*, Vol. Ⅰ, trans by. R. B. Haldane, M. A. and John Kemp, M. A. London: Kegan Paul, Trench, Trubner & CO. Ltd, 1909, pp. 339—340. 中文译文参见［德］叔本华《作为意志与表象的世界》，石冲白译，商务印书馆 1982 年版，第 363—364 页。

叔本华认为,音乐中呈现的绝不是什么次生的东西,而是存在的本体。因为整个可见的世界不过是意志的客体化,所以,作为意志之直接表出的音乐就不是反映理念的外在工具,而是存在本身的直接呈现,简言之,音乐所生成的精神空间就是我们直接存在于其中的意义世界。叔本华的上述观点对尼采影响重大。因为在声音中捕捉生命的神秘信息,通过音乐来呈现生命的独特感受,正是尼采思想的根本特征所在。

正是在音乐与生命形而上学的意义关联中,尼采引入了悲剧起源的解释。在《悲剧的诞生》一书的第十六节,尼采以极长的篇幅引证了叔本华关于音乐本质的上述观点,并给予极高的评价,认为自己正是在音乐精神的启发中得到了探讨悲剧本质的灵感。尼采认为:"音乐不像其他艺术那样是现象的写照,而是意志本身的直接写照,所以它再现世界上一切物理事物的形而上性质,也即是一切现象的物自身。从最严肃的意义来说,有了这个美学中最重要的见解,美学才真正开始。……虽然一种由误解和堕落的艺术所激起的、依赖于从造型艺术中取得的美的概念所形成的错误美学已经使它养成了如下这个习惯,它要音乐产生与造型艺术作品中相同的效果,即唤起美的形式的喜悦,但音乐的评论所依据的美学原则必须完全不同于那些运用在造型艺术中的原则,普遍地说,它不能根据美的范畴来衡量。意识到这个特别的对立之后,我就感到了要运用它去探索希腊悲剧的本质、最为深刻地展露希腊天才的强烈要求。至少,我相信我掌握了一种符咒,使我能够远远超脱于流行美学的通用词汇,栩栩如生地把悲剧的基本问题呈现在我的头脑中。"① 具体而言,尼采认定,伟大音乐的精神本质通向生命的形而上学,而古希腊悲剧则是这种音乐精神的舞台形象化,因此,悲剧作为古希腊最高的艺术,它是人们在酒神音乐中响应生命整体之召唤的陶醉,是人们在酒神音乐中打破日常生活的个体化原理,与神秘的原初太一合为一体的集体狂欢。悲剧音乐在观念的

---

① Nietzsche, *The Philosophy of Nietzsche*, trans by, Clifton P. Fadiman, New York: the Modern Library, 1927, p. 1034. 中文译文参见〔德〕尼采《悲剧的诞生》,赵登荣译,漓江出版社2000年版,第95页。

心中所唤起的不是个体的情感，也不是对具体人物的悲惨遭遇之同情，而是对来自存在整体深处的痛苦乐音之聆听。在《悲剧的诞生》中，尼采说道：

意志与悲剧——叔本华与尼采悲剧思想比较研究

> 在生命力的强健、悲哀与欢乐的融合之中，在这庄严的心醉神迷中，悲剧端庄而坐，她倾听一支来自远方的忧伤之歌。这支歌吟唱存在（Being）之母，她的名字叫幻觉、意志、痛苦……音乐给悲剧神话透露了一种感人至深与令人信服的形而上意义，没有这种独特的帮助，这种形而上意义是不可能通过词语与图像而获得的；并且，音乐因此就给在独特体验中的悲剧观众透露出至高欢乐的确切呈现，这种最高快乐是经由毁灭和否定而带来的；因此，他仿佛听到万物最为内在的奥秘出言有声地向他诉说。①

总之，在生命形而上学的认识基础上，尼采明确认为：生存的本质是艺术一元性的。并且，尼采认为，生存的艺术本质完整地体现在古希腊的悲剧艺术活动中，因为悲剧艺术的本质是恰恰是通过"酒神精神"与"日神精神"的相互作用，把来自生存整体的存在之音音乐化与艺术化了，在悲剧的演出中，人们在诗性的音乐活动中感受到正是来自生命整体的神秘召唤，是对生存之艺术本质的独特领会。

显然，尼采关于悲剧起源的论述并不是从某种单个的原则出发的，而是从一个复杂的系统中来陈述悲剧的本质内容的。到目前为止，我们已经考察了尼采悲剧思想中的"生命形而上学"、"音乐精神"、"酒神精神"与"日神精神"这几个重要概念的具体内涵，事实上，正是这几个重要方面共同构成了尼采悲剧思想的基本因素，构成了尼采悲剧思想的整体系统。为了论述方便，我们试图以如下图式来展示尼采的悲剧思想：

---

① Nietzsche, *The Philosophy of Nietzsche*, trans by, Clifton P. Fadiman, New York: the Modern Library, 1927, pp. 1063—1066. 中文译文参见［德］尼采《悲剧的诞生》，赵登荣译，漓江出版社 2000 年版，第 121—123 页。

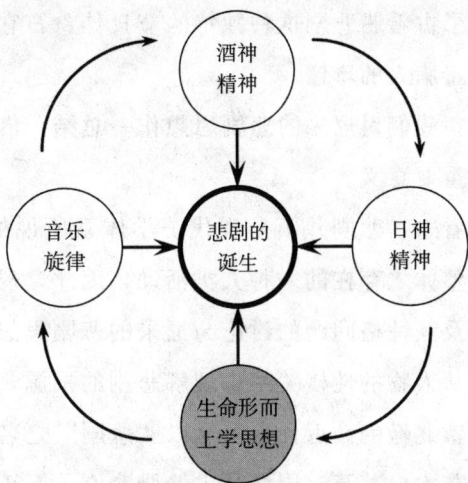

悲剧艺术活动的起点和终点

从这个图示可以看出，悲剧的诞生是"生命形而上学思想"、"音乐旋律"、"酒神精神"及"日神精神"这四个因素共同作用而成的，其基本顺序如下：首先，意志作为生命的本体，在音乐所形成的精神空间中得到直接的呈现；其次，这种来自生存深层的存在之音在酒神精神的作用下使人们直接与原始的生命合为一体；再次，酒神的沉醉激发了它独特的象征方式，因此在日神精神的赋形中成为可见的舞台形象，即山林之神萨蒂尔的狂欢；最后，由日神阿波罗所赋形的悲剧所指向的精神空间不是个体的生存世界，而是指向生命形而上学的精神空间，这也是悲剧艺术区别于其他艺术形式的形而上之精神向度。

据此，由这四个因素共同作用而形成的精神活动就是悲剧诞生的根源；生命形而上学的思想构成了悲剧艺术活动的起点和终点，成为悲剧艺术活动这个整体之圆的闭合点。我们认为：论述尼采的悲剧思想必须以这四个因素的共同为基础，脱离了其中任何一个，或仅仅强调其中的某一个因素，对于理解尼采的悲剧精神来说，都是不完整的。在尼采的思想中，悲剧既有着对生存整体的痛苦体会，又有着由音乐旋律所浸染的感性情绪；既有着酒神的狂欢色彩，又有着日神的壮丽外观，正是这几种因素的

127

有机综合，酿造出了古希腊悲剧这种独特的节日佳肴，它是生存的整体痛苦馈赠给健康的古希腊人的珍馐。

基于上述图示，我们对尼采的悲剧思想作一总结，借此阐述尼采悲剧思想在生存方面的重要意义。

首先，在尼采看来，悲剧并不是现代美学体系所说的一种艺术种类，而是人们感受生命整体之存在的一种人类活动，因此，现代美学思想中关于悲剧的人物形象及其性格问题的讨论与尼采的悲剧思想毫无关涉。也即是说，如果我们想从人物的性格关系来理解悲剧的根源，这与尼采所说的悲剧本质完全是南辕北辙的。近代许多冠以"悲剧"之名的戏剧作品也不是尼采所说的悲剧艺术。甚至，同样是古希腊悲剧，真正与尼采的悲剧精神相互契合的作品也并不俯拾即是的，从尼采对音乐精神的强调来看，埃斯库罗斯的作品无疑最为切合尼采所说的悲剧艺术，因为埃斯库罗斯的作品情节简单，人物也不多，全部剧情都是由合唱队的音乐合唱展开的，仍残留有一定的酒神精神印记；同时，索福克勒斯的作品也还切合尼采的要求，但索福克勒斯精减了"合唱队"的人员，增加了舞台表演人员的人数，使悲剧艺术成为一门成熟的表演艺术，这已经出现了悲剧开始衰落的迹象。

尼采明确指出：古希腊悲剧作品中的人物形象只不过是一个个符号，在这些具体的符号中我们找到的不是个人的生活经历和性格发展，而是通向生命形而上学认识的通道。总之，悲剧所带出的是一种形而上的关怀，这种关怀与人物自身的性格无多大关系，它永远要面对从个体的死亡所带出的对生命形而上学认识，由此升华为形而上的安慰，这是一切真正的悲剧之本质精神所在。对此，尼采坦言：

> 希腊悲剧在它最早的形式中以狄奥尼索斯的痛苦作为它唯一的主题，并且在很长时间内仅仅以狄奥尼索斯本人作为唯一的舞台英雄。然而，同样可以肯定的是，在欧里庇得斯以前，狄奥尼索斯一直是悲剧英雄，事实上，希腊舞台上所有著名的形象，如普罗米修斯、俄狄浦斯等，统统都是那个原始主角狄奥尼索斯的面具。所有这些面具后

面隐藏着一个神，它就是这些著名角色的、经常让人惊讶不已的典型"理想"的本质原因之一。不知道是谁曾经断言，所有个人作为个人都是可笑的，因而是非悲剧性的。从这个说法可以推断，希腊人普遍不能忍受舞台上的个人。①

从这个角度来看，欧里庇德斯把"个人"引入悲剧之中，当他凸显了悲剧中"个人"这个因素时，无形中就让其他关键的因素淡出了悲剧的上述图景，使悲剧脱离了生命的形而上之维。他想把希腊人日常的生活体现在悲剧中，但恰恰这样一来就使作为酒神颂歌的悲剧成为了尼采所说的"新颂歌"或"歌剧文化"。对于尼采而言，戏剧画面永远是音乐精神的附庸，但这种"新颂歌"完全颠倒了音乐与戏剧场面之间的关系，使音乐沦落为戏剧画面的附庸，并逐渐淡出戏剧活动，这就为希腊悲剧的消亡埋下了伏笔。

其次，尼采的悲剧思想明显反对浪漫主义的"主体论"和"情感论"，而力求把悲剧的精神引向整体生存的存在论。浪漫主义思想与新古典主义的最大区别就是把"主体"和"情感"这两个口号本体化，把它们上升为艺术创作的两大基本动力。但尼采对浪漫主义的思路明显抱着否定的态度。在尼采看来，"主体"与"情感"这两大范畴即使已被本体化，但它们仍然不过是个体化原理的体现方式之一罢了，在个体化原理之中寻找悲剧的本质无异于缘木求鱼；固然，作为个体化原理显现的日神精神在悲剧活动中有着重要作用，但它永远不能代替对发自生命整体深层的存在之音的聆听，也不能代替酒神在沉醉的狂欢中对生存整体的痛苦感受。因此，正如单个的人物形象本身及其性格发展不可能构成悲剧的本质一样，现代主体论思想中的"主体"，也即大写的"人"这个单独的维度永远不会构成悲剧的本质所在；此外，浪漫主义思想中所蕴涵的有机自然论同样不会

① Nietzsche, *The Philosophy of Nietzsche*, trans by. Clifton P. Fadiman, New York: the Modern Library, 1927, p. 1000. 中文译文参见 [德] 尼采《悲剧的诞生》，赵登荣译，漓江出版社 2000 年版，第 64—65 页。

构成悲剧的本质基础，因为任何构成悲剧精神的本质因素必然是来自万物共有的整体生命的超然之音，这种来自生命本体的超然之音在酒神的狂醉中必然要粉碎任何外在的规则和秩序，也要破坏一切人为的疆界与陈规，甚至否认一切对自然和生命的有效前见。生存整体永远是法则与前见之外的神秘沉响，它否认对它的一切理性描述，也不承认人们对它的独断解释。在尼采看来，对它的唯一感受只能是通过悲剧的酒神音乐把我们带入与生命整体化为一体的合唱狂欢之中，并在此中感受悲剧的形而上安慰。

简而言之，从生命形而上学的角度来说，尼采所说的悲剧并不是"显性"生命的单独产物，而是由"显性"生命与"隐性"生命共同构成的生命整体的艺术活动，是面对个体的生存与死亡这个基本事实而产生的艺术化了的生命形而上认识。因此，仅仅依靠浪漫主义的"主体论"和"情感论"，悲剧所通向的这种生命形而上认识将永远也进入不了人们的视野之内。但是，恰恰是因为人们一直习惯于在现代主体论的思维方式中来思考悲剧的本质，关于悲剧的本质认识一直都没有能够达到这种生命形而上学的核心所在。这正如尼采所说的：

> 当然，关于以两位艺术之神的兄弟联盟方式向原初家园的复归，及听众的阿波罗兴奋与狄奥尼索斯兴奋，我们的美学家说不出片言只语。相反，他们不厌其烦地把英雄与命运的搏斗、世界道德秩序的胜利或由悲剧引起的感情宣泄，作为真正悲剧性的东西而大谈特谈。他们的这种"执著"令我想到，他们根本就不是有审美感觉的人，在欣赏悲剧的时候他们仅仅只能被看作道德的生物。①

再次，尼采把生存的本质理解为一个痛苦的过程，把生存的意义定位为与痛苦的搏斗，把艺术理解为痛苦生存的结晶，因此，艺术与悲剧在他

---

① Nietzsche, *The Philosophy of Nietzsche*, trans by. Clifton P. Fadiman, New York：the Modern Library, 1927, pp. 1073—1074. 中文译文参见［德］尼采《悲剧的诞生》，赵登荣译，漓江出版社 2000 年版，第 130 页。

的思想中就远远不能约简为浪漫主义的原始和谐论。在肯定生存的痛苦本质和直面痛苦的战斗中，艺术永远不是人们的精神避难所，而是勇者在困境中勇求生存的精神之花，正如叔本华所说的："艺术所完成的在本质上也正是这可见世界自身所完成的，不过它更为集中、更加完美、有预定的目的和神明。因此，在不折不扣的意义上说，艺术可以称为人生的花朵。"① 对此，尼采同样直言："可以把早期希腊人的'朴素'看作从幽暗的深谷里长出来的阿波罗文化的花朵，看作一场胜利，它是希腊意志通过美的映照，通过战胜痛苦及从痛苦的智慧中得来的胜利。"②

总之，整体生命的轮回过程将创造出无穷多的现象，同时又把一切现象最终都带回到生命永不可知的轮回深渊之中；突入生命领域的、由认识之光所照亮的生存形式是多种多样的，这多种多样的生存形式本身既是生存整体的一支欢乐之歌，伴随着生命永恒轮回的却又是对整体生存痛苦的深沉吟唱，这就是酒神颂歌的本质所在，也是古希腊悲剧诞生的根源所在。正是在酒神的颂歌之中，对整体生存之痛苦的吟唱转变为一次与生命自身的狂醉拥抱；在狂醉的拥抱中，人们在集体的悲剧合唱中经历着他们的生存，也正是在集体的悲剧合唱中，生存整体把大自然的生命奥秘呈现给了人们。因此，悲剧本质上是来自生存整体的酒神欢唱，它启示着人们如何理解生存与如何开始自己的生存，它把大自然最为深沉的存在之音化为一杯烈性的葡萄酒，在酒神的狂醉中存在的一切都唱起生命之歌，这一切正如尼采在《悲剧的诞生》中所描述的：

现在，在宇宙和谐的福音中，每个人都感到他自己不仅和周围的人联合了、和解了、融合了，而且本身就是同一的；他仿佛感到摩耶

---

① Schopenhauer, *The World As Will And Idea*, Vol. I, trans by. R. B. Haldane, M. A. and John Kemp, M. A. London: Kegan Paul, Trench, Trubner & CO. Ltd, 1909, p. 345. 中文译文参见［德］叔本华《作为意志与表象的世界》，石冲白译，商务印书馆1982年版，第369页。

② Nietzsche, *The Philosophy of Nietzsche*, trans by. Clifton P. Fadiman, New York: the Modern Library, 1927, p. 1045. 中文译文参见［德］尼采《悲剧的诞生》，赵登荣译，漓江出版社2000年版，第105页。

的面纱已经被痛苦地撕开，只剩下一些碎片在神秘的太一（Primordial Unity）面前飘忽。人以歌舞的方式表明自己是一个更高级的集体的成员，他忘却了怎样走路怎样说话，他正准备在歌舞之中向空中飞升。……如同此刻动物开口说话，土地流出牛奶蜂蜜，从他的心内也散发出超自然的声音。他感到自己是神，正如在梦中看见众神变幻那样，他自己也陶陶然飘飘然，开始变幻。人不再是艺术家，他变成了艺术品。这里，在狂醉的颤栗之中，整体大自然的艺术能力把它自身展示给太一的最高满足。①

从这个意义上来说，悲剧是回归本真生存的必然通道，因为在悲剧之中，人们在阿波罗的艺术形象中窥见到了生存整体的神秘，在狄奥尼索斯的酒神颂歌中聆听到了来自生存整体的深层呼唤。在音乐与酒神的狂欢中，对生存整体的直接认识在此化作体现生命之意义的伟大艺术。悲剧正是以艺术的方式把现实的生存带入一个神圣的精神空间中，犹如一盏指明灯，给现实的生存指明了确切的方向。

由此可见，一个没有伟大悲剧艺术的社会必定是一个诸神已经隐匿的社会，一个没有酒神颂歌的社会必定是一个没有音乐精神和形而上安慰的社会，一个没有悲剧意识的生存过程注定是一次没有价值路标的精神流浪，一个没有悲剧精神的哲学体系必然是轻视生命价值的哲学体系。所有这些都鲜明地证实了：悲剧是本真生存的必需！悲剧意识的重建恰恰是现代人的生存获得拯救的根本保证，我们的现代社会所需的恰恰正是这种对生存整体及其基础进行艺术观照的悲剧意识，这正如尼采本人所说的：

　　人类的未来只有一个希望，一个保证，那就是防止悲剧使命的灭绝。如果人类有一天完全丧失这种使命，一种无法形容的哀啼将响彻

① Nietzsche, *The Philosophy of Nietzsche*, trans by. Clifton P. Fadiman, New York：the Modern Library, 1927, p. 956. 中文译文参见 ［德］尼采《悲剧的诞生》，赵登荣译，漓江出版社2000年版，第23—24页。

寰宇；在另一方面，比起我们所知道的东西来，再也没有更加令人欣慰的了——即悲剧思想如何再一次在这个世界中诞生。因为它是一件完全超个人的普遍的快乐，是由人类的凝聚与继续生存所保证的人性之节日庆典。①

总之，尼采在生命形而上学的基础上把生存的整体设定为艺术的创造行为，这一思路在西方思想史上具有重要意义。对于现代思想一再强调人的主体性及其现世性的时候，尼采极力强调生存的源生性和整体性，强调要在悲剧性的感受中开创人的生存基础，强调人不能忘记他生存于其上的悲剧根源。与人们一再强调个体性为生存的合法性依据不同，尼采强调人们必须走出自身去理解生命整体，这一思路无疑为现代主体性哲学注入了一支清醒剂。在尼采看来，走出生存的个体化原理，已经历了生存之痛苦与去个体化的人们重新注视生存的时候，便会看到生存呈现出另一种光辉。这正如尼采在《曙光》中所说的：

> 遭受激烈痛苦的人以一种可怕的冷漠看待外部事物；所有通常出现在健康人眼中的围绕着事物的迷人的装饰和点缀对于他来说是不存在的；确实，就连他自己也是剥光了所有色彩和羽毛躺在他自己的面前。假如在此之前他一直生活在某种危险的幻想世界，那么，这种通过痛苦带来的彻底清醒就会成为把他解救出来的手段，而且也许是惟一的手段。……由于对抗和反对痛苦的愿望，理智承受起巨大的紧张，这使他以一种新的目光看待他所看到的一切：投射到事物上的任何新的视角所带来的无法描述的刺激，经常足够强大地藐视任何自我毁灭的诱惑，并且使继续活下去对于痛苦者显得是极其令人神往的。……在痛苦如此长时间和如此强制性地使我们成为个体（made us

---

① Nietzsche, *Unfashionable Observations*, trans by. Richard T. Gray, Galifornia: Stanford University Press, 1995, pp. 279—280. 中文译文参见［德］尼采《瓦格纳在拜洛伊特》，赵登荣译《悲剧的诞生》，漓江出版社 2000 年版，第 165—166 页。

personal）之后，我们希望自己从自我中疏离开来，去个性化（deper-sonalised）。"让这种骄傲见鬼去吧！"我们叫道，"它只不过是另外一种疾病和骚乱！"我们又一次凝视人和自然——现在，在更加渴望的双眼之注视下，在一种悲伤的微笑中，我们想起：关于事物，我们现在知道了一些新的和不同的东西，想起面纱已经落下；但是，看到生命处于柔美的光线下，看到生命从我们作为痛苦经历者曾经用以看待事物的那种冰冷的目光之下浮现了出来，我们又感到如此欣然。当健康的魔力再一次开始他们的游戏，我们并不感到可厌——我们仿佛是换了一个人似的，亲切但却仍然无不疲倦地注视着他们。在这种状态下，人们不可能听着音乐而不流下眼泪。① （着重号为笔者所加）

在尼采的早期著作中，从他"刑天舞干戚"的暴烈一面之外，我们并不难读到他的上述感伤情怀。在尼采看来，在痛苦的生存现实中，人们努力走出他自身去看待万事万物，把生命从我们日常的习惯视角中解放出来；拒绝悲观的生命意识，饱含激动的眼泪去注视重获生机的所有生命，让全体生存者都能聆听生命的音乐，这正是痛苦的生存之思赋予我们的使命。显然，从艺术形而上学的角度来考察悲剧的本源，这是尼采在生存的艺术一元论基础上为我们所勾画出来的本真生存图景之一。

第三节　权力意志和艺术生理学

在艺术生存论的基础上，把生命形而上学的内容提升为充满着生成与毁灭的艺术活动，从艺术形而上学的角度来充实生命形而上学思想的内

---

① Nietzsche, *Daybreak*, trans by: R. J. Hollingdale, Cambridge: Cambridge University Press, 1997, pp. 69—71. 中文译文参见［德］尼采《曙光》，田立年译，漓江出版社 2000 年版，第 88—90 页。

容，这是尼采在宏观的角度上来理解生存的艺术本质所形成的认识，也是尼采所理解的广义的艺术；同时，在权力意志的基础上理解生存活动中的艺术创造与审美活动，强调审美艺术的权力意志基础，则是尼采在微观的角度来理解艺术的本质所形成的认识，是尼采所理解的狭义的艺术。在本节的内容中，我们来探讨尼采的狭义艺术观，即艺术生理学问题。

对尼采而言，生存永远不像理性主义者所想的那样有着稳定的依靠和明确的目的。相反，生存永远是可怕的、令人痛苦的，甚至是恐怖的。认识到生存整体中这种无法割舍的一面，我们便具有了"狄奥尼索斯智慧"，从而也就理解了现实的生存永远是基于"生成"与"毁灭"两者的相互之间的作用力之上的。从广义的角度看，任何显性的生存都与隐性的生存处于一种紧张的作用力之中，从狭义的角度看，任何一个显性的表象世界都筑基于多种力的相互作用之上。显然，生存便立足于这种力的基础之上，而这种"力"并不是中性的，它永远渴望和追求支配他者。正如尼采在《权力意志》中所说的："力的量是通过力所造成的结果以及力对他力的抵抗能力来表示的。根本没有什么中性的行动。一切现象从本质上而言都是压迫的意志与反抗的意志之间的斗争，而不是自我保存……因此我将这种现象称之为'权力意志'。"① 显然，尼采对权力意志的描述明确了他本人的思想构架，也标明了他与叔本华之间的价值差异。

在叔本华看来，世界的本体是意志。不仅人是受意志的支配而行动，而且万事万物，从无机界到有机界，都是受意志的支配而行动。意志在不同的物质形态中都要追求实现它自身。如果说在自然界的万事万物中，意志的实现是以物质的支配为标志的，那么，在人的生活世界中，意志的实现则是以权力的支配为标志的。因为个体化原理之间的较量就是力量之间的较量。显然，体现在具体的时空中的意志在实现它自身的每一个层次上都是以对物质或权力的成功占有为形式的。叔本华正是在此基础上认识到同一个意志本体在不同的物质形态中分化为多种对立的力量，彼此相互吞

---

① ［德］尼采：《权力意志》，贺骥译，漓江出版社 2000 年版，第 287 页。

噬，可实际上任何一种看似与"我"无关的痛苦其实都在使生命整体本身遭受损害。因此，叔本华希望通过艺术认识与伦理同情以打破认识的个体化原理，使人们认识到万物共有一个生命。正是在此认识基础上，叔本华反对传统的理性伦理学观念，打破个体的理性自律，大力提倡基于生命感受之上的"同情"伦理观念，使生存本身成为一宏观的审美过程。

尼采无法认同叔本华的上述认识，道理很简单：如果说基督教以至善天国来对抗世俗的价值沉沦，这不过是以一种意志对抗另一种意志，那么，叔本华以生命形而上学来平息世俗的意志冲突，这同样不过是以一种意志在对抗另一种意志！问题追问到此，尼采坦言：叔本华的同情伦理仍然是一种未能脱离传统形而上学观念的思想，因为他设定了意志是本体之后，竟然幻想有一种认识能让人们平息和脱离意志，这样，明希豪森男爵提着自己的头发以连人带马拔出泥潭的讽刺竟无情地用到了叔本华自己身上！在《偶像的黄昏》中，尼采指明，叔本华企求以平息意志的方式来解释艺术的本质，这是除了基督教之外的、历史上所有过的最大的心理学制伪行为。①

这样，在去除了叔本华的同情伦理之后，这个世界除了意志在实现它身之时的权力意识之外，别无所有！同时，既然没有任何希望能够平息意志冲突，那么，除了直面生存的恐怖，勇敢地接受这种痛苦冲突，并随时面对自己的生死考验之外，人别无希望！既然生命必须接受永不可平息的意志冲突，那么，除了对生命本身进行强化之外，别无他法以成功地维持生命！因此，追求权力的意志成为生存永恒的基础与事实，这便是尼采对生存的基本设定。在尼采看来，生命的本质只能从权力意志中追寻，生命的意义也只能在权力意志的实现中获取！这就是尼采所推出的一整套思想结论。尼采相信，古希腊人作为生命力强壮的人种，战争、竞技和伟大的

---

① Nietzsch, *The Twilight of The Idols*, trans by. Anthony M. Ludovici, London: George Allen & Unwin Ltd. 1911, p. 77. 中文译文参见 ［德］尼采《悲剧的诞生——尼采美学文选》，周国平译，生活·读书·新知三联书店 1986 年版，第 323 页。

艺术创作是他们体验生死意义的重大活动形式。因此，艺术活动本质上是权力意志活动的体现，是丰盛生命力的强烈外溢。悲剧艺术则是艺术活动的顶峰，它最为强烈地把权力意志的生命意识激发了出来。正是在悲剧艺术中，我们可以看到古希腊人对战争胜利的歌颂、对命运无常的体验、对集体祭祀仪式的重视等等。总而言之，前苏格拉底哲学与古代悲剧艺术是生命强盛者的活动。对于他们来说，艺术并不是供人欣赏的生活点缀品，而是人们经历其生存的精神方式之一，是让人们在其中体验存在整体的节日活动，是激发强者生命意志和维持强健生命力的生存方式之一。

正是在这种认识基础上，尼采对狭义艺术的理解与理性传统对艺术的理解产生了完全的对立：理性传统把感性的艺术活动理解为对至善目的的模仿或理念的感性显现，正是在此基础上人们一再强调艺术活动与审美认识的纯粹性；即使是把艺术的本质规定为感性直观的叔本华，仍然在感性的直观认识中挖掘一条通往形而上学之理念的道路，从而使艺术与生命的意志完全割断了关联。尼采则把狭义的艺术创造理解为出自强烈的权力意志而强迫万物共同分享其丰富性和完满性的感性行为，同时，尼采认为艺术的根本作用就是最大限度地激发人们的生理占有欲，在最大限度上维持生命力的旺盛意志，最大限度地提升生命力。酒神的"醉"恰恰是这种生理感受的鲜明特征。

尼采对艺术本质的生理学设定更多地出现在其晚期的思想中。在《偶像的黄昏》中，尼采明言：

为了让艺术成为可能，也就是说，为了让任何一种审美行为或审美观察可能存在，一种特定的心理前提不可或缺：醉。这种醉的状态必须首先强化整个机体的敏感性，否则，没有任何艺术是可能的。……醉的本质特征是力的提高和富溢之感。由这种感觉所驱使，人把自己给予万物，他强迫万物分享他的富溢，他对万物施以暴力——这个过程被称为理想化。……在这种状态中，人出于他自身的富溢而使万物充实：他之所见所愿，在他看来都膨胀，受压，强大，负荷着权力。人改变事物的形状直到它们反映了他的权力，直到它们印上了他的完美性。这种使事物变形为美的强迫性行为就是——艺术。[1]

这就是尼采出于权力意志的观点对艺术活动的本质规定。在此，"权力意志"—"感性沉醉"—"出于富溢的暴行"—"艺术活动"这几个概念无疑指向一个共同的中心：在权力意志的支配中无条件地提升生命！在尼采看来，艺术活动就是人出于富溢的权力意志而在外物印下"我"之沉醉的丰富性与完满性的暴力行动，在此过程中，艺术活动体现为对外在事物的施暴，直至它们彻底服从了权力意志的支配。因此，艺术活动的结果，即美的体现，便成为彰显权力意志的征服印记，成为生命力实现自我保存和提升的满足感。在《权力意志》之中，尼采明言：

> 对艺术家来说，"美"之所以超越于所有等级秩序，是因为在美之中所有对立都被制服了，权力的最高标志因此就在对立面的征服中显现它自身，并且毫无紧张感地实现这一点：暴力不再必要，一切都如此轻松地屈服与听从，而且带着友好的神态来做这一切；这就是使艺术家的权力意志喜爱不过的东西。[2]

显然，在尼采看来，艺术活动是出于丰溢的权力意志而对万物的意志征服，审美的判断则是对这种权力意志之胜利感的体验，因此，艺术完全不是出于理性认识的对至善目的和理念世界的模仿，它正是出于生命之自存与提升的必然要求。在此意义上来说，能够充分激发生命感的提升，能够加强生命之自存的意志行为，都是美的，反之则是丑的，这就是尼采在

---

① Nietzsch, *The Twilight of The Idols*, trans by. Anthony M. Ludovici, Longon：Geoge Allen & Unwin Ltd, 1911, pp. 65—67. 中文译文参见 ［德］尼采《悲剧的诞生——尼采美学文选》，周国平译，生活·读书·新知三联书店 1986 年版，第 319—320 页。

② Nietzsche, *The Will to Power*, Vol. Ⅱ, trans by：Anthony M. Ludovici, London：George Allen & Unwin Ltd, 1909, p. 245. 中文译文参见 ［德］尼采《悲剧的诞生——尼采美学文选》，周国平译，生活·读书·新知三联书店 1986 年版，第 352 页。

权力意志的基础上设定了艺术活动的本质之后，对审美认识中的美—丑本质认识的必然结果。在《权力意志》中，尼采坦言：

> 美在于有用、有益、提高生命等生物学价值的普通范畴之中：因此，长期以来，与有用的事物和条件紧密相关、并提示我们这是有用的事物与条件的一系列生物刺激，给予了我们美的感觉，亦即权力的感觉之增长。在这种方式中，美和丑是作为我们最基础的自我保存价值所决定的东西而被承认的。离开这点而假设任何东西是美的或丑的，这便是废话。绝对的美，和绝对的善和真理一样，是不存在的。①

必须强调的是，尼采基于权力意志而设定了艺术的生理学本质，由此而断定美—丑的本质，这并不是一个无理由的随意设定，它有着唯意志论思想关于生存之本质认识不断深化的内在理路。我们在前面已经指出过，叔本华在分析了理性伦理法则对生存的虚假规定之后，重新在感性直观的基础上设定了审美认识和伦理同情的本质属性。由此，在感性直观的基础上理解艺术与审美便是唯意志论思想的绝对前提。但是，试图跳出善—恶关系之外来认识生存整体的叔本华却仍然把本真的生存归结为同情的伦理。尼采洞察到其矛盾性之后，便在根本上放弃了生存的伦理诉求。他转而在艺术生理学的基础上论证生存的合理性，直面生命意志的无穷冲突，以及把它引向"求权力"的意志，便成为尼采运思的必然起点。由此，生存的权力意志基础便成为他理解所有生命之存在合法性的必然前提。同时，既然理性的道德法则作为"摩耶之幕"的最大支持者，它已经成为唯意志论思想一致要否定的伪命题，于是，在感性欲望的基础上纳入权力意志的征服冲动，便成为尼采看待艺术之本质的必然结果。

在权力意志的基础上设定艺术的生理学本质，这对尼采的运思具有重

---

① Nietzsche, *The Will to Power*, Vol. Ⅱ, trans by：Anthony M. Ludovici, London：George Allen & Unwin Ltd, 1909, pp. 245—246. 中文译文参见［德］尼采《悲剧的诞生——尼采美学文选》，周国平译，生活·读书·新知三联书店 1986 年版，第 352 页。

大意义。因为生存的艺术一元论取代了形而上学的真理，成为生存的本质设定之后，生命力的激发或衰弱，而不是在模仿关系中的"真实"或"虚假"，便成为判断生存价值之高下和艺术效果之优劣的唯一标准。简言之，对生命力所起的强健或病弱作用便成为判断艺术之"好"与"坏"的根本标准。在这个观点上，尼采的立场极其坚定。在《偶像的黄昏》中，尼采明言："没有什么是美的，只有人是美的：全部美学都立足于这个单纯的命题之上，它是此学科的首要公理。现在让我们直接地给它补上个第二真理：没有什么比衰退的人更丑了——在这两个首要的原则之中，审美判断的领域就此被限定了。"①

把尼采的上述认识与西方思想史上关于艺术的重要观点相互比照来看，便可以看出他的独到之处。显然，自从柏拉图设定了"在场"与"超越"的二元对立框架来追问形而上之真理（即 metaphysics of presence）的思路以来，便同时设定了艺术与形而上之真理的模仿关系，这种关系强调对绝对真理的模仿，强调对感性欲望的脱离，认为这才是艺术的本质属性。在尼采看来，于此关系场域中来考察艺术，向禁欲主义的献媚便成为艺术永远不可摆脱的身份。两千多年以来，形而上学思想对艺术的本质规定已经形成深远的影响，让人们一谈到艺术的本质问题，就立即抓住这种"模仿论"来阐释艺术问题，即使是强调"天才"之独创性的康德，也没有能真正地跳出这种思维框架，由于他一再强调审美判断的纯粹性，从而也同样使其艺术观仍然"和别的哲学家一样，不是从艺术家（创造者）的体验之视角来正视美学问题，而是仅仅从旁观者的角度去思考艺术和美，并因此在不知不觉中把旁观者本身也塞进了'美的'观念之中。"②尼采指出，强调绝对真理的纯粹性，这无异于使生存走上禁欲主义的道路；从纯

---

① Nietzsch, *The Twilight of The Idols*, trans by. Anthony M. Ludovici, London：George Allen & Unwin Ltd, 1911, pp. 75—76. 中文译文参见 ［德］尼采《悲剧的诞生——尼采美学文选》，周国平译，生活·读书·新知三联书店 1986 年版，第 322 页。

② Nietzsche, *The Philosophy of Nietzsche*, trans by. Horace B. Samuel M. A, New York：the Modern Library, 1927, p. 725. 中文译文参见 ［德］尼采《论道德的谱系》，谢地坤译，漓江出版社 2000 年版，第 79 页。

粹性来要求艺术，这同样使艺术未能走出禁欲主义的影响。但是，自古希腊晚期以来，整个西方思想关于真理和艺术的设定恰恰走上了这条禁欲主义之路。在此路上，人们从来没有追问：禁欲主义对于我们的生存究竟意味着什么？正是对此问题的提出和回答，为尼采的运思提供了一个重要的支撑点：在形而上学的真理视阈中，人们一直大力摒弃感性欲望，这对于我们的生存来说，究竟意味着一个什么样的事件呢？

尼采的艺术生理学与禁欲主义的遭遇，是一个必然的事件。因为从艺术生理学的角度来设定艺术的本质，首先要解决的问题便是传统观念中的艺术"纯粹性"问题。柏拉图主义关于艺术的纯粹性问题的根本认识就是：基于感性欲望之上的任何冲动都只能是对真理的迷失与偏离，只有在纯粹性之中才能保证艺术与形而上学之真理的本质关联。对此问题的认识，西方思想史上的重要人物的看法概莫能外！但是，从权力意志的角度来理解生存的创造性本能之后，形而上学之真理作为满足生存的需要而出现的东西，便失去了它的自在性，从而也就体现出它的虚构性，同时，从禁欲主义的角度来规定艺术的真实本质便成为一场真实的谎言。简言之，形而上学所设定的真理与艺术的纯粹性不过是真理意志的权力设定罢了。在绝对真理的诱惑之下，这种真理意志努力要把生存引向形而上学之真，殊不知正是这种真理意志一再地使生存偏离了它的本能之真。正是在此追问中，尼采直言：

> 很长时间以来，无论是处世或是叛世，我们的艺术家们都没有采取一种足够的独立态度，以证明他们的价值和这些价值令人激动的兴趣之变更。艺术家在任何时代都扮演某种道德、某种哲学或某种宗教的侍从；更何况他们还是其欣赏者和施舍者的随机应变的仆人，是新旧暴力的嗅觉灵敏的吹鼓手……艺术家从来就不是为他们自身而存在，独立存在与他们的最深层的本能完全对立。①

---

① Nietzsche, *The Philosophy of Nietzsche*, trans by. Horace B. Samuel M. A. New York: the Modern Library. 1927, p. 723. 中文译文参见［德］尼采《论道德的谱系》，谢地坤译，漓江出版社 2000 年版，第 78 页。

第四章　生存与艺术

141

艺术家背离了他们的本能，一直在禁欲主义的道路上追问形而上学之真，在尼采看来，这绝对不是一件小事。形而上学在禁欲主义的搀扶下终于自立成人，但它的思维惯性一直没有让它追问这个问题，即禁欲主义究竟意味着什么？对此，尼采直言，禁欲主义的最大危险就是把生命当做一种谬误，把生命当做了通向其他存在的桥梁，最终造成了生命力的衰弱。显然，假如尼采基于权力意志的基础对艺术的生理学本质之设定为真，假如艺术的本质正是在生理欲望的强化中达到生命力之提升与强健的判断为真，那么，禁欲主义历来对艺术的形而上学要求恰恰使艺术走上了一条平息、甚至扼杀生命欲望的道路，于是，在此路上，艺术成为病弱者的生存之征兆与避难所，这便成为尼采思想的必然结论。对此，尼采坦言：一切关于艺术的纯粹性设定都是对生存之痛苦的麻醉与逃避，一切从禁欲主义的视角来理解艺术都无异于以生命自身来戕害生命。如果生命渴望重获强健的生机，就永远不可能寄望于一个绝对的形而上之真，相反，人们只能通过激化旺盛的生理感受，通过强化生存的权力支配欲望来强健生命自身。一切的"真"和一切的"善"最终都必须归结到生命这个基本的事实中来。对尼采而言，生命的本体是意志，意志的本质是欲望，既然要提升生命，除了激发生命本身的权力意志，最大可能地激发生理欲望，此外还有什么可能呢？

如果说尼采基于艺术形而上学的认识给我们勾画了一幅生命整体之辉煌与壮丽画面的话，那么尼采的艺术生理学观点为我们勾画了一幅什么样的生存图景呢？一言以蔽之：把超善—恶的强健生存带入认识的光亮之中来。具体而言，尼采从维持和提升生命的角度来理解艺术活动，从而认定了发自生命的权力支配意识的根本合法性，同时在根本上否定了透过道德的有色眼镜所描画的无欲生存。尼采认定，一切艺术虚构活动，包括哲学、道德和宗教，在生命之自存与提升这个根本的价值标准面前，只有好—坏之分，没有真假之分，更无善—恶之分。实现了生命之自存与提升的活动便是好的活动，也是好的艺术，也是美的本质所在；没有能够实现这个目的的活动便是坏的活动，也是丑的艺术，也是丑的本质所在。艺术本身是一种创造性活动，同时也是一种充满残酷性的对抗活动。人们在多大程度上经受了神秘的狄奥尼索斯冲动的恐怖考验，阿波罗的神化也就在多大的程度上呈现了这种力量的丰盈，艺术活动也就在多大程度上呈现出它的美丽本质。正如有学者在分析尼采的悲剧思想时所指出的："每个人和每种文化，倘若能吸收大剂量的狄俄尼索斯的原始力而不在此上夭折，只有这样才是强大的和高级别的。这样的力度同时意味着，阿波罗的神化力量同样必须十分大。强大的文化和个人从恐怖那里夺得美丽。"① 总之，出于生命的自存及提升之绝对目的，尼采的艺术生理学为处于权力支配关系中的生死现象赋予了超善—恶的意义，为人们理解生存与死亡的审美意义提供了超善—恶的视角，也为尼采对整个西方价值传统进行重估提供了一个坚实的逻辑起点。

在此，我们回过头来重新考察尼采与叔本华对生存的基本理解，是有启发性的。在日常生存与审美生存的二元对立框架中，坚信生存的本质是艺术性的叔本华追问我们的现实生存为何失去了艺术性这个问题，从而在论述中把我们带到了意志的本体根源中来。叔本华坚信，是意志的支配，而不是理性的迷失，才是造成我们日常生存之痛苦的根本来源；因此，无论是审美直观还是伦理同情，它们在根本上都是对充溢于日常生存之中的生命意志的平息，让人们在感性直观中认识生命的整体。总之，对生命意志的平息和生命整体的直观是重获生存之艺术性的根本手段。但是，在尼采看来，在生存的意志洪流之中，叔本华仍然设定了痛苦对生存的无意义性，从而相信了在感性的纯粹直观中能够化解生存之痛苦的形而上学神话，从而也就无形中把生存引向了一条非意志支配的存在之路。

相信生存的本质是艺术性的，这同样是尼采运思的基本起点。但是，在尼采的思想框架中，所谓通过审美生存来拯救失去艺术性的日常生存这样的命题是没有意义的。正是对这个问题的清醒认识使尼采最终坚决

---

① ［德］萨弗兰斯基：《尼采思想传记》，卫茂平译，华东师范大学出版社 2007 年版，第82 页。

地离开了叔本华和瓦格纳。叔本华虽然终结了在理性中寻求至善的传统哲学思路，但这并不意味着他的思想终结了对至善的想望和诉求。正是在这个问题上，叔本华的运思仍然重蹈了西方思想传统中"从生存到艺术"的基本设定。尼采为生存设定了艺术的一元论基础之后，他的入思路向便明显区别于叔本华，最为根本之处就在于：它至为深刻地突现了生存的虚无主义根源，并在此生存境遇中描绘了人将要面临以及必须作出选择的命运。

具体说来，尼采的艺术生存论意味着我们所生活于其中的一切精神建制都不是自然而然的，它们都是人们在现实的生存中所建造起来的习惯规约，无论是哲学真理，或是宗教信条，或者道德原则，它们与狭义的艺术活动一样，本质上都是艺术性的虚构。同时，基于权力意志之上的艺术生理学则意味着这个事实：任何艺术虚构本质上都出于权力意志，肯定了权力意志的艺术活动提升了生命力，这种艺术活动便是强健者的艺术，其现实生存则是强健者的生存；同理，否定了权力意志的艺术活动便残害了生命，这种艺术活动便是病弱者的艺术，其现实生存则是病弱者的生存。尼采就在他的上述观点与推论中，根本上走出叔本华的影响，开始了他的价值重估之思。

严格说来，尼采超出于善—恶判断的认识之外，对生存的本质作出了艺术一元论的设定，从广义的角度设定了生存的本质，从狭义的角度规定了艺术活动的内涵，这是一个极富启发的思路。在这个问题上，我们还必须注意的一点就是：反对基督教道德对生存的病弱设定是尼采一以贯之的思想，但广义的艺术本质与狭义的艺术活动本身有着不同的理论核心和价值着眼点，广义的艺术本质问题更为明显地体现在他早期的思想中，以不可去除的生存痛苦作为它的理论基座；狭义的艺术本质则更为明显地体现在他中期和晚期的思想中，以不可置换的感性快感作为它的理论基础。"权力意志"的提出基本上可以作为这两种不同划分的分水岭。显然，这两者有着不可简单通约的认识前提。但是，尼采在具体的论述中经常从广义的艺术论滑向狭义的艺术论，中间便充满着难以克服的内在紧张性。在具体阐述尼采以悲剧精神为基础进行价值重估的内容之前，我们先不展开这方面的内容。作为尼采思想的具体评价，我们把这方面的内容安排在第七章之中。对尼采而言，价值重估需要一个新的出发点，需要对真理和艺术等概念进行重新定位，本章我们基本厘清了生存与艺术的本质关联问题，下一章我们就分析虚无主义深渊之上的真理与艺术之生存论价值。

第五章

意志和假象中的真理和艺术

前面我已经谈到尼采的生存之思不同于叔本华的生存设想。因为在叔本华看来，日常生存与艺术生存有着本质的区别，而且后者是前者的唯一拯救手段；但在尼采看来，生存即艺术，没有非艺术的生存，把艺术与日常生存区别开来的做法显然是传统形而上学的残余。这种思想起点的不同，正照应了尼采本人所说的："酒神精神是成为神一般的人的一条新路，我从一开始就有别于叔本华。"① 以此为基础来审视尼采的真理观、审美观与价值观，是极有启发性的。

第一节　真理和虚构

对生存的基本设定总是基于特定的真理意识之上的。对于尼采而言，无疑存在着两种本质完全不同的真理，一是在善—恶对立的关系场域中所设定的形而上学之绝对真理，这种真理把人们的认识导向一个确定的不变结

---

① ［德］尼采：《权力意志》，贺骥译，漓江出版社 2000 年版，第 220 页。

论，这个结论相信自己在本质上是自在的、纯粹的、绝对真实的；另一则是尼采本人所说的、基于权力意志基础之上的超善—恶的真理，尼采的这种真理则拒绝一切纯粹与自在的神话，它坦言，真理的本质就是虚构。参考叔本华对生存的基本设定来展开这个问题的论述，对我们的理解是有益的。

关于真理的观点，叔本华的认识无疑沿袭了柏拉图主义的习常做法，在二元对立的思想框架中把生存区分为"日常生存"与"艺术生存"，从而把打破了"摩耶之幕"的艺术生存作为体现了完整理念的真理来看待。显然，对叔本华而言，柏拉图式的超越于具体事物之上的理念仍是存在的，超出种种虚假认识之上的最终之确定"真相"仍然是存在的。这样，生存的最终意义便是跳出虚假的"摩耶之幕"，回归到真实的宇宙静观之中来。在此，"虚假"与"真实"，"相对"与"绝对"之间的等级模式仍然存在。但是，对尼采来说，由这种二元对立框架所设定的绝对真理是不存在的。尼采断言，这个世界没有任何绝对的"真相"，所有的一切都是假象。显然，在尼采的思想中，已没有了形而上学之理念的残余，在假象之外，只有虚构，正如他在《权力意志》的笔记中所坦言的："迄今为止我们所构想出的'真实的世界'其实一直是虚假的世界。"① 要正确地理解尼采从虚构的角度来言说真理的要义，我们必须从柏拉图对真理的基本设定说起。

把真理的内涵设定为超越于感性事物之上的至善理念，这是柏拉图思想对西方思想的重要贡献，也是柏拉图对古希腊之前的西方思想形式的重要改变。这种影响是如此之深远，以至于现代哲学家怀特海坦言：整个西方思想的重要创造都由对柏拉图思想的一系列注脚所形成。这种思想影响到艺术领域的时候，便形成了艺术是对至善理念之模仿的结论。

具体说来，柏拉图在面对着艺术从本真生存沦落为日常消遣物这个局面之时，他以超越于具体事物外形之上的"理念"作为最高的存在之真，企图通过在艺术与理念之间建立模仿关系，从而使艺术返回到最高的存在

① ［德］尼采：《权力意志》，贺骥译，漓江出版社 2000 年版，第 22 页。

之真，以此重建艺术与本真生存之间的意义关联。这一重要举动无形中便把艺术与真实置于二元对立的等级框架中，由此深远地影响了西方后世关于艺术与真理之间关系的思考。尼采则相反，他明确地反对柏拉图的二元等级论，他以生命的提升作为最高的存在之真，以艺术的创造活动作为提升生命的根本方式，通过论述最高的艺术创造与最真的生存关系之间的本质相同性，从而使艺术与本真生存之间的模仿关系变为同一关系。这是尼采与柏拉图在艺术看法上的重大差别，也是尼采与叔本华关于真理的看法上产生重大差别的根本所在。

显然，尼采的认识与柏拉图的观点构成了根本的对立。由于尼采肯定生存、真理与艺术之间的同一性关联，因此他把柏拉图式的模仿观认定为一场高级诈骗。在其后期著作中，尼采坦言：

> 事实上，我对柏拉图的不信任是根本性的：我发现他是如此偏离于希腊的一切深层本能，如此深陷于道德偏见，如此先于基督教而基督徒气味十足——对他而言，"善"这个概念已是最高概念——以至于和其他词语相比，我宁愿用"高级诈骗"这个刺耳的词，倘若人们更爱听，用"理想主义"（idealism），来说明整个柏拉图现象。①

为了说明自己的观点与柏拉图主义的明显区别，在其早期的一则笔记中，尼采就明确地说道："我的哲学乃是一种倒转了的柏拉图主义：距真实存在者越远，它就越纯、越美、越好。"② 正是由于尼采的这种认识，后人以"颠倒的柏拉图主义"来概括尼采的思想内涵。

显然，"颠倒的柏拉图主义"是尼采思考艺术与真实两者之间关系的框架模式，他以此对柏拉图关于艺术与真实之间的二元对立思维模式发出

① Nietzsch, *The Twilight of The Idols*, trans by. Anthony M. Ludovici, London: George Allen & Unwin Ltd, 1911, p. 114. 中文译文参见 [德] 尼采《悲剧的诞生——尼采美学文选》，周国平译，生活·读书·新知三联书店 1986 年版，第 330 页。

② 转引自 [德] 海德格尔《尼采》上卷，孙周兴译，商务印书馆 2002 年版，第 169 页。

了根本的质疑和挑战。问题是：我们能够把尼采所说的"颠倒的柏拉图主义"说成是最高的真实从"理念"与"艺术"之间来了一个简单的交换吗？在具体地分析尼采"颠倒的柏拉图主义"之前，我们必须重述前人对这个重要问题的关键解说。

毫无疑问，海德格尔对尼采"颠倒的柏拉图主义"的解说影响最为深远。在海德格尔看来，尼采以酒神的醉感艺术来对抗柏拉图主义关于艺术与真实之间的二元对立思维模式，以艺术的"生理学"来反对理性哲学对艺术的抽象定位，从而在根本上打破了理性主义传统关于真理与艺术两者之间的独断设定。并且，由于尼采认定艺术是生存之权力意志的最高体现，感性处于价值秩序的最高层，而真理在艺术的"生理学"思维模式中成为虚假的幻象，则恰恰处于最低层；尼采由此重新构成了艺术与真理之间的新的二元对立关系。

海德格尔继而指出：如果说在柏拉图形而上学的思想框架中，真理与艺术虽然处于不对等的关系，但它们两者仍然是同处在相互依存关系之中的话，那么尼采的艺术"生理学"就明显把艺术与真理处于破裂的关系中了。因此，海德格尔肯定地认为，尼采的这种"颠倒"并没有真正能够让他从柏拉图主义的框架中走出来，甚至还因为尼采把艺术与真理置于相互破裂的关系中，由此还构成了艺术与生存之间的紧张关系，把艺术引向了一条充满危险的思想道路。

海德格尔由此明确地认为，尼采并没有完成终结传统形而上学的任务，"当尼采认识到对柏拉图主义的倒转就是一个从柏拉图主义中转变出来的过程时，他已经精神错乱了。迄今为止，人们既没有认识到这种颠倒乃是尼采的最后步骤，也没有看到尼采只是在其创作生涯的最后一年里（1888 年）才清晰地完成了这种颠倒。"①

明确地说来，海德格尔对尼采"颠倒的柏拉图主义"的解说存在着可商榷之处。首先，海德格尔认定，真正要打破柏拉图主义就必须在取消真

---

① ［德］·海德格尔：《尼采》上卷，孙周兴译，商务印书馆 2002 年版，第 222—223 页。

第五章 意志和假象中的真理和艺术

149

实世界的同时也取消虚假世界，而这个认识只是作为初步的意识在尼采精神崩溃之前依稀掠过他的大脑。可是在事实上，尼采打破柏拉图主义恰恰是通过同时取消真实与虚假的两重世界而实现的，并且还不是在尼采思想的后期，而正是在思想的早期。

早在《曙光》一书中，尼采就明确地说道：

> 当我们试图检查镜子本身的时候，我们最后发现除了镜中事物之外别无他物；如果我们试图把握这些物，我们最终抓住的除了镜子之外别无他物——在最普遍的意义上，这就是知识的历史。①

在这个看似矛盾的观点中，尼采已经鲜明地说出了他对西方哲学传统认识论的不信任，因为这种传统的认识论明确地把认识活动区分为"主体"和"客体"，把认识的结果区分为"现象"和"本质"。在这个基础上，传统认识论认为，通过清除"主体"这方的认识前见，我们就能够更为客观地把握到"客体"；同时，通过破除"现象"的迷惑，我们就能够更为深入地把握到事物的"本质"。无疑，柏拉图的"理式论"开创了这种认识论的先河。尼采反是。要解释尼采的上述观点其实并不困难，因为从整个唯意志论哲学视角来看，"世界"唯有作为"表象"和"意志"这两种形态才有可能存在，也即是说，"世界"永远是一个动态的、类似镜中影像一样的"现象"，而不是静止的物态事物，所以，在尼采看来，在"认识"之外假设一个先在的"客观事物"这样的观点不经一驳；同时，力图在意志活动之外维持认识的"客观"或"超然"，这种企图同样不经一驳，因为事物之成为事物，是因为它们已经进入了认识活动并成为现象，所以，事物的呈现本身就是与认识活动同为一体的。因此，在尼采看来，"认识"、"镜子"与"镜中事物"这三者是同为一体的。也正是在这

---

① Nietzsche, *Daybreak*, trans by: R. J. Hollingdale, Cambridge: Cambridge University Press, 1997, p. 141. 中文译文参见［德］尼采《曙光》，田立年译，漓江出版社 2000 年版，第192 页。

意志与悲剧——叔本华与尼采悲剧思想比较研究

150

个意义上，尼采坚定地反对西方传统认识论中的"本质论"思想。在《快乐的科学》一书中，尼采就这样说道：

> 发现事物的名称远远重要于事物的本质，这件事曾经使我、而且一直使我异常吃惊。声誉、名称、外表、事物的一般范围和分量，所有这些在起源的时候便经常是错误的和任意的，像给事物披上一件外衣，它与事物的实质，甚至与事物的皮相也风马牛不相及。所有这些东西世世代代不断地产生，仅仅是因为人们信仰它，直到它逐渐成长为事物的某部分，甚至变成事物本身。起初是表象的东西，最后几乎不可避免地变成本质，并且作为本质在发挥作用！①

表象认识如何在历史传沿中变成了本质内容，其玄机在此一目了然。

其次，如果说对柏拉图主义的颠倒意味着肯定如下事实：即"真实"不能在哲学中寻找，只能在诗艺中寻找，那么，这样来理解尼采同样是危机四伏的，因为尼采远远没有走上这条道路。对于尼采来说，如果在哲学中寻求"本质"不过是追逐一个幻象的话，那么，在诗中寻找某种固定的"本质"这同样是荒谬之举，因为寻求"本质"的行动在此不过是换了一个"认识"的对象，但企图在"形象"与"本质"二元对立的思维框架内寻找某种固定东西的想法却没有任何变化。意识到这种诗化形而上学的危险，尼采在《查拉图斯特拉如是说》的"论学者"一节中指明查拉图斯特拉不再是"求学的学者"之后，紧接着就在"论诗人"一节中同样强调："诗人谎话连篇！"也即是说，尼采强调，哲学与诗两者在根本上都是谎言！这个突然的论断一下子把那些想在查拉图斯特拉的诗性言述中寻找"真理"的弟子弄得糊涂不已，他们强调："我信仰查拉图

---

① Nietzsche, *The Gay Science*, trans by: Walter Kaufmann, New York: Random House, Inc., 1974, pp. 121—122. 中文译文参见［德］尼采《快乐的科学》，黄明嘉译，漓江出版社 2000 年版，第 92 页。

斯特拉",以此希望查拉图斯特拉对此作出解释,或者改变这种"诗人谎话连篇"的看法。他们无法理解,查拉图斯特拉为什么在致力于反对哲学的话语霸权之时竟又重复哲学对诗艺的"轻蔑"。但查拉图斯特拉拒绝解释,并且还说道:"'相信'(Belief)都不会证实我的正当性,何况是信仰(Belief in)我。"① 对于那些想在他这里寻求固定不变之"真理"的弟子,查拉图斯特拉最终无话可说,只能收视反听,默然长叹。

指出一切认识结果(包括哲学认识和诗性认识)都不过是一种虚假的认知幻象,并不会必然地把尼采的艺术思想纳入传统的二元对立之思维框架中,更不会必然地推出尼采的艺术论把艺术与真理处于相互破裂的关系中这样的结论,因为"虚假"一词在尼采的思想中有着独特的含义。在《快乐的科学》中,尼采直言:

> 对我而言,"虚假"是什么呢?它肯定不是真实的反面!也不是随意可以给人戴上和取下的假面具!在我,虚假是发挥功能、活生生的东西,它总是自嘲,让我感到,这儿仅有虚假、鬼火和幽灵之舞;在梦幻者的队伍中也有我这个跳着自己舞蹈的"认知者";认知乃是延长人生之舞的工具,是筹备整个人生庆典的人员之一。②

由此可见,尼采所说的"虚假"并不是在他取消了"真实"领域之后还剩下的"虚无",更不是在这种"虚无"的基础上对一切价值进行摧毁和瓦解,从而使艺术与生存构成了紧张的关系;尼采所说的"虚假"不过是他所说的"一切都是生成"的这个观点的另一种表述,因为"一切都是生成的",除了生命之外没有什么东西是自然而然,所以一切也都是"虚

---

① Nietzsche, *The Philosophy of Nietzsche*, trans by: Thomas Common, New York: the Modern Library. 1927, p. 139. 中文译文参见 [德] 尼采《查拉图斯特拉如是说》,黄明嘉译,漓江出版社 2000 年版,第 139 页。

② Nietzsche, *The Gay Science*, trans by: Walter Kaufmann, New York: Random House, Inc., 1974, p. 116. 中文译文参见 [德] 尼采《快乐的科学》,黄明嘉译,漓江出版社 2000 年版,第 85 页。

假"的。

　　在"一切都是生成的"这个基础上来说万物都是"虚假"的，它的根本目的正是让我们避免对事物作偶像式的崇拜，避免在这种偶像式的崇拜中去追寻生存的意义；也正是因为对偶像之虚假本质的揭示，让我们把生存之意义的追寻导向了不断的创造活动：在一个"不断生成"的世界中，要追求生存的意义，注定了我们只有通过不断的创造活动才能给生存注入健康的活力；并且，对人造事物的任何膜拜都只能使生命永远地背离了它本身所有的及它自身所企求的活力与健康，因为这种膜拜永远无法理解创造的可能和创造的作用。此外，还要附加说明的是，只要把哲学与诗艺之间的这种等级关系打破，把关于"真实"的叙事霸权从这种等级秩序中拿开，事实上，尼采并不否认：诗是一种创造的同时，哲学也是一种创造。也正是在这个认识起点上，保罗·德曼等后现代主义思想家以尼采的思想作为他们的思想资源，大力地颠覆哲学与艺术之间的传统等级关系。但是，后现代思想家对尼采的误解也是明显的，因为后现代思想家们在颠倒哲学与艺术的传统关系的时候，有着明显的"文学中心论"色彩，即他们在打破哲学的"逻各斯中心"之后无形中另树了一个"文学叙事中心"，从而造成了 20 世纪文学性的蔓延现象。事实上，后现代思想家所理解的"文学"如果不能打破其现代性的学科认识前提，他们就没能达到尼采对艺术的真正认识，即把艺术当做超越于传统哲学与现代性文学观念之上的、作为生存本身的创造活动来看待。也正是这个认识阀限标明了尼采与后现代思想家之间的根本区别。当然，这已经是后话。

　　至此，我们不妨回顾尼采在《悲剧的诞生》中关于生存与艺术之间的紧密关联之论述，从中我们可以清楚地找到尼采关于艺术问题之思考的聚集点，这就是"创造"—"艺术"—"生存"三者之间的同一性关联。对于尼采来说，生存本身正是因为它的创造本能从而使生存自身成为一个艺术过程，而伟大的艺术恰恰因为它的伟大创造从而给生存带来了深远的意义，生命正是在创新意义的到来之中不断地提升自己。在这个意义上来说，尼采的艺术之思与柏拉图关于艺术的论述之差别可能并不在于后者在理想国中驱逐了诗人而前者则通过艺术为诗人辩护，而在于他们在艺术与本真生存这个根本问题上采取了不同的理解思路：柏拉图在艺术与本真生存之间通过论证一个超越的理式，从而给它们两者建立了"模仿"关系，而尼采则在艺术与本真生存之间通过生命的提升，从而使艺术与本真生存合为一体。也许正是这个根本的差别让我们对尼采的"颠倒的柏拉图主义"有了新的理解之可能。

第二节　真理和虚无

形而上学的真理认定这个生存世界有一个绝对的目的，形而上学的思想方法相信自身能够对这个目的问题作出令人信服的追问。在这个问题上，尼采同样持鲜明的反对态度。在他看来，无论是我们生存的根基，还是生存整体的流向，都是一个虚无的深渊。形而上学所虚构出来的绝对真理不过是权力意志在生存的虚无境遇中的创造性虚构而已。在尼采看来，真理的本质是虚构，而真理的本源则是虚无。问题分析到此，人们肯定会提出如下疑问：对生存之根基与目的的虚无判定，这不是叔本华的独到认识吗？尼采在此问题上与叔本华区别何在呢？结合上节的内容，把叔本华的思想纳入传统形而上学的二元对立框架中，认为他最终肯定了绝对"真相"的存在，根据又何在呢？同时，尼采本人不是一再强调生存仍有其"超人"的价值归宿吗？把尼采的思想归结为对虚无的追问中，根据又何在呢？确实，这个提问使关于"真理与虚无"的问题体现出它的纷纭繁杂性。展开这个问题的分析，对于我们理解叔本华与尼采的生存论思想是有启发性的。

要具体回答这个问题，我们必须详细地考察叔本华对"虚无"的认识，看看"虚无"究竟在叔本华思想中具有什么样的意义，这样才能对这个问题有相对完整的认识。

叔本华在《作为意志与表象的世界》一书中以如下一段文字结束了他对生存问题的追问，这段文字就是：

> "无"是高悬在一切美德和神圣性之后的最终目的，我们不应该像孩子怕黑暗一样害怕它；我们应该驱除我们对它所有的那种阴森的印象，而不是回避它……我们坦率地承认：在彻底取消意志之后所剩下来的，对于那些通身还是意志的人们来说，当然就是无。不过反过来看，对于那些对此意志已倒戈并否定了它自己的人们来说，我们这个如此非常真实的世界，包括所有的恒星和银河系在内，也就是——无。①

注意，叔本华的上述认识在整个西方思想史中有着重要的参考意义。对于西方思想传统而言，"无"并不是生存的本体，"有"才是生存的基本前提，"无"不能先在于"有"，它只是在"有"（即"存在"）的发展过程中所产生的负面效应，"有"最终在发展过程中克服了"无"而上升为内涵丰富的"有"。对此关系作出最严谨论述的无疑是黑格尔。但是，对叔本华而言，在"有"与"无"（也即是"存在"与"非存在"）的关系中，对"无"的追问和体验显然是本真生存的体现，因为前者不过是局限于个体化原理而形成的有限认识，只有后者才是打破个体化原理所达到的真正境界。因此，这个"无"是叔本华哲学运思的最终结果，也是他的生存之思最终所立足的根基。可以认为，对生存的根基（即"无"）的重新思考，是叔本华哲学对现代思想的一大贡献。因为，从整个西方思想史的情况来看，如果说理性哲学把生存之思的追问只追溯到以苏格拉底为起点的理性根源的话，那么，叔本华则把生存之思的追问追溯到了巴门尼德关于存在与非存在的理解这个根源上来了。

---

① Schopenhauer, *The World As Will And Idea*, Vol. Ⅰ, trans by. R. B. Haldane, M. A. and John Kemp, M. A. London: Kegan Paul, Trench, Trubner & CO. Ltd, 1909, p. 532. 中文译文参见［德］叔本华《作为意志与表象的世界》，石冲白译，商务印书馆1982年版，第564页。

但是，叔本华与巴门尼德对待"有"与"无"的态度是完全不同的。出于强调赫拉克利特所说的"变化"之不可能性，巴门尼德明确否定了任何对"无"之思的可能性。在巴门尼德看来，"无"（或"不存在"）是不可想象的。在他的思想残篇中，巴门尼德就一再强调："存在的东西不在，是无法言说，也无法想象的事情"，[1] 由此，他提出了"作为思想和作为存在是一回事情"的重要思想命题，[2] 以此为基础，他强调了如下看法的真实性，即在"有"与"无"的思想道路中，只有"有"的思路才能通向真理。他明确说过：

> 我将告诉你……
> 只有哪些研究途径是可以思想的：
> 一条是存在而不能不在，
> 这是确信的途径，与真理同行；
> 另一条是非存在而决不是存在，
> 我要告诉你，此路不通。
> 非存在你不认识也说不出，
> 因为这是不可能的，
> 作为思想和作为存在是一回事。[3]

在巴门尼德看来，因为思想和存在是一回事，即任何事物的存在（exist）都是作为思想而存在，因此，存在本身要么是绝对的存在（must be absolutely），要么是绝对的不存在（or not at all）；如果我们要想象一个东西的"无"（或"不存在"），这是不可能的，因为它一旦进入思想，便已经完全进入了"存在"，成为了"有"。正是在这个认识前提下，巴门尼德反对米利都学派与赫拉克利特的"变化论"（becoming）与"生成论"

① 苗力田编《古希腊哲学》，中国人民大学出版社 1989 年版，第 94 页。
② 同上书，第 93 页。
③ 同上。

（come into being），在巴门尼德看来，这种"生成论"恰恰预设了事物能够从"无"到"有"地经历着它的无穷变化。

显然，巴门尼德在"有"与"无"这对思想范畴中来思考赫拉克利特所说的"变化"是否可能的时候，他强调了"有"对存在的意义，否定了"无"对存在的意义。因此，"有"与"无"在西方思想的最早出现中就因为"无"的不可言说性而被对"有"的追问所掩盖。叔本华同样在"有"与"无"的思想框架之中进行哲学运思，但他区别于巴门尼德的地方恰恰就在于强调如下这一点："无"并不是无法想象或毫无意义的东西，它恰恰是一切"有"的深层基础。

在"有"与"无"的思想框架中，对"有"的一再设定和强调显然是西方思想长久以来的共同特征。受巴门尼德影响的柏拉图就强调理式之"有"，基督教强调上帝之"有"，康德强调无目的的合目的性之"有"，黑格尔强调绝对理念之"有"，等等；总之，强调"有"一个绝对的"实体"，或者必须通过"无"的扬弃阶段而最终生成"有"的绝对精神，这是他们运思的共同特点。叔本华在对康德哲学的批判中就指出了此类观念的虚妄性，认为理性要在无穷的因果链找到一个绝对的出发点或绝对的归宿点，这种做法必然是错误的。叔本华指出，人们在物质的不生不灭中抽象出"实体"的不生不灭，在"实体"的不生不灭中人们又形成了"上帝"永恒常在的结论，这不过是不恰当的隐喻所造成的混乱结果。由此，叔本华认为，"实体"的概念是一个内涵空虚的概念。他毫不置疑地认为："实体概念必须完全加以拒绝，任何地方都以物质的概念来代替它。"[①]

总之，在叔本华看来，在"有"这条思路上来追问存在的本真意义，最终都只能导致思想的独断论，因为没有任何一个概念能脱离因

① Schopenhauer, *The World As Will And Idea*, Vol. II, trans by. R. B. Haldane, M. A. and John Kemp, M. A. London: Kegan Paul, Trench, Trubner & CO. Ltd, 1909, p. 104. 中文译文参见［德］叔本华《康德哲学批判》，石冲白译《作为意志与表象的世界》，商务印书馆1982年版，第668页。

果关系的进一步质疑。在此问题上要避免独断论的结果，唯一的可能性只能从非因果关系的认识中去探求。这样，在叔本华看来，打破认识的个体化原理，揭开生存的"摩耶之幕"，正是要从"有"之外的思路来探索生存的意义。从这条思路来追问生存之意义，其结果必然导向对"无"的追问。

在叔本华的思想框架中，"无"意指与生存的个体化原理一起结合在生命形而上学认识中的"隐性生存"，虽然它不可想象，但"有"的显性世界永远无法脱离它，正是"显性生存"的"有"与"隐性生存"的"无"相互结合在一起，才能形成生命的整体存在。显然，从生命形而上学的"天眼"来看，一切个体化原理都不过是虚幻的"摩耶之幕"，只有看透了种种个体化原理的"无"之本质，我们才能达到整体生命的认识，也正是这种认识中，我们才能真正地理解他人与自我之间的生命同一性，生命的永恒轮回才能成为一个具有意义的思想命题。

总之，对"无"的上述追问，是通向生命的形而上之认识的，它与个体化生存的根本区别就在于它强调在静寂的情怀中体悟生命"太一"之灵韵，通过把一己的死亡与不死的整体生命连为一体，从而在根本上平息了由生命意志在个体化原理中所激发出来的欲望冲突。必须强调的是，在否定了生命意志对生存的残酷支配之后，叔本华并不否定生命，反而肯定了生命自身。在这点上来说，叔本华对于生命整体并不悲观。他真正所悲的是生命被局限于个体化原理中所产生的无穷痛苦及其给生命整体本身所带来的无穷残害。总之，把本真的生存定位在对"无"的静观最终所达到的生命形而上学认识，这是叔本华对生存的一系列习常价值观念进行重估的根本方案。

问题分析到此，我们便可以对本节开始时的质疑作出部分的回答了。显然，叔本华以否定性的方式拒绝了西方思想史上种种对"有"的规定，似乎已经跳出了传统思想的二元对立框架，但是，叔本华恰恰通过对否定性的"无"之强调而重新踏入了传统思想的二元对立框架。一个了然的事实就是：在叔本华看来，一切"有"作为个体化原理，都是虚假的设定，只有在"无"之中直观个体化原理之外的生命整体，才是真实的存在。显然，正是对"有"与"无"的真假本质设定让叔本华的哲学运思仍然局限在传统的二元对立思想框架中，只不过他以否定性的方式来强调纯粹真理之绝对存在的做法使这种二元对立的思想框架隐藏得更深罢了。打破这种"真"—"假"的二元对立，是尼采对叔本华思想的关键突破。

尼采同样努力对"无"进行追问，但是，与叔本华强调生存的本质是静寂的"无"相比，尼采显然采取了不同的思路来思考这个问题。有趣的是，尼采同样从巴门尼德的相关论述开始了他的追问。

面对着巴门尼德把丰富的"存在"约简为抽象的"思想"或"语言"，并以此来反对赫拉克利特的"万物皆流"论，尼采明显不能认同这种观点。在《希腊悲剧时代的哲学》一书中，尼采一针见血地指出：

> 词只是事物彼此之间以及事物和我们之间的关系的符号，毫不涉及任何绝对真理。而"存在"这个词，正和"不存在"这个词一样，仅仅标志一种联结万物的最一般关系。既然事物本身的存在是无法证实的，那么，事物彼此之间的关系，即彼物此物的"存在"和"不存在"，也同样不能使我们靠近真理的国度一步。
>
> 我们凭借词和概念决不能逾越关系之墙，进入事物的某种神奇始基。即使在感性和知性的纯形式中，在空间、时间和因果关系中，我们也没有获得看来像是永恒真理的东西。对于认知主体来说，想要"置身事外"而看到和认识到什么，乃是绝对不可能的；以至于可以说，认识和存在在一切范畴中是对立至深的。①

巴门尼德强调"有"（或"存在"）是通向真理的道路，但尼采认为，这种抽象的"存在"世界不过是语言的世界，这个语言的世界与语言之外

---

① ［德］尼采：《希腊悲剧时代的哲学》，周国平译，商务印书馆1994年版，第113页。

的绝对真理之间并不存在任何意义关联，由此尼采就明确地堵死了从巴门尼德的抽象"存在"（即"纯粹思想"）通向绝对真理的道路。相反，叔本华强调"无"（或"非存在"）是通向真理的道路，但尼采同样认为，否定性的虚无同样不能达到形而上的绝对真理，由此尼采也就明确地否定了叔本华从"虚无"通向绝对真理的道路。尼采强调，无论是"存在"还是"不存在"，都不过是语言表述，它们与语言之外的真理无关。显然，尼采在此已经表明了抽象词语对生存本质之概括的无力性，进而摆明了"有"之"知"或"无"之"悟"对绝对真理之垄断的非法性，最终摆明了纯粹客观的抽象认识之不可能性，从而也就导出了存在于"纯粹认识"之中永远不可去除的权力关系。尼采此举的重要意义就在于，他完全否定了语言之外的那个最初文本，从而把世界还原为一个多视角的、多层次的阐释空间，而推动任何一种阐释的内在动力都不是对真理的接近，而是权力意志的支配和运作。换言之，在尼采看来，"认识"始终是一种体验与介入，也就是在认知者与被认知者之间建立一种权力关系和支配关系，因此，"认识"本身就是由权力关系所支配的"认知者"与"被认知者"共同在场的特定关系，如果要抽象地"存在"，就不可能有认识，要有效地认识，就不可能保持抽象地"存在"，因为两者"对立至深"。这正如海德格尔在尼采的讲座中所说的："认识和知识——这不是对概念的单纯了解，而是对概念中被把捉的东西的把握。去把握存在，这就是说：有意识地遭受存在之进攻，亦即遭受它的在场。"①

　　相比而言，叔本华虽然对巴门尼德的观点反其道而行之，但到底还是认同了巴门尼德对生成与变化的否定看法；而尼采则完全反对巴门尼德的观点，认为巴门尼德从抽象的存在出发反对一切皆流的观点，这明显不值一驳，因为变化不已的不仅是存在本身，就连那认知自身也是某种可变的东西。因此，当叔本华一再强调通过对"无"的追问，最终达到生命形而上学的静观时，尼采则强调在生命形而上学思想的基础上，通过酒神的

----

① ［德］海德格尔：《尼采》上卷，孙周兴译，商务印书馆 2003 年版，第 63 页。

意志与悲剧——叔本华与尼采悲剧思想比较研究

160

"醉"来体验生存的旺盛生命力之强烈外溢。导致这种差别的根本原因就在于叔本华与巴门尼德一样反对一切皆流的可能性，而尼采则完全肯定了赫拉克利特的一切皆流说，在根本上否定了巴门尼德所说的绝对存在的不可变更性。

毫无疑问，叔本华通过对"无"的追问使生存真正回归到了生命形而上学的基础。但是，传统形而上学的影响仍然笼罩着叔本华的运思，让他在对"无"的追问中平息了鼓动一切的生命意志，从而使他的生存运思最终在基督教的原初精神找到了共鸣。对于生存之基础的"无"，他并没有进一步追问它丰富的生存内涵，最终只能在对整体生命的静观中认定了生存之痛苦的不可改变性和无价值性，正如有学者所说的：

> 意志的自我否定是意志对"生存意志"的否定，而否定那种只是盘桓于利害计较之"生存意志"的意志，必是超越了利害计较的意志。这超越了利害计较的意志或正是积极肯认人生当有价值的契机所在，但叔本华终究没有抓住这个契机以走出自掘的"生存空虚说"的运思陷阱。①

尼采深刻地意识到了这种缺陷，从而使他认识到本真的生存不能仅仅停留在无意志的静寂观望中。对尼采来说，生存不仅要通过打破个体化原理来肯定自己，更要在经历生命意志的恐怖和痛苦过程中肯定自己。因此，恰恰是对恐怖、痛苦的肯定和对生命形而上学的认识，使尼采把关于生存的本真思考引向了艺术的形而上学；也正是因为对恐怖、痛苦的肯定和对生命形而上学的认识，尼采把古希腊的悲剧艺术解释为酒神狄奥尼索斯与日神阿波罗在痛苦乐音之召唤中的形而上游戏。

问题分析到此，我们可以对叔本华的"虚无"观与尼采的"虚无"观作一个简单的比较了。显然，叔本华的"虚无"观仍然驻足于传统思想的

---

① 黄克剑：《美：眺望虚灵之真际》，福建教育出版社 2004 年版，第 379 页。

二元对立思维框架之中，一方面，它以否定性的方式强调了审美救世之思的绝对真理性，从而使审美认识和伦理实践中的纯粹静观成为形而上学的绝对真理；另一方面，这种"虚无"观以其坚定的态度否定了生存的一切目的论设定，使生存世界在纯粹的审美静观中杜绝了一切改观的可能，从而使审美静观成为一个缺乏生机与活力的沉寂世界。尼采的"虚无"观则跳出了传统思想的二元对立框架，它否定了叔本华以否定性的方式来论述绝对真理的做法，这似乎比叔本华的"虚无"观否定得更为彻底；但是，尼采的否定打破了叔本华对生存世界的沉寂设定，重新为本真生存注入了无穷的生机和活力。简言之，叔本华认定了任何目的论设定的本质虚无而肯定了审美救世与同情伦理的静观之真，而尼采则强调了一切真理和价值本身（包括叔本华的审美静观与同情伦理）的构造性本质，从而凸显了艺术创造之真。这正如学者余虹所指出的："虚无主义之'虚无'不是说'存在的世界'不存在，而是说这一世界并不天然地存在什么'价值'（或人之为人的生存条件），'虚无'揭示的是价值在生存论意义上的虚构性或存在论意义上非自在性。"① 显然，这种认识对我们清醒地把握尼采的真理观是极有助益的。

正是基于这种认识，尼采明确地区分出两种不同性质的虚无主义，一种是消极的虚无主义，一种是积极的虚无主义。所谓消极的虚无主义，主要表现为如下两方面的状态：一方面，在生存的价值目的问题上，它坚信一个形而上的绝对目的，毫不置疑地肯定它是唯一真理；但是，生存的权力意志恰恰就在这种绝对真理的麻醉中失去了创造性，沦为认识上的独断论；另一方面，当它认识到生存整体并不存在一个绝对目的的时候，它便把整个生存世界设定为"非自由的意志"，以铁板一块的因果法则为依据去断定这个生存世界只能永远静寂地轮回下去；显然，把世界的本质先验地设定为"非自由的意志"，这同样走进了形而上学对这个世界的先验独断。因此，消极虚无主义所起的作用远远不是激发和提升了生命力，而是

---

① 余虹：《艺术与归家》，中国人民大学出版社 2005 年版，第 71 页。

平息、弱化，甚至残害了生命力。

所谓"积极的虚无主义"，在内涵上恰恰与"消极的虚无主义"完全相反。它既不承认人们对生存世界的任何先验、独断之设定是绝对真理，更强调要在超善—恶之外的视阈中来考察生命的本质，在虚无的生存境遇中勇敢地激起强烈的生命意志。在尼采看来，自古希腊晚期直至叔本华时代，西方思想本质上都处于消极虚无主义之中，根本的原因就是它们都在形而上学的基础上对这个生存世界作了本质的先验设定，并相信他们的先验本质设定与这个世界的本质属性具有绝对的同一性。尼采一再强调，正是因为人们一直坚信这个生存世界必然自在地存在着一个形而上学之绝对真理，让人们一直无法以超善恶的视角来考察生存本身的真正内涵，从而一直无法走出禁欲主义的病弱生存状态。因此，积极的虚无主义就是要颠倒现有的价值体系，让已经自行去魅的最高价值恢复到它的最高地位。

问题追问到这一步，如下这个重要的问题便呈现了出来：究竟我们的生存还有没有真理可言呢？尼采坦言：有！真理就是基于权力意志基础上的对生存世界的解释活动本身。一切的先验设定或公理法则都不过是对这个世界的一种解释方式，人们不要企求通过逻辑的设定来稳定地把握世界的本质，因为这个世界永远超出一切的先验设定和公理法则之外，所以，对世界的解释便意味着任何形式的解释都永远不可能达到认识之外的绝对真理。尼采就这样在根本上端掉了形而上学之绝对信仰的基础。在他看来，我们信服于对世界的某种解释，不过是因为我们需要这种解释，而我们之所以需要这种解释，是因为这种解释具有强大的能力，能够满足人们的对真理的需要。任何对世界的解释，其本质都不过是权力意志的运作。由此，尼采坦言，康德式的"自由意志"与叔本华式的"非自由意志"都没有能够让我们更加接近绝对真理："如果某人以此方式在'自由意志'这个著名概念中发现它愚不可及，并把这个概念完全从他的头脑中勾销掉，那么，我现在请求他把他的'启蒙'再推进一步，即把'自由意志'这个畸形概念的颠倒物也从他的头脑中勾销掉，我指的是'非自由意志'，它相当于

'原因'和'结果'的误用。……'非自由意志'是神话；在实际生活中，关键只在于强和弱的意志。"①

　　总之，叔本华虽然指出了形而上学之真理的虚无主义本质，但是，在强调要打破"摩耶之幕"以静观生存之整体世界的时候，他的真理观便仍然预设了形而上学的"真"与"假"。当他把前人一再认为是绝对真理的道德理性视为"摩耶之幕"的时候，他显然超出了前人，但是，他一再强调打破"摩耶之幕"以后的审美认识是绝对之"真"，这便使他的认识最终仍然落入形而上学的真理观念之中，对生存的善—恶设定就仍然是他思想的内在根源。相比之下，尼采认定了这个事实，即所有对生存的善—恶设定都是无中生有的虚构。在尼采看来，生命永远处于善—恶的判断之外。生命就是生命，生命无所谓真与假，更无所谓善与恶。生命的自存与提升构成了生存过程的基本真理。因此，在生命的自存和提升面前，一切都只能由"好"与"坏"来判断，而"好"与"坏"的最终判断标准不是外在于生命之外的善—恶设定，而是权力意志的"强"与"弱"。由此，尼采以权力意志的"强"与"弱"这个根本标准取代了形而上学的"善"与"恶"的先验设定，作为价值重估的起点，重新为真理设定了原初内涵。

　　叔本华的虚无主义把生命引向纯粹的审美静观和绝对的同情伦理，尼采的虚无主义则把生命引向艺术的无穷创造。在悲剧艺术的醉感活动中把生存的痛苦转化为节日的狂欢，这一直是尼采所强调的本真生存之内涵。总之，正是在感性艺术的沉醉活动中，尼采大力批判理性认识与基督教伦理对生存之悲剧根源的剥离，认为正是它们的合力作用把无限丰富的生存创造强行纳入了抽象的理性法则中，从而促成了价值虚无主义的日益蔓延。在尼采看来，生命的悲剧意识一旦被剥离之后，生存也就随之脱离了它的本质基础。生存如果要重新获得它的本真内涵，就必须在对"无"的追问之基础上激扬起生命的活力，这种活力打破了生存的个体化原理，在

　　① Nietzsche, *The Philosophy of Nietzsche*, trans by：Helen Zimmern, New York：the Modern Library, 1927, pp. 403—404. 中文译文参见 [德] 尼采《善恶之彼岸》，宋祖良等译，漓江出版社 2000 年版，第 158 页。

音乐的精神中融合了酒神的狂欢，最终在日神庄严的赋形活动中把直通生命形而上学之核心的痛苦意识转化为古希腊人的伟大艺术活动，即古希腊悲剧的诞生。总之，对尼采来说，真理的本源是虚无，这并不意味着它将导向内容的贫乏和希望的暗淡，相反，虚无将激发出它丰富的内涵和无穷的希望，正如有学者所说的："这个意志宁愿要无而不愿不要。这个被要的'无'，被尼采理解为对有用的、服务于生命的和专注于自我维护的立场的否定。代替贪欲生命的是给出；代替统治的是献身；代替界定的是去除界限；代替个性形成的是神秘的统一。"① 这个论述对于我们理解尼采的"积极虚无主义"显然是很有帮助的。

显然，尼采通过引入酒神精神的狂欢，把生存的痛苦感受转化为生命的热情歌颂，从而在价值虚无主义的深渊中唱起了生命的颂歌，这是尼采对生存之价值进行重估所提出的根本方案。也正是对生命意志的肯定使尼采对本真生存的运思在价值取向上区别于叔本华，从而使生命形而上学的思想在尼采的酒神颂歌中体现出亮丽的色彩。

第三节 "天才"与"超人"

叔本华在《充足理由律的四重根》中把经验认识、理性认识、纯粹知识和伦理认识四种形式都纳入了充足理由律的范围，认为它们都无一例外地受因果关系的支配，只不过因果关系在不同的认识形式中体现为不同的形式。在叔本华看来，西方思想传统一再地想在这四种认识形式中把某种形式确立为绝对的中心，把其他别种认识方式置于它的下层，希望能够在某种认识框架中达到精神的自由，这种努力注定是没有效果的。因为这四种认识方式本质上都是关系性的认识，都服从因果关系的支配，它们都是

---

① ［德］萨弗兰斯基：《尼采思想传记》，卫茂平译，华东师范大学出版社 2007 年版，第 43 页。

生命意志要实现它自身的具体体现。虽然该书没有对如何打破因果关系作出进一步的思考，但了然的事实是，这是叔本华思想的起点，因为上述四种认识形式都不可能达到至善之后，唯一的认识形式，即审美，便成为达到意志解脱的根本途径。

在叔本华的思想体系中，审美认识与天才这个重要的概念紧密地关联在一起。而这两个概念本身又是近代以来西方思想的重要概念。因此，要了解叔本华在何种角度把这两个重要概念的意义相互关联了起来，我们必须考察这两个重要概念的一些基本内涵。

天才观念在西方艺术史上是一个重要概念，但对现代思想影响最深的论述无疑是康德的天才观。康德关于天才的论述，最大的贡献就是对一直被纳入模仿关系中的艺术本质观念作出了一定程度的修改。在康德看来，"构成性"的至善理念是不可能存在的，但"调节性"的至善理念却是必须存在的，美就是调节性的至善理念的感性呈现。对于康德而言，因为上帝不再是一个确有其物的信仰对象，而是促进理性生存的必然公设，因此，美在本质上也不再处于人们所说的对至善理念的模仿关系中，古典主义所崇奉的金科玉律不再能够充当美的当然法则，唯一能给美和艺术立法的不是别的，而是出于自然的天才。在《判断力批判》一书中，康德明言："天才就是给艺术提供规则的才能（禀赋）。由于这种才能作为艺术家天生的创造性能力本身是属于自然的，所以我们也可以这样来表达：天才就是天生的内心素质，通过它自然给艺术提供规则。"①

显然，康德的天才观并没有脱离西方思想传统中的理性主义路线。对于康德来说，"天才"、"审美"与"调节性的至善理念"三者之间有着紧密的意义关联，正是它们之间的这种意义关联构成了康德论述"天才"观念的基本视界。总之，正如康德把审美艺术鉴赏作为纯粹理性批判与实践理性批判的中介桥梁一样，由天才所规范的艺术鉴赏正是实现对至善理念

---

① ［德］康德：《判断力批判》，邓晓芒译，人民出版社 2002 年版，第 150 页。

之认识的、起调节作用的桥梁中介。

康德的天才观对叔本华肯定有明显的影响，但叔本华并不认可康德天才观的基本前提。在叔本华看来，理性哲学所说的无条件的"实体"无疑是伪命题，康德哲学虽然批判了传统的"实体"观，但他仍然保留了理性哲学的一整套思维模式；甚至，康德还通过理性给道德立法的方式，在一定程度上强化了理性哲学对生存的必然支配。但是，在叔本华看来，人们一直以理性的至善目的观为依靠去理解天才，这种认识何其狭窄！叔本华指出，天才绝不是理性的特殊能力，而是出自生命的、对整体生命的本质进行感性直观的天生能力！

对于叔本华来说，天才的认识能力与前述四种认识形式是完全对立的。这四种认识形式的共同特点就是，它们都是对事物的关系性认识。由关系性的认识形成的表象世界，是为意志服务的，都要服从充足理由律。因为每人都是意志本体的个体化显现，所以每人都有一个独立的表象世界；呈现于各人眼前的表象世界永远是由他的欲望意志所促成的。在这个问题上，每人所看见的东西永远是他自己所"要"来的东西，因为表象世界与各人的意志本质形影相随。认识只要局限于意志的支配，就永远也无法看到超出自己眼前的表象世界之外的东西。唯一能够打破这种铁定规律的，只能是天才，即天生的、能够超脱于意志之外去认识世界的能力。一旦对世界的认识脱离了意志的支配，世界就成为一个内涵无限丰富的、美的世界。对此，叔本华明言："理智从意志及其束缚中获得彻底的自由和分离是天才的特权。天才是客观性。事物在（直观的）感受中——知识之根本的和最本质的来源——表现自己时所具有的客观性和清晰性，在任何时刻确实都是与意志对这些事物的兴趣成反比的；不带有意愿的认识即使不是美学理解力所有天资的本质，也至少是它的条件。"①

人总是生活在自己的表象世界中的。如果我们把前述四种认识形式所

① ［德］叔本华：《自然界中的意志》，任立等译，商务印书馆 1997 年版，第 85—86 页。

形成的表象世界看做人们的一种生存方式，把天才的认识形式所形成的表象世界作为生存的另一种方式，显然，这两种生存方式便处于完全的对立之中。叔本华认为，第一种生存方式是一般民众的生存方式。对于他们而言，生存的个体化原理是确保其生存活动不至于脱离常轨的重要保证。事物的功能效用与人们的伦理实践都各自依据一套严格的因果关系，脱离了这套因果关系，他们便无法理解世界。因此，在他们看来，"世界是我的意志之表象"这个前提从来没有成为问题进入他们的思考中。第二种生存方式则是天才的生存方式。对于天才来说，事物的呈现不以它的有用性为前提，而是以非关系性的直观方式呈现出来。因为天才所追求的不是对意志的满足，而是对事物的理念直观，因此，"世界是非意志的纯粹表象"便成为天才把握世界的根本方式。对于普通人与天才之间的对比，叔本华曾有过形象的描述，他指出：

这种普通的生命，大自然每天数以千计地产生出来的产品，严格说来，是没有能力、至少是不能持续地进行一种在任何意义之下都完全不计利害的观察，像真正的静观那样。仅仅在事物与他的意志有某种关系，哪怕只是一种很间接的关系，他才能把他的注意力贯注到事物上。就这一方面说，除了关系的知识之外它并不要求别的东西，关于事物的抽象概念便已足够，并且在大多数场合中甚至用处更大；所以普通人就不在纯粹直观中停留了，也不把他的注意持久地注集于一个对象了，而只是匆忙地在呈现于他之前的一切事物中寻找概念，以便把事物置于概念之下，好像懒惰的人要找一把椅子似的，找到之后它就再也激不起他的兴趣了。这就是为什么他会对于一切事物，对于艺术品，即自然美的客体，以及生活的每一幕中本来随处都有意味的情景，都走马看花似的浏览一下便匆促了事。他并不驻足停留，他只想知道自己的生活门路，最多也只是找那些有朝一日可能成为他生活门路的东西。因此他只是在最广的意义上做地形学的测量；对于生活本身的思考，他是不花时间的。相反，那些有时把知识的过度能量从意志的服务中解放出来的天才人物，他则专注于生命本身的思考，努力去理解每一事物的理念，而不是它与其他事物的关系；并且在这样做的时候，他经常忘记考虑自己的生活门路，因此在大多数情况下他生活起来真是够笨的。然而，对于一个普通人来说，他的知识能力是照亮他生活道路的提灯；对天才人物而言，他的知识能力则是普照世界的太阳。①

显然，叔本华在世俗生存与天才认识的对比之中，对世俗生存的本性之改变是不抱任何希望的，因为生命意志对认识活动的支配是大众永远不能逃脱的樊笼。因此，对生存的改变不可能寄希望于对世俗生存的修修补补，而必须换另一种视角来重新认识生存，这种视角即审美的视角，天才的视角。这种天才的本质，在叔本华看来即是打破个体化原理和平息生命意志去静观生命的整体，它多少类似于我国宋代道学家邵雍所说的"圣人"，因为这种"圣人"能够"一心观万心，一身观万身，一物观万物，一世观万世"。② 总之，叔本华坚信，唯有从天才的视角出发，我们才能够看出世俗生存永远不可能看到的东西，也正是在天才之眼的观照之下，生存才能够获得它的真实本义。

美学理论在近代以来的西方思想史中扮演了一个重要的角色，这就是要在不断世俗化的生活世界中承担起价值追求的指向作用。康德的美学思想在理性生存的基础上把艺术问题引向了历史理性主义的思考，黑格尔则在绝对精神的生成基础上把艺术问题引向自由的实现。叔本华与他们的最大区别就是把审美与艺术问题完全移到非理性的直观活动中来考察，并且明确区分出世俗与天才两种完全不同的生存指向，使关于艺术的思考直接与生存的基本问题关联了起来。总的说来，康德的美学思

① Schopenhauer, *The World As Will And Idea*, Vol. I, trans by. R. B. Haldane, M. A. and John Kemp, M. A. London: Kegan Paul, Trench, Trubner & CO. Ltd, 1909, pp. 242—243. 中文译文参见 ［德］叔本华《作为意志与表象的世界》，石冲白译，商务印书馆 1982 年版，第 262 页。

② 邵雍：《观物内篇》，陈钟凡著《两宋思想述评》，东方出版社 1996 年版，第 59 页。

想试图给世俗的生存重新建立一个隐然的理性目的，黑格尔的美学思想则试图给世俗的生存指出一条自由精神的实现之路，他们的美学思想都有着明显的世俗关怀。然而，叔本华通过对世俗生存与天才认识之间的区分，明确指出世俗生存的救赎希望之不可能性，认为只有彻底地转换为天才的认识，生存才有可能从意志的支配中得到解脱。毫无疑问，叔本华的上述思路对尼采有着极大的吸引力，并在此基础上形成了他关于"超人"的观点。

"人是一种应该被超越的东西。"①　这是尼采超人哲学的核心观点之一。在《查拉图斯特拉如是说》的前言，尼采明言："人是一根绳索，连接在动物和超人之间——一根悬于深渊上方的绳索……人之所以伟大，是因为他是一座桥梁，而非目的。人之所以值得爱，是因为他是一种过渡（over - going）和一种毁灭（down - going）。"②　显然，这是尼采对"人"之本质的独特理解。尼采提出"超人"哲学的同时，并没有给这个重要概念下过具体的定义，它所强调的只是对"人"的超越，强调在创造价值的过程中对自身的超越。在此，我们试图通过对比的方式来找出尼采"超人"思想的基本特征。

我们必须在生命形而上学的基础上来探讨这个问题，因为生命的形而上学使生命永恒轮回成为可能。正是在生命的永恒轮回过程中，一切生命都处于上升和下降的过程之中，生与死都是共属于生命：叔本华希望通过天才的认识，对生命的形而上学持整体的观照；尼采则在此基础上继续追问，在生命的永恒轮回中，生命究竟能不能创造它的价值。

就尼采的"超人"思想对生命价值的强调来说，它明显区别于康德的"人是目的"这个著名论断。康德的批判哲学致力于寻找道德的先验法则，

①　Nietzsche, *The Philosophy of Nietzsche*, trans by：Thomas Common，New York：the Modern Library，1927，p. 6. 中文译文参见［德］尼采《查拉图斯特拉如是说》，黄明嘉译，漓江出版社 2000 年版，第 6 页。

②　Nietzsche, *The Philosophy of Nietzsche*, trans by：Thomas Common，New York：the Modern Library. 1927，pp. 8—9. 中文译文参见［德］尼采《查拉图斯特拉如是说》，黄明嘉译，漓江出版社 2000 年版，第 8 页。

目的就是为逐渐世俗化的世界重新建立基本的行为规范和价值观念。对于康德而言，"人是目的"意味着在"人"这个维度上，以理性分析为武器去批判一切虚假的形而上观念，最终在人的先验理性基础上重建可靠的知识基础，重新厘清和确立形而上学的基本论题，并确定它的有效论域。但是，由于坚信人的理性具有绝对的先天性和普遍性，康德的实践理性原则在强调权利的平等性时也抹平了生命的价值差异，凭借理性为基础而重新建立的价值观便强化了人与人之间的先验平等，最终在实践理性的权威之下合理化了整个社会的世俗化进程。

显然，康德的思想对现代社会的法权思想与政治思想都有着重要的影响，它在维护个体的基本权利方面起着重要的保障作用，这一点让任何一个生活在现代社会中人都不得不感谢康德哲学的贡献。但是，尼采对康德式的理性批判持强烈的否定态度，因为在他看来，康德仅仅着意于给形而上学建立理性的基础，把价值的标志悬挂在理性的人这个世俗的维度之上，它从原则的先验性到权利的平等性等这些问题的推论中都忽视了生命价值之高下的区分。在尼采看来，抹平了价值的差异因素之后，生存还有什么价值可言呢？因为生存并不仅仅意味着对抽象的法则观念的认同，更在于在具体的经验过程中创造自身的价值。

正是在这个意义上，尼采提出了"超人"的思想，这种"超人"思想与世俗社会所认可的价值完全不同，因为它努力要打破生命意识上的"量"的平等，努力在"质"的差异中强调生命价值的不可让渡性。早在《快乐的科学》一书中，尼采就明言：

> 我们不"保存"什么，也无意倒退到过去，无论如何我们并不"自由"；我们不为"进步"工作，我们无须塞住自己的耳朵，以便不闻塞壬歌妖在闹市上的未来之歌，她们唱的"平等权利"、"自由社会"、"不再有主仆之别"对我们毫无吸引力。……与这个在太阳底下宣称最为仁慈、最为温柔、最为正义的时代相处，我们注定是局促不安的，这不是很明显的事情吗？可惜的是，当我们听到这些漂亮字眼

时，我们有着极度的怀疑。我们在其中发现的不过是极度弱化、疲惫、风烛残年、力量式微的表达，甚至是化装！一个病人用华丽而廉价之物掩盖自己的羸弱，这于我们何干？……我们不是人道主义者，从来不敢冒昧称自己"热爱人类"。①

"不热爱人类"的上述大胆宣言并不表明尼采赞同草菅人命，而是表明尼采无法赞同以世俗的"人"为中心而建立的价值观念，在尼采看来，以"人"为中心所建立的道德价值是生命沦落为病弱形态的表现形式之一，他一再强调："道德在今天的欧洲是群体动物的道德"，② 这种道德以人为中心，并想方设法地通过解释痛苦来躲避痛苦，而不是勇敢地面对痛苦，这显然是病弱者的道德。要超越这种道德，必须引入"超人"的观念。值得注意的是，这种"超人"观念并不外在于道德本身，尼采在《权力意志》中就说道："正是道德本身，以诚实的形式，强迫我们去否定道德。"③ 这一点早在尼采为《曙光》一书所写的序言中就作出了明确的肯定，认为"在此书中，对道德的信仰失去了位置，为什么？正是因为道德本身！"④ 因此，如果说康德的批判哲学是通过道德立法的方式从而给生命争取平等权利的话，尼采的超人哲学则通过权力意志的途径渴望提升生命的价值，正如雅斯贝斯所指出的："他（按：即尼采）反对道德并不仅仅是为了生命的原因，而是为了更高的道德旨趣。"⑤ 总之，尼采所说

① Nietzsche：*The Gay Science*，trans by：Walter Kaufmann，New York：the Random House. Inc.，1974，pp. 338—339. 中文译文参见 ［德］尼采《快乐的科学》，黄明嘉译，漓江出版社 2001 年版，第 314 页。

② Nietzsche，*The Philosophy of Nietzsche*，trans by. Helen Zimmern，New York：the Modern Library，1927，p. 494. 中文译文参见 ［德］尼采《善恶之彼岸》，宋祖良等译，漓江出版社 2000 年版，第 250 页。

③ Nietzsche，*The Will to Power*，Vol. Ⅰ，trans by：Anthony M. Ludovici，London：George Allen & Unwin Ltd.，1909，p. 325.

④ Nietzsche，*Daybreak*，trans by：R. J. Hollingdale，Cambridge：the Cambridge University，1997，p. 4. 中文译文参见 ［德］尼采《曙光》，田立年译，漓江出版社 2000 年版，第 5 页。

⑤ Karl Jaspers，*Nietzsche*，trans by：Charles F. Wallraff and Frederick J. Schmitz，South Bend，Indiana：Regnery Gateway，Inc.，1965，p. 340.

的"超人"意味着超越于世俗价值观念之外的、一种发自生命的更高价值追求。

如果说区别于以"人"为中心的价值观念是"超人"的第一层含义的话，那么，区别于叔本华的生命轮回观则是它的第二层含义。

尼采与叔本华关于生命轮回的认识看起来是人人共知的话题，但其中隐藏着许多重要问题，他们之间的区别也交织在这个问题上。在此，我们必须追问，尼采的"超人哲学"在何种程度上区别于叔本华的"天才"观念。

叔本华在《作为意志与表象的世界》的第36节论述"天才"的时候说过："因为这种原因，天才的行为经常被看作是一种灵感，正如这个词语所提示的，作为一种与他个人完全鲜明地区别开来的超人的行为，这种超人的行为周期性地占有他。"① 在此，叔本华不经意地提出了"超人"（即 superhuman）这个概念，但他没有对这个概念进行细致的规定。尼采则是在《查拉图斯特拉如是说》中明确提出"超人"学说的。尼采的"超人"观在否认世俗的伦理法则这个问题上与叔本华的"天才"并无二致，但尼采的"超人"思想之具体内涵与叔本华的"天才"观在本质上有着鲜明的区别，这个区别是围绕着"生命的永恒轮回"这个焦点而展开的。

在《查拉图斯特拉如是说》中，尼采在"痊愈者"一节中论述了关于生命永恒轮回的两种不同认识。他是通过故事性的描述来说明这个问题的。在其中，查拉图斯特拉被一个重大问题所困扰，他不思饮食，并昏睡了七天七夜。当他醒来之后，这个问题变得清晰起来：生命是永恒轮回的，但这并不意味着它必然会自动创造新的价值，因为小人的生命同样是轮回的，而且他们还因为自己的生命能够依附于生命整体的永恒轮回而弹冠相庆。在生命的永恒轮回过程之中，他们从来不用追问价值的创造，他们所关心的仍然是自己的生命轮回。对此，查拉图斯特拉痛惜地感叹道：

---

① Schopenhauer, *The World As Will And Idea*, Vol. I, trans by. R. B. Haldane, M. A. and John Kemp, M. A. London: Kegan Paul, Trench, Trubner & CO. Ltd, 1909, p. 244. 中文译文参见［德］叔本华《作为意志与表象的世界》，石冲白译，商务印书馆1982年版，第264页。

"'唉，人永远轮回，小人永远轮回！'……所有的都太渺小的了，即使是最伟大的人！——这就是我对人的厌恶！最渺小的人也要永恒轮回！——这就是我对一切存在的厌恶！"①

正是在此处，尼采意识到自己与叔本华思想的根本区别。但是，最为痛心的是别人对他永恒轮回思想的误解，正如接下来，劝说查拉图斯特拉的那些动物们对于永恒轮回所说的一番话那样：

> 我们知道所你教导的：万物永恒轮回，我们和它们一起永恒轮回；我们已经存在过无数次了，万物和我们都是这样。
>
> 你教导说，存在着一个生成（Becoming）的伟大年月，一个伟大之年的奇观；像一个沙漏计时器一样，它必然重新转动，它将进入新一轮的消耗与衰竭：——
>
> 所以，无论对最伟大者还是对最渺小者，所有那些年月都是彼此相似的；因此我们自己在每一伟大之年也和最伟大者相似，在最渺小者方面同样如此。
>
> 噢，查拉图斯特拉，如果你现在想死，我们也知道你将会如何对自己说——但，你的动物求你现在不要死！
>
> 你会毫无惧色地说话，甚至极度快乐让你精神焕发，因为你将会从一种难耐的沉重和郁闷中解脱，你，最坚忍的人啊——
>
> 你将会说，"现在我确实去死并消失，瞬间化为乌有，灵魂像肉体一样死去。
>
> 但是，我被缠绕于其中的因果纽带是轮回的，它将再一次创造我！我自己是属于永恒轮回之因果律的。
>
> 伴着这个太阳，这个地球，这只鹰和这条蛇，我再一次回来——但不是进入一种新的人生，或更美好的人生，或一种相似的人生：

① Nietzsche, *The Philosophy of Nietzsche*, trans by: Thomas Common, New York: the Modern Library, 1927, p. 246. 中文译文参见［德］尼采《查拉图斯特拉如是说》，黄明嘉译，漓江出版社 2000 年版，第 238 页。

无论是对最伟大者或对最渺小者，我都将永恒地再次回到这同一的和自身相似的生命，将对万物再一次教授永远轮回的理论——

我将再次说着大地和人类那伟大正午的话语，将再次给人类宣讲超人。

我一直说着我的言语，我因这言语而累垮：我永恒的命运就希望这样——作为宣告者，我走向毁灭！

走向毁灭的人对自己祝福的时候到了。就这样，查拉图斯特拉的毁灭结束了。"①

这群动物以为自己完全理解了查拉图斯特拉的永恒轮回思想，但是，它们根本不知道自己完全误解了查拉图斯特拉的永恒轮回说。在唱完了这一段欢乐之歌以后，它们期待查拉图斯特拉称赞它们。但查拉图斯特拉一言不发，面对着群小的轮回狂欢，他只能紧闭双眼，默默地与自己的心灵对话。显然，从上述描写来看，尼采意识到他的永恒轮回思想被当做另一种形而上学思想来看待了。也正是从上述描写中，我们可以找出叔本华的"天才"观与尼采的"超人"思想之间的根本区别。

尼采与叔本华都赞同生命的永恒轮回说，但叔本华追问到此即止，认为人们只要对表象世界抱以"天眼式"的观照，生存便可从痛苦中得到解脱；因为天才的最大作用就是从世俗的生存中跳出来，对整体生存进行审美观照。叔本华坚信基于同情基础之上的审美观照能够使人们在根本上跳出生存之痛苦的无限循环。但是，这种认识恰恰证明了叔本华暗断了如下事实的合理性，即轮回之后的生命仍然与"现在"的生命没有本质的区别，生存世界的痛苦与生命的病弱状态是永远不可改变的，唯一的解脱办法只能是通过审美认识而离开它。简言之，对叔本华来说，生命的永恒轮回意味着在轮回中的生命之"质"永远不会改变，在生命意志支配下的痛

① Nietzsche, *The Philosophy of Nietzsche*, trans by: Thomas Common, New York: the Modern Library, 1927, pp. 247—248. 中文译文参见 ［德］尼采《查拉图斯特拉如是说》，黄明嘉译，漓江出版社 2000 年版，第 239—240 页。

苦生存永恒轮回，同时也永不变更。正是在这种认识前提下，叔本华没有能够从传统形而上学的阴影中走出来，因为"天才"在此无形中变成了形而上学的上帝。

不错，尼采同样强调生命是永恒轮回的，但是，尼采看出了叔本华的永恒轮回观所无法克服的问题，即生命的"质"在轮回中没有得到任何提升，从而让生存的渴望在生命的轮回过程中永远缺席。显然，在叔本华看来，生命在永恒轮回中永远无法摆脱痛苦的折磨，因此祈求生命意志的折磨能变得轻一些，这似乎是生存本身的天命！尼采不相信这种天命！他相信生命的永恒轮回，但他继续追问：生命的永恒轮回使生存永远过着同样的病弱生活，这是生命的必然选择吗？痛苦对于生命没有任何积极意义吗？经历痛苦的生命不能达到它更好的存在状态吗？对生命的这种病弱状态拿不出关键的诊治方案，人们最多只能以天才的旁观态度来参与生存，这是生存应有的希望吗？都不是！既然叔本华已经证明了康德式的历史理性主义是不可能的命题，既然叔本华提出的"天才"与"纯粹认识主体"仍然不能走出形而上学的阴影，那唯一的结果只能是在永恒轮回的生命中把痛苦化为生存与艺术的创造动因，正是这种创造使人变为"超人"！

因此，尼采的"超人"思想虽然源出于叔本华的"天才"观念，但它有许多不同于叔本华"天才"观的地方，一是丰沛的生命力，二是在痛苦中创造生存之乐的"权力意志"，三是永不停息的创造本能，等等。最为关键的是，在关注生命的"质"在痛苦中得到提升这个方面，尼采的"超人"远比叔本华的"天才"富于魄力，这也是叔本华与尼采两人之间的根本差别所在。

总之，"天才"与"超人"都是区别于世俗生存的另一种生存方式，是唯意志论哲学的精神之维和价值之维。但是，两者的区别是明显的。如果说叔本华式的"天才"在现实生活中仍不难于找到典范的话，那么尼采式的"超人"就难以用具体形象来描摹了。即使是尼采本人，他对于"超人"精神的去向也是难以确认的。在《查拉图斯特拉如是说》中，查拉图斯特拉第一次下山想教育民众，第二次下山想教育一批门徒，这些努力都相继失败之后，他最终决定教育自己，把目光投向未来。显然，对于"超人"的精神及其作用而言，尼采自己也相当清楚这个现实，即查拉图斯特拉的精神在现代仍然是难以解读和难以接受的。因此，尼采在《看哪，这人!》的自述中把《查拉图斯特拉如是说》一书的副标题定为："一本写给所有人的书，也是无人能读的书。"

有必要强调的是，无论是叔本华的"天才"还是尼采的"超人"，它们与世俗生存之间都存在着内在的紧张，这一点从前述的引文中就可以清楚地看出来。对于叔本华来说，世俗的生存是局限于个体化原理中的生存，这种生存没有价值可言；对于尼采来说，世俗的生存是使生命失去其本真价值的沉沦渊薮，这种生存是一种堕落。虽然唯意志论思想努力要改变和提高生命的价值，凸显生存的本真意义，但正是这种内在的紧张使唯意志论的"天才"观与"超人"观缺失了对世俗生存的宽容。在这个问题上，他们所一再批评的康德哲学却鲜明地体现出这种人性的宽容，并且对天才可能的错误有着清醒的认识。早在《论优美感和崇高感》一文中，康德曾明确地说："在人类中间根据原则而行事的人，只有极少数降；这却也是极好的事，因为人在这种原则上犯错误乃是非常容易发生的事，而这时候，原则越是具有普遍性，并且为自己确立了那种原则的人越是坚定不移，则由此而产生的损害也就蔓延得越远。……把自己最可爱的自我定位在眼前，作为是自己努力的唯一参照点，并且力图使一切都以自利为轴心而转动的人，这种人乃是最大多数。在这一点上是不可能有任何不利的，因为这种人乃是最勤奋的、最守秩序的和最谨慎的，他们给予了全体以支撑和稳固，从而他们就无意之中成为对公众有利的，这就创造了必要的所需并提供了基础，使得一些更美好的灵魂得以发扬美与和谐。"① 把康德的看法与上述分析相比较，我们不难看出唯意志论的"天才"观与"超人"观的局限性。

---

① ［德］康德：《论优美感和崇高感》，何兆武译，商务印书馆 2001 年版，第 26 页。

第四节　悲剧艺术与"生命的兴奋剂"

悲剧艺术在叔本华与尼采的思想中都具有重要的地位。叔本华在直观认识的基础上重新解释了诗比历史更具真实性的观点，从而把悲剧艺术的认识功能强调到了艺术认识的最大阈限。尼采则在艺术与生存的同一性基础上重新改写了诗与哲学之间的等级秩序，从而把生存的本质从至善理念的模仿置换为艺术的创造。对于他们来说，艺术都与本真的生存紧密相关，因为生存本身就是非理性的意志活动，艺术作为对生命的感性直观，它就比理性活动更接近生命事实，悲剧艺术正是生命活动的本真认识与体现。在这点上来说，叔本华与尼采都从生命出发来解释艺术与悲剧的本质问题，所得结论也就与从理性角度来看待悲剧的观点显然不同。

但是，悲剧的功能在叔本华与尼采各自的思想中并不是相同的。在叔本华看来，正如艺术是对生命意志的平息一样，悲剧艺术的作用就是起着最大作用的"生命镇静剂"，它使人们在审美的静观中最大效果地平息生命意志的冲突，从而实现心灵的宁静。尼采则刚好相反，他明确地把悲剧艺术称为"生命的兴奋剂"，因为艺术的创造正是本真生存的展开，所以，悲剧艺术的作用是最大效果地使人们更为彻底地投入到生存意义的提升之中去。这正如他在《权力意志》中所说的："《悲剧的诞生》所表达的世界观的核心内容就是艺术与人生的关系。从心理学与生理学角度来看，艺术是生活的有效兴奋剂，它永远催迫人们投入生活，投入永恒的生活之中。"① 显然，对悲剧艺术的这种不同态度构成了叔本华与尼采之间最为明显的不同。在本节中，我们尝试在生存论的基础上解释叔本华与尼采对艺

---

① ［德］尼采：《权力意志》，贺骥译，漓江出版社 2000 年版，第 257 页。

术的不同运思取向。

当人们依据不同的视角来解释生存的时候，人们也就依据不同的视角描绘了不同的生存图景。面对着充满了不同生命种类的宇宙空间，基督教描绘了一个最初的幸福伊甸园；浪漫主义者描绘了一个人类早期的和谐社会；理性主义者则提供了一种前定和谐论。在他们看来，生存都有一个最初的和谐起点。只要能够回到这个起点，生存便可以得到救赎。但是，当叔本华从唯意志论视角来解释生存的时候，他否定了这种前定和谐论的存在。在他看来，这个生生死死的现象世界本质上是受生命意志严格支配的残酷世界。当意志在具体的时空间体现为个体化原理之时，意志便成为"我的意志"。为了要维持"我的生存"，"我"将不惜与和"我"有冲突的他者进行你死我活的斗争。因此，从意志的角度来看待人类生存，那种原初和谐论是不经一驳的。显然，只要有具体的生命存在，就有意志的个体化原理；只要有意志的个体化原理，就不可避免有个体生命之间的相互残害。总之，生存整体的画面在叔本华的唯意志论视野中体现为一场无穷的意志冲突之过程。

但是，叔本华认为，大自然为这个原本铁桶一般的因果报应世界留下了一道可能松绑的口子，这就是人（注意：仅仅是人）在审美认识的关系中能够摆脱生命意志的支配，从而使事物以纯粹表象的形式进入认识世界。表象世界于是第一次砍断了它与意志的同根同源性，成为一个纯粹的表象世界而呈现出来，对它的静观便构成人们对事物的审美认识。因此，审美静观和艺术活动便成为停息"伊克希翁的风火轮"的制动阀，它中止了无穷的欲望渴求，使生存过程的匆忙和盲目之步伐能够在这片清凉的暂时止歇中享受到片刻的安宁。这一切正如叔本华所说的：

当一些外在的原因或者内在的性情突然把我们从意志的无尽之流中抽出来，把认识从意志的奴役中解脱出来的时候，注意力从此就不再集中于欲求的动机，而是离开事物对意志的关系来理解事物，注意力因此无个人利害地、非主观性地、纯粹客观地观察事物，只就它是理念而不是动机，完全地把自己委心于它们。那么，在一刹那之间，我们一直在寻求着的然而在欲求之路上又一再逃离我们的安宁就会自动地光临我们，并与我们相处融洽。①

　　叔本华关于审美鉴赏的所有论述都可以简单地归结为上述认识，即从非意志的认识活动中直观意志的完满客体化形式（即"理念"），从而让生存从意志冲突的无穷折磨中抽身出来。悲剧作为艺术的最高形式，它的重要作用就是最大限度地实现这种直观认识，它一方面最大化地实现了审美静观的非意志性，另一方面则最为清晰地洞察到了意志冲突的虚无本质，从而让人们对源于同一生命之间的激烈斗争有最为刻骨铭心的认识。因此，对于叔本华来说，悲剧艺术的作用犹如一支"镇静剂"，通过对悲剧艺术的欣赏，它使生命从无穷的躁动与不息的欲火煎熬中清醒过来，从而使生命整体（而不再是个体生命）有可能进入了认识的世界。

　　对于叔本华而言，审美活动中悲剧认识虽然比不上伦理的禁欲主义那样能够永远地使人们彻底地跳出欲望之流，但其重要性不言而喻。因为它是打破个体化原理的一个重要缺口，在此缺口中，生存才有摆脱意志绝对支配的最初可能。显然，从悲剧艺术活动中探求本真生存的可能性，通过审美活动的静观使生存本身艺术化，这是叔本华对于后人的重要影响之一。朱光潜的早期思想明显受叔本华上述认识的深刻影响，在《谈美》的最后一章中就用了当时阿尔卑斯山上的一块标语——"慢慢走，欣赏啊！"——来概括艺术与生存之间的内在关系，其中的启发显然来自叔本华的美学思想。

　　但是，叔本华对悲剧艺术的推崇显然是立足于无神的静寂世界之上

　　① Schopenhauer, *The World As Will And Idea*, Vol. Ⅰ, trans by. R. B. Haldane, M. A. and John Kemp, M. A. London: Kegan Paul, Trench, Trubner & CO. Ltd, 1909, p.254. 中文译文参见［德］叔本华《作为意志与表象的世界》，石冲白译，商务印书馆 1982 年版，第 274 页。

意志与悲剧——叔本华与尼采悲剧思想比较研究

的。在叔本华看来，在悲剧艺术的审美认识中所达到的对整体生命之静观，在大千世界中只有人才有可能做到。虽然万物都具有生命，包括畜生在内的一切动物都有认识能力，但唯有人才有可能真正地摆脱生命意志的支配，只有人才能以审美的眼光看待这个"哀怨不入"的自然，只有人才能够使这个世界呈现为一个无欲的纯粹表象世界。显然，把审美的救赎希望完全抵押在人这个单维的存在物以后，多元的、神的维度在叔本华看来已经不可能，甚至，这种认识从来没有构成一个问题进入过他的思考。因此，以人为绝对中心的审美静观使叔本华的艺术思想走进了一个虚无的精神世界，在这虚无的精神世界中，叔本华除了对生存之痛苦抱以悲天悯人的静观之外，他的价值追求并没有能够走出"人"这个更为深层的个体化原理形式。

在叔本华看来，除了"人生是一场梦"之外，"人生是一场戏"这个比喻是再恰当不过的了。在这场戏中，人要么是演员，要么是观众，这两种角色身份都是生存所派定的，不再可能有别的角色身份。有趣的是，在一般的戏剧中是演员少，观众多，每个观众都知道他正在观看的不过是一出戏。但是，在人生这场戏中是演员多，观众少，几乎每个演员都不知道自己参与其中的生活本身不过是一出戏。按照叔本华的思路来推断，人们在人生这场戏中都按着固有的情节在扮演着固定的角色，忠实地履行着他的职责，能够以观众身份来观赏这出戏的人极少，能够在观赏的同时意识到这场戏曾是自己参与演出过的人更少。在叔本华看来，生存的本真意义并不在于更加投入地把自己的角色演好，而在于能够以观众的角色来静观这场人生之戏，并且对戏中的人生痛苦及不幸遭遇抱以悲天悯人的同情。可是，能够真正这样做的人太少太少了，唯有天才才能够跳出三界以外，抱着静寂的心态静观这场痛苦的戏剧。

人生不过是一场梦，但是，我们真的存在梦醒的可能吗？叔本华仍然苦苦追求梦醒的一刻，但尼采却意不在此。在他看来，无论是做梦还是保持清醒，"有趣"是唯一的价值标准。这正如他在《快乐的科学》中所说的："人要么永不做梦，要么梦得有趣。我们应该以同样的方式来安排我们醒着的生命：要么虚无，要么有趣。"① 问题是：如何才能"梦得有趣"或"醒得有趣"呢？尼采坦言：创造性地去生活，而不要旁观性地去生活。

"创造"是尼采使人生这出戏变得有趣的根本保证。正如海德格尔在尼采的讲座中所言："尼采艺术学说的一个主导命题就是：必须从创造者和生产者出发，而不是从接受者出发来理解艺术。"② 以此为依据来理解尼采的悲剧观念与叔本华的悲剧观念，我们便不难发现其中的根本性差别。无论如何，尼采断然反对把生命引向上述静寂的境地。他认为，艺术是人类面对痛苦的生存而奏响的生命之歌，悲剧艺术则是它的极致表现；如果把艺术作为逃避生存之痛苦的渊薮来看，这无疑是艺术的堕落。在《快乐的科学》的第 89 节中，尼采明言：

> 从前，为了纪念崇高而欢乐的时刻，所有的艺术作品都装饰在人类重大节庆的长廊里。如今，人们企图用艺术作品把可怜的精疲力竭者及病弱者从人类的痛苦长街上引开，并给他们提供一些简短的淫乐时刻——些许的陶醉和疯狂。③

显然，尼采关于艺术的上述观点是针对叔本华而言的。在尼采看来，把悲剧艺术活动定义为审美静观，这无疑是病弱者的艺术活动；悲剧艺术如果没有创造，那只能是被动的接受，这在伦理学上必然导致病弱者的伦理。因为，正是在旁观的麻醉中，生命力在麻木中一再地走向衰弱。

在《快乐的科学》的第 301 节中，尼采再一次针对叔本华的"戏说人

---

① Nietzsche：*The Gay Science*，trans by：Walter Kaufmann，New York：the Random House，Inc.，1974，p. 212. 中文译文参见 [德] 尼采《快乐的科学》，黄明嘉译，漓江出版社 2000 年版，第 195 页。

② [德] 海德格尔：《尼采》上卷，孙周兴译，商务印书馆 2003 年版，第 75 页。

③ Nietzsche：*The Gay Science*，trans by：Walter Kaufmann，New York：the Random House，Inc.，1974，p. 144. 中文译文参见 [德] 尼采《快乐的科学》，黄明嘉译，漓江出版社 2000 年版，第 116 页。

生"陈述了自己的看法,分析了"戏剧"观众的心理误区,并指出它的根本缺陷:

> 他无法摆脱一种幻觉:他幻想自己是被置于生命这出伟大话剧和音乐会之前的观众和听众;他称自己的本性是沉思的,并忽视了自己是在不断地创造这种生活的真正的诗人。当然,他区别于这出戏的演员,区别于所谓的积极角色;但他更不像戏台前一个纯粹的看客和参加节庆的客人。作为一个诗人,他当然有沉思的力量和回顾其作品的能力,但同时也是最为主要的是他有创造的力量,这正是那些演员所缺乏的啊。……我们这些思考的同时也感觉着的人,正是那些把从来没有存在过的事物制成(实际)事物的人,这些事物即是评价、颜色、特征、看法、尺度、肯定和否定的整个永恒变化的世界。……在我们的世界中,依据其本质,任何有价值的东西都不是自身就有其价值的——自然经常是无价值的,但在有些时候却被给予了价值,正如现在这样——赠与价值的正是我们!正是我们创造了这个与人有关的世界![①]

显然,把艺术与生存结为一体,强调悲剧艺术对提升生命意义的刺激,并强调艺术的创造本身正是本真生存得以开拓和呈现,这是尼采一以贯之的主张。在《查拉图斯特拉如是说》中,上述认识得到了更加强烈和更富诗意的表达。与叔本华在沉默中静观人生不同,尼采借查拉图斯特拉之口明确宣称:"这就是生命吗?那再来一次!"在尼采看来,意志并不仅仅是牢笼,它还有解放的作用,因为意志本身便意味着创造,关键是要设定新的价值目标,从"人"这个既在的价值体系中走出来,在生存的进程中创造出超人的价值。因此,生命的永恒轮回在尼采看来并不意味着对不

① Nietzsche: *The Gay Science*, trans by. Walter Kaufmann, New York: the Random House, Inc., 1974, pp. 241—242. 中文译文参见〔德〕尼采《快乐的科学》,黄明嘉译,漓江出版社 2000 年版,第 231—232 页。

可改变的生命之本质的永恒静观，它恰恰意味着生命要在永恒的轮回中不断地创造新的价值。正是对新价值的渴望使查拉图斯特拉渴望生命的永恒轮回，渴望再一次拥抱生命而不是静观生命；也正是因为对新价值的追求让查拉图斯特拉对现成的善—恶价值体系持反对态度，并努力追问生与死之间的意义关联。

总之，在尼采看来，在这个上帝已死的生存世界中，人只能赤裸裸地面对虚无主义的深渊。在此危机中，人要开创自己的生存道路，就绝不能在静默中凭吊虚无主义的生存世界，他必须在虚无主义的深渊中努力提升自己。因此，人"只能当创造者"，这是人必然的天命，也是生存必然的天命。

尼采站在"创造"的立场上批评叔本华的艺术思想，这在整个西方思想史上有重大意义。因为生存的本真意义，本质上是超越于具体物象之上的创造性体验，这种体验是难以用语言来形容的。对于这种本真追求，理性主义者强调纯粹的认识与理性的思考，基督教义强调真诚的信仰，东方的佛教强调沉默与涅槃，叔本华则在佛教精神的影响下强调同情的静观，他们的共同点都是强调生命的"静"态特征。尼采一反上述几种立场，明确强调感性的艺术创造是本真生存的第一要义，明显从"动"态方面来阐明生命的本质内涵，从而使生命在永恒的流动过程中体现出它旺盛的创造本能。总之，在生命的本质理解这个问题上，尼采与前人最大的不同点就是强调要在创造的过程中张扬生命的活力，把生命本身的价值创造作为不可替代的生存过程来看待。

因此，悲剧艺术在尼采的思想中便成为"生命的兴奋剂"。与叔本华强调要从"演员"转变为"观众"不同，尼采强调在艺术活动中要不断地创造新的"戏剧"；与叔本华强调在悲剧的审美鉴赏中要跳出自己的生活不同，尼采强调要借悲剧艺术活动投入生活，创造生活。在尼采看来，正是在悲剧艺术活动中，生命力得到了来自生命之源的兴奋刺激，这种刺激使人们在旺盛的生命感中直面生存的痛苦，勇敢地经历生存挑战。也正是在勇敢者的生存战斗中，生命本身得到了提升，超人的价值也将得以形成。这种认识贯穿了尼采的全部思想。同时，在尼采看来，正是悲剧艺术把人们带入了创造的精神空间，从而给生存开创了新的基础。在此中，人性不再是单独的决定之维，不像叔本华所认为的，除了人的单维存在之外，没有神，没有音乐，没有酒神的狂欢，甚至没有日神的壮丽，仅仅有着默然的慈悲。在尼采的悲剧艺术世界中，万物都要开口歌唱，一切可见事物都想变为音乐和语言一齐说话，所有乐音节奏都想化为可见事物一齐起舞。在这个充满"醉感"的艺术世界中，来自生存深处的痛苦与酒神的狂欢一起化为一杯烈性陈酿，让生命在沉醉中把个体自身变为神秘太一的艺术品。在这种状态中，生存的本真世界导向酒神的"醉"便成为必然的结论。

　　总之，悲剧艺术作为"生命的镇静剂"与"生命的兴奋剂"，这组不同的思想命题构成了叔本华和尼采之间最为明显的区别。显然，无论在深刻性方面还是在丰富性方面，尼采的运思都比叔本华更为充实，也更富悲剧色彩。当叔本华在"人"这个单独维度上对生命整体抱以悲天悯人的静观时，尼采则在虚无主义的生存边沿激响了一曲不屈的生命之歌；当叔本华通过悲剧艺术的认识活动来最大效果地平息生命意志之时，尼采则通过悲剧艺术来最充分地激发生命的求胜欲望；当叔本华面对着意志欲望的煎熬只能隔岸观火的时候，尼采则驾着意志的战车一往无前地开创未知的生存境域。叔本华与尼采之间的差别由此可见一斑。

　　在此，我们可以追问：尼采与叔本华思想之间的这种差别，对于我们思考生存的意义究竟有何启发呢？我们借助一个具体事例的分析来回答这个问题，并结束本节的内容。

　　王国维是我国近代第一个对西方现代哲学有深刻理解的学者。但是，正是这个最初对康德、叔本华和尼采有着深刻理解的著名学者却以他的悲剧性自沉结束了一段沉重的学术史话，让世人对叔本华与尼采的唯意志论思想平添了许多猜测与议论。在此，我们思考王国维对叔本华与尼采思想的取舍，是有启发意义的。

　　王国维认定，尼采的权力意志是没有形而上慰藉的意志冲动，叔本华则因为保留了形而上的思想维度，所以比尼采的思想更为可取；他明确认为，正是因为尼采缺乏形而上的精神慰藉，颠覆一切价值便成为他的必然选择。① 正是基于这种认识，王国维最终在康德、叔本华与尼采之间选择了叔本华。

结合我们的上述分析来看，王国维的结论显然是偏颇的，他虽然注意到尼采反对一切现行的道德价值这个事实，但他显然没有注意到尼采的艺术形而上学思想，没有注意到尼采的艺术思想在生存论上具有何种现实意义；因此，在他看来，尼采就只能是一个破坏者，而不是一个创造者。同时，王国维仍然把现行的道德观念视为当然，仍然把生存的最高价值归结为理性的道德实践，由此而忽视了尼采思想中更为深刻的生存论意义。假如说叔本华的哲学把打破个体化原理、为达到生命的形而上学认识而不惜赴死作为最终目的的话，那么尼采则把死亡作为生存的背景，强调要在生存的有限时空中把生命演化成壮丽的艺术过程。因此，叔本华关于生命形而上学的认识远远还没有穷尽生存的所有意义，尼采则是在叔本华生命形而上学的认识基础上，通过对艺术与生存内在关联的思考，最终使生存本身体现为意义丰富的创造过程，生存成为强者"再来一次！"的创造过程，而不仅仅是面对着痛苦生存所持有的无奈之默然静观。而这恰恰就是尼采的悲剧思想所蕴涵的生存论意义。

另外，由于没有深究尼采悲剧思想中的生存论意义，人们对王国维的最终赴死便归因于叔本华的"悲观论"思想，认为这是受了叔本华"悲观主义"思想的影响所致。事实上，这样的结论同样是经不起推敲的。最为重要的一点就是，叔本华本人对于因悲观而轻生的做法一直持明显的批判态度，认为局限于个体化原理之中不得解脱而最终自杀，这样的死亡是没有什么价值的。王国维对这点同样有着清楚的认识。因此，我们肯定叔本华对王国维有重要的影响，但是，流俗所说的"悲观"并不至于让王国维最终赴死，因为王国维之死并不是生存的个体化原理所致，而是出于对生命形而上学的认识而勇敢接受自己的死亡。因此，它

① 王国维：《叔本华与尼采》，郜元宝编《尼采在中国》，上海三联书店 2001 年版，第 25 页。

意志与悲剧——叔本华与尼采悲剧思想比较研究

恰恰明了对"生命形而上学"的认识能够让人傲视一切痛苦，甚至为此献出自己的生命，这与局限于个体化原理之中而自杀有着本质的区别。但是，最为关键的是，如果王国维能够正确地感受到尼采思想中更为深刻的生存论意义，那么，王国维所遭遇到的结局可能会是另一种情况。总之，从这个典型的事例中来反观叔本华与尼采的艺术论与生存论思想，相信是有启发意义的。

第五节　小结:从艺术到生存

无论是把生命形而上学的认识艺术化，在广义上把生存的本质理解为艺术活动，还是在权力意志的基础上理解狭义的艺术创造，在关于艺术与生存的关系问题上，尼采都走上了一条与前人完全不同的思想道路，这就是对生存与艺术之间的传统关系的完全颠倒。

在艺术与生存的关系问题上，西方思想传统在柏拉图以来一直是采取了一条"从生存到艺术"的道路，也即是说，理性精神在规范了生存的合理解释之后，以此为基础来规范艺术在理性世界的合性地位。艺术的本质是"模仿"，这个经典定论便表明了生存与艺术两者之间的相互关系。在这个前提下，艺术自身的合法性就在于它必须模仿至善的伦理观念，在艺术中体现出理性精神的内在追求。所谓的"卡塔西斯说"、"寓教于乐说"、"无目的的目的性"、"理念的感性显现"及"诗的正义说"等等，它们的背后无不赫然耸立着一个绝对命令：诗必须模仿至善理念！显然，"从生存到艺术"这条思路几乎是西方思想传统关于生存与艺术之思的根本原则。

毫无疑问，这条思路是以理性观念及其道德秩序对生存的独特理解取得了合法性之后而形成的，一旦理性话语对生存的解释失去了垄断权之后，以理性和至善伦理来规范艺术的做法也就会失去合法性。在这个问题上，叔本华的思想对理性陈规之缺陷的烛照，以及对至善伦理的激烈批判，显然是极富启发性的。当他把本真的生存从理性观念所设定的价值秩序中解放出来，并且把本真生存归结为对生命活动的感性直观之后，他便把艺术从理性的价值秩序中解放了出来，使艺术摆脱了"模仿者"的次等身份。简而言之，在叔本华的艺术思想中，艺术与生存之间的等级距离出现了变化：艺术不再是对理性观念的模仿活动；作为意志完满客体化的体现方式，它是摆脱生存的个体化原理并通向本真生存的重要途径之一。在此，艺术作为归家之途的想法萌发了它的嫩芽。

但是，叔本华仍然没有能真正地脱离"从生存到艺术"的基本思路。在他看来，一切激发欲望的行为都是局限于个体化原理的认识，个体化原理永远不能达到生命的形而上认识；本真的生存恰恰就是要平息生命意志的冲突、对宇宙人生采取悲天悯人的静观。因此，一切以艺术之名而出现的、激发人的欲望为目的的审美活动都不是真正的艺术活动，它们只能称作"媚美"或"俗美"，而不是"真美"。叔本华强调，真正的艺术正是要在审美的直观认识中平息人们的欲望，从而达到对世俗世界的超脱，使生存回归到对生命的形而上认识中。只有以此为基础，人们才能真正地建立一种出自生命之必然的伦理学——同情伦理。

注意！叔本华恰恰在此重新落入了"从生存到艺术"之思路的窠臼：一个超越于现实世界之外的理念世界仍然是叔本华思想的真正归宿，这个理念世界虽然不再是至善的理性伦理世界，而是出自生命形而上认识的整体世界，但它仍然毫不迟疑地沿袭了传统理性主义关于"现实"与"超验"之间的二元对立之思想框架，正是这个隐藏的思想框架使叔本华所理解的艺术仍然是作为理念世界的承载者而出现的。因此，艺术在本质上仍然是一个超验世界的附庸。

如果说，传统的至善伦理是出于对现实生存之痛苦的认识与抵抗，希望通过模仿性的艺术活动向一个超验的至善世界寻求安慰的话，那么，叔本华的艺术思想同样沿袭了这条道路，因为在叔本华的认识中，经由艺术所带出的生命形而上学之理念世界恰恰是对这个痛苦世界的抵抗，甚至是逃避，它的真正功能与理性伦理所说的至善天国一样，同样是给这个世俗的生存世界提供的形而上的安慰。显然，叔本华的艺术思想与前人的内在共同点恰恰就是"从生存到艺术"这个共同的思路所导致的。

显然，尼采受到叔本华的深刻影响，这是毋庸置疑的，叔本华的思想给尼采提供了一个醒目的路标，它上面赫然写着"生命形而上学"几个大字。但与叔本华不同的是，尼采所理解的"生命形而上学"并不是一个静止的、通过艺术的审美活动被人们所认识的超验世界。在尼采看来，生命本身是一个巨大的艺术活动过程：万物共有一个生命。但这个生命恰恰是通过万物的生生死死而呈现出来，它永远不是一个超脱于这种生生死死的活动而永恒不变地存在于另一个超验的世界之中的东西。对于尼采来说，一个不死的东西永远不是可爱的，而是可怕的。一旦认识到这种生生死死的过程正是生命形而上学认识的本义，那么，生命本身就不再是理性主义者所说的那样，必然要向一个永恒不变的至善王国回归，它恰恰是要勇敢投入到生存这个巨大的艺术过程中去，并在此过程中去经历生存自身的一切痛苦，并形成人生的意义。尼采的上述思想在他的《悲剧的诞生》中就有着明确的表达，并作为思想的主线贯穿了他一生的运思。总之，尼采认定：整体生命本质上就是艺术性的，任何分有了生命形式的存在物同时也就注定了它自身就是这个巨大的艺术过程中的一次创造活动，生命正是在这种创造中实现了它的意义，而不是在对至善理念的追求中才能实现它的意义。因此，对于尼采来说，本真的生存与艺术活动本身就是同一个过程：即生命意义的创造过程。

简言之，叔本华在西方思想的背景下，把生存的意义问题追问到了"生命形而上学"的认识基础之上；尼采则继续在叔本华的思想基础上，把"生命形而上学"的认识"艺术化"了。这是尼采与叔本华之间最为关键的相关之处，也是他们之间最为细微的区别之处。在尼采看来，艺术不是什么对至善理念的模仿，它恰恰是周流不息的生命过程本身。生命本身是一次巨大的艺术过程是尼采对生命本质的独特认识，它内在地引导着尼采所有的哲学运思。

对于叔本华与尼采两人之间的这种关联与差别，我们尝试把叔本华的生命形而上学图式与尼采的悲剧认识图式结合为一个整体，以此为参照，我们便可以清楚地看到他们之间的关联与差别。具体的结合图式如下图所示：

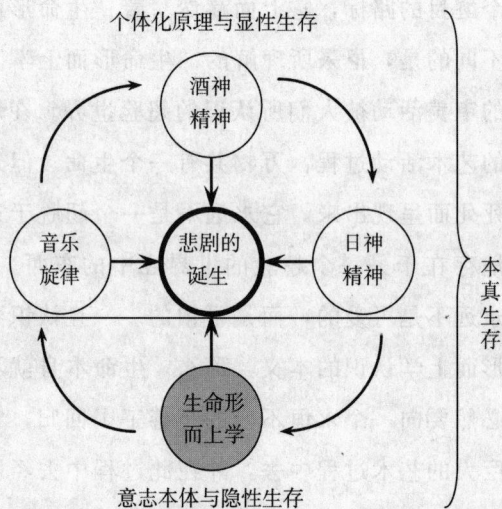

个体化原理与显性生存

酒神精神

音乐旋律　　悲剧的诞生　　日神精神

本真生存

生命形而上学

意志本体与隐性生存

如图所示，如果说叔本华强调把显性的生存与隐性的生存联结为一个整体，以此为基础来考察生存之本真意义的话，尼采则把生与死之间的意义关联在整体上转化为一次悲剧艺术的诞生过程。在此转变过程中，生存便不再体现为对生命整体的静寂观望，而是体现为所有生命在命运的感召下共同参与的一次狂欢过程。更为重要的是，与叔本华对于生命形而上学的认识相比，尼采通过艺术的创造精神丰富了显性生存的内涵，更加突出了显性生存在整体生存中的重大意义。

如果联系生存与艺术之间的关系问题来考察上述图式的话，我们还可以发现尼采的运思与前人的重大差别，这就是：尼采颠倒了历来人们所认可的"从生存到艺术"的思路。因为当他把艺术与本真生存结合在一起，并以此为基点去批评现实生存的非真实性时，无形中便构成了一条从"艺术到生存"的追问思路。不管尼采本人是否意识到这点，正是这种思路的差别构成了尼采与西方众多思想家之间的根本差别。

我们在前面曾经提到过，"从生存到艺术"的思路，它的基本内涵就是：人们通过理性法则规定了生存的本质特征并设定了它"应然"的价值坐标之后，再把艺术纳入到对至善生存的追求过程与模仿关系中。艺术是对至善理念的模仿，这个论断一直成为人们理解艺术之基本内涵的确定表达，甚至已经成为艺术的身份。在哲学与艺术之争的过程中，这种铁定的出身使艺术一直只能处于模仿的二流地位。

当人们一直在质问艺术在何种程度上偏离了理性的本真生存这个问题，并且一再地哀叹"诗之堕落"的时候，尼采反而追问：我们的生存在何种程度上远离了艺术？顺着尼采的追问思路来考察我们的生存事实，便会发现，无论是理性所说的本真生存，还是偏离于纯粹理性之外的日常现实，它们都已经远离了伟大艺术的创造性本质。在生存的源初基础这个问题上，人们用至善伦理规范了它的本质特征；在日常现实的生存中，严格的个体化原理则完全遮蔽了艺术的自由空间。显然，"诗之堕落"并不是诗自甘堕落，恰恰是人们把某种曾经是创造性的思想方式僵化为哲学的强势话语，然后再以之驱逐了整体的诗性言述，从而造成了对诗之创造本质的永远遮蔽。简言之，在尼采看来，并不是艺术一再地偏离了至善伦理目的从而造成了艺术的堕落，而是因为在特定的至善目的论驱动下，生存已经完全疏离了它的诗性根源，这才是问题的核心所在。

以此认识为基础，尼采一生都在质问基督教道德伦理对生存之解释的合法性基础，一再强调生存的真正基础不是道德律令，不是哲学，而是艺术；并且，尼采明确认为，无论是道德律令还是哲学，它们都不过是一种求权力的意志，从而也就是一种艺术的创造性活动所形成的结果而已。正是以此认识为参照，尼采在权力意志的基础上分析了宗教与哲学的心理起源，从而指明了宗教与哲学以"真实"自居的虚妄性。因此，尼采一再强调，艺术是生存的必需，正是悲剧艺术为生存创造了它必不可少精神的基础。

显然，尼采"从艺术到生存"的追问思路大致要达到如下两方面目的：第一，因为生命的本质不是理性法则，也不是至善理念，而是与生存自身同一的艺术创造，所以，我们必须从艺术的角度来理解生存的本质，并在此基础上尝试重建生存的价值秩序。第二，现实生存的困境实际上是由独断的理性话语这种权力意志而造成的，这种独断性的话语系统强调"模仿"而轻视"创造"，以此来衡量生存的价值，必然使现实生存陷入毫无创造力的衰竭状态中；因此，要解决现实生存中的价值危机，我们所要做的并不是再次努力去再现那个永恒的至善目的，而是要把自身的生存投入到创造性的艺术活动中，在生命的创造中开创出新的生存精神空间。这两方面的要求最终都落实到尼采所说的"艺术形而上学"思想中，并在我们上述所示图表中得到直观的呈现。

在此，我们便不难理解尼采为何一再地强调基督教伦理是生命的"投毒者"，卢梭与康德式的道德哲学是"蜘蛛织网"，叔本华的思想认识是"虚无主义"，从而要在权力意志的基础上提出艺术作为现实生存的"反力量"这种观点了。在尼采看来，道德说教无一例外地从事同样的工作，即劝说人们在昏睡中进入死亡，而不是在抗争中开创自己的生存。道德家们已经认定，至善目的已经给充满种种不稳定性的生存之流树立了可靠的航向标，艺术所滋生的不确定性只有以此至善目的为路标，才能获得它存在的合法性。但是，尼采远远不能认同对生存的这种解释，因为他看到了这种确定性的追求在不断地弱化生命，而不是强化生命；以至善的绝对标准来衡量一切生存活动，所造成的结果只能是使原本丰富的生存世界褪变为一个单维的理性世界，整体的生命力逐渐走向麻木和衰弱，而一个没有生命力的世界最终必然是一个僵死的世界。

以基督教中的上帝为例。如果说当初上帝的出现是生存的一种创造性活动的话，那么，今天所出现的这个上帝已经完全失去了这种创造性特征，人们躺在由教会借上帝之名所设定的价值规范中，过着由上帝去承担痛苦和责任的乐观生活，现实的生存显然已经失去了它应有的创造性本能。正是在这个意义上，尼采明言：上帝已死！并且，杀死上帝的凶手不是别人，正是我们自己！在《快乐的科学》第125节中，当那个疯子到处叫喊"我找上帝"、

"我找上帝"的时候，尼采已经表明了创造性的上帝之死所造成的生存困境，这就是生命力的衰弱与创造性的衰竭。可是，人们还远远没有能够认识到这种困境，疯子的叫喊只能换来他们的嘲笑。在他们看来，上帝不正是好好地存在于我们的生活中吗？由至善的上帝所设定的生存原则仍然是那样的坚实，生存的合理性仍然是那样的不可置疑，人们何必去自寻烦恼呢？

在尼采看来，上帝已死，这是西方人正在经历的命运。但是，由于这个事件的意义之深远与重大，人们还没有意识到它所引发的问题的严重性，也没有看到价值重估的紧迫性。虚无主义已经来临，但人们还没有意识到虚无主义的深渊正在扩展。在生存即将要进入虚无的危险关口，对价值进行重估，给生存设定新的价值基础，这便成为思想的天命。尼采正是在这个历史关口重新把目光投向了古希腊悲剧中的酒神精神，希望能够通过艺术创造，把生存从至善伦理的道德视野中解脱出来，从而让生存整体在命运的感召之下唱起那支久被遗忘的生命之歌。正是出于这种生存之思，尼采在生命形而上学的认识基础上、从艺术创造的角度来理解生存的本义，把"从生存到艺术"的传统思路扭转为"从艺术到生存"的思路，从而对西方传统的价值框架实现了根本的颠倒。

尼采把生存的本质设定为艺术的创造，这是出于对生存之价值进行重估的必然性。但是，在这个现代的世俗社会中，人们怎样才能进入尼采所开拓的这条思想之路呢？看看"超人"查拉图斯特拉的举动或许能给我们一些启发。

前期的尼采非常清楚，查拉图斯特拉有着再大的本事，也不能像天使那样唱着牧歌去代替人类完成这次拯救活动。生存自身的拯救必须依靠它自身，而不可能依赖外在的力量；所以，查拉图斯特拉只能对着沉睡未醒的生存整体发出痛苦与愤怒的呼喊，以期唤起它沉睡已久的生命活力与创造意识。他期待世俗的"人"在这次危机中能够浴火重生，成为超越于现代性价值观念之上的"超人"。这正如他在《查拉图斯特拉如是说》的第三卷中所描述的：一条蟒蛇钻入了一个正在沉睡的牧人之口，情急之下，查拉图斯特拉紧紧拽住蛇尾，要把蟒蛇拉出牧人之口；但蟒蛇已死死咬住牧人的喉咙；此时，牧人面如死灰，情形万分紧急！在此危急之际，查拉图斯特拉只能朝着牧人大声叫喊："咬呀，咬蛇！咬下蛇头！咬呀！"① 显然，此时此刻的查拉图斯特拉只能带着他的同情与愤怒，朝着正处于危机之中的牧人这样大声地建议；真正能解开危机获得自救的，只能靠牧人自己在这千钧一发之际勇敢地咬下蛇头，只有这样，他才能拯救自己。

但是，这牧人最终咬下蛇头并渡过危机了吗？尼采没有明说，他只是让人猜测："那个在某天必然会到来的人到底是谁呢？毒蛇钻进喉咙里的那个牧人到底是谁呢？一切最暴烈、最凶恶的东西必将钻进他的喉咙的人到底是谁呢？"② 面对着即将发生的情况，查拉图斯特拉只能建议牧人"咬蛇，狠狠地咬！他把蛇头吞得老远——然后跃入高处。他不再是牧人，不再是人——而是变形者，他光耀四方，他笑了！人间从未有谁像他这样笑过！"③

① Nietzsche, *The Philosophy of Nietzsche*, trans by. Thomas Common, New York：the Modern Library, 1927, p. 175. 中文译文参见 ［德］尼采《查拉图斯特拉如是说》，黄明嘉译，漓江出版社 2000 年版，第 172—173 页。

② Nietzsche, *The Philosophy of Nietzsche*, trans by. Thomas Common, New York：the Modern Library, 1927, p. 176. 中文译文参见 ［德］尼采《查拉图斯特拉如是说》，黄明嘉译，漓江出版社 2000 年版，第 173 页。

③ 同上书，第 173 页。

意志与悲剧——叔本华与尼采悲剧思想比较研究

第六章

价值重估的悲剧性尝试

　　海德格尔在尼采的讲座中指出，尼采的思想绝不仅仅是叔本华思想的颠倒，他在权力意志基础上形成的价值重估对整个西方思想产生了深远的影响。确实，正是在艺术生存论基础之上，尼采把生存区分为强健者的生存与病弱者的生存两种形式，在此框架中，尼采把古希腊以来的整个西方历史纳入了价值重估的追问之中，由此而形成了影响深远的价值重估学说。在尼采看来，整个西方文明史，包括希腊化时期、1500 年的基督教时期、500 年的现代时期，甚至还有可以预见的未来，都在形而上学的权力意志中一再地否定作为生命自身的权力意志，都在掩盖生存的虚无深渊，也都没有真正地把生存的追问奠基在悲剧精神之上，因此也就使生存远离了它的强健根基，沦为病弱者的生存。由于基督教思想，尤其是教会伦理对西方思想影响深远，尼采对基督教的抨击尤为激烈，他一再认为基督教是生命的"投毒者"；同时，由于现代以来的思想没有能够真正地跳离基督教思想的影响，尼采同样对之持激烈的批判态度。正是在这种认识的驱动之下，尼采断言："我们的宗教、道德和哲学是颓废人类的种种建制。相反的力量是艺术。"[①] 严格地说，在艺术的领域中，唯有古希腊的悲剧艺

---

　　① Nietzsche, *The Will to Power*, Vol. Ⅰ, trans by: Anthony M. Ludovici, London: George Allen & Unwin Ltd., 1909, p. 239. 中文译文参见 ［德］尼采《悲剧的诞生——尼采美学文选》，周国平译，生活·读书·新知三联书店 1986 年版，第 348 页。

术才是强健生命的典型代表，这正是尼采对西方传统价值进行重估的重要出发点。论述尼采的思想而不具体分析他的价值重估在整个西方思想史上的重大作用和意义，这样的论述显然是不充分的。本章就尝试在几个专题的内容中具体考察尼采价值重估的思想，由此思考尼采的生存之思在整个西方思想史上的重要意义。

第一节　希腊悲剧与形而上学

在尼采看来，真正的悲剧精神只有在古希腊的上古时期如雷电般地强烈地闪现过。当历史进入哲学化的阶段之后，悲剧精神便逐渐暗淡，并最终完全陨落，完全退出了人们现实生存的有限视野。但是，两千年以来，人们仍不断地谈论着悲剧，似乎悲剧作为一种艺术形式仍然活生生地存在于我们的生活之中，这显然与尼采的观点相互矛盾，我们应如何理解这个问题呢？具体说来，人们在"文学理论"的视野中所理解的悲剧与尼采所说的悲剧有何差异呢？要理解这个问题，我们必须从亚里士多德及其《诗学》谈起。

在尼采《悲剧的诞生》出现以前，亚里士多德的《诗学》关于悲剧的定义及相关论述对西方后世有着重大的影响。出于他在西方思想史上的重要地位，人们经常把他的诗学观点当做重要的学术权威加以直接引用；人们对他所提出的许多重要概念如"摹仿"、"怜悯与恐惧"、"卡塔西斯"等的注释和演绎更是层出不穷，正如韦勒克在其《近代文学批评史》中所说的："三百年来人们翻来覆去说的是亚里士多德和贺拉斯的看法，辩来辩去还是这些看法，而且把它们编入教材，铭记在心"；① 甚至，针对柏拉图把诗人逐出理想国的观点，亚里士多德明确提出"诗比历史更为真实"的

① ［美］韦勒克：《近代文学批评史》第1卷，杨岂深等译，上海译文出版社1997年版，第7页。

观点，企图在"真实"与"诗"之间建立关联，从而让人们一直肯定地认为，相比于柏拉图来说，亚里士多德的诗学观点更为准确地把握到了诗的本质，在"诗与哲学之争"的历史上第一次为诗的真实本质作出了重要的证明。但是，有必要指出：亚里士多德关于诗的"真实"性问题的论述是立足于特定的存在论基础之上的，如果我们从尼采对悲剧的相关论述来对比亚里士多德的悲剧观点的话，便会发现，正是亚里士多德所设定的存在论基础在很大程度上把诗引向了特定的伦理学空间，从而遮蔽了诗的本质。因此，面对着尼采思想中"伟大艺术的衰落"这个重要论题，我们必须在亚里士多德关于存在的特定认识基础上来考察由《诗学》一书所引出的相关问题。

亚里士多德的《形而上学》全面地体现了他对存在的理解，这种理解对西方思想传统影响深远，因为它在其中提出了许多重要的理论命题，为了方便论述，我们把与本书相关的重要论题简列如下：

首先，亚里士多德首次明确地提出了存在论的"第一原理"论，并且明确地认为这个第一原理的内涵是"至善"，它是超越于因果律与矛盾律之外的最高的目的因。其次，亚里士多德坚信，对至善第一因的探求可以依靠逻辑范畴及其规律清晰地推导出来；他认为，清晰的知识归类和逻辑推理能够正确地通向至高的伦理之"善"；而且，把握了"善"的内涵，我们就能够过上合乎伦理的生活，组织一个合乎伦理法则的社会。因此，在亚里士多德看来，对知识的清晰划分及对逻辑法则的准确把握，是实现伦理之善的根本保证。总的说来，伦理"至善"及其秩序的探求成为亚里士多德研究形而上学思想的根本指向。

正是在上述基础上，亚里士多德提出了他对诗艺的重要看法。在《诗学》的第六章中，亚里士多德对悲剧下了一个明确的定义，认为：

> 悲剧是对一个严肃、完整、有一定长度的行动的摹仿，它的媒介是经过"装饰"的语言，以不同的形式分别被用于剧的不同部分，它的摹仿方式是借助人物的行动，而不是叙述，通过引发怜悯和恐惧使

这些情感得到疏泄。①

对于这个关键定义，人们历来都把注意力集中于"模仿"、"怜悯"、"恐惧"和"疏泄"（即"卡塔西斯"）等几个重要概念的解释之上，我们现在暂时绕开这几个概念，从亚里士多德所说的"行动"一词开始展开我们的分析。

单独地阅读《诗学》，很容易忽略"行动"一词在亚里士多德思想中的伦理学意义，人们可能会仅仅把它理解为一个"事件"。但是，"行动"与"事件"在亚里士多德的思想中有着完全不同的意思，因为历史才记录"事件"，而诗才摹仿"行动"，两者的区别判若二途。其实，《诗学》中所说的"行动"与《尼各马可伦理学》中所说的"实践"其实是同一个词，都是意指基于某种善的目的所进行的、可因人们的努力而改变事物状况的行为。

具体说来，一个人的行动并不等于一个具体的已然事实，行动之为行动就在于它潜在的具有一个目的。能否实现这个目的，关键在于是否选择了正确的动力，因此行动就面临着"选择"和"决断"的问题，正如亚里士多德所说的："我们成为具有某种品质的人，是由于对于善的或恶的东西的选择，而不是关于何者善何者恶的意见。"② 因此，"行动"绝对不是一个已经发生过的简单的历史事件，它更注重事件的过程性质和它的目的性价值，因此，《诗学》中所说的"行动"在亚里士多德的思路中明显有着目的论的伦理学意义，它意指为实现某种目的而敞开的、具有选择性的行为过程。悲剧要模仿的恰恰就是这种具有动态性及鲜明的伦理意义的"行动"，而不是柏拉图式的静止的"理念"。

有了上述伦理学基础，我们才能明白为什么亚里士多德认为"情节"比"性格"更为重要，才能对艺术与历史的真实性问题和"疏泄"（即

① ［古希腊］亚里士多德：《诗学》，陈中梅译，商务印书馆 1996 年版，第 63 页。
② ［古希腊］亚里士多德：《尼各马可伦理学》，廖申白译，商务印书馆 2003 年版，第 67 页。

意志与悲剧——叔本华与尼采悲剧思想比较研究

"卡塔西斯")这个概念有较好的理解。亚里士多德指出："每种技艺与研究,同样地,人的每种实践与选择,都以某种善为目的。"① "目的"亦即是我们所理解的"应该"。所以,诗艺中所描写的事情都要符合这个"应该"的要求,即符合该行动所指向的最高之"善"这个目的。正是这个"至善"目的保证了诗艺对行动之叙述与组织的合法性,甚至,即使符合"应该"这个要求的事情实际上并没有发生过,它也是符合诗艺的模仿要求的,因为"行动"的"应然"本质特征决定了剧中实际并未发生的事情是"可然的",诗对这种行动的叙述也就是合法的,也是具有"真实性"的。因此,亚里士多德认为,并不是所发生的一切事实都可以写入悲剧诗的,因为有些事情明显缺乏"目的因"所要求的整一性。对此,他明确指出:

> 刻画性格,就像组合事件一样,必然始终求其符合必然或可然的原则。这样,才能使某一类人按必然或可然的原则说某一类话或做某一类事,才能使事件的承继符合必然或可然的原则……不可能发生但却可信的事,比可能发生但却不可信的事更为可取。②

同样,关于悲剧的"疏泄"问题,同样可以在上述伦理学的基础上作出解释。亚里士多德在《诗学》中一再强调,悲剧所模仿的人是"比今天好的人",并且"它应该表现人物从顺达之境转入败逆之境,而不是相反,即从败逆之境转入顺达之境",③ 在这里,"好人"作为一个伦理判断标准,同样有着具体的伦理学内涵。在他的伦理学著作中,他认为:"不以高尚〔高贵〕的行为为快乐的人也就不是好人";但是,所谓的"高尚的行为"具体又是指什么样的行为呢?亚里士多德的限定是极为明确的,他说:"人的活动是灵魂的一种合乎逻各斯的实现活动与实践,且一个好人的活

---

① 〔古希腊〕亚里士多德:《尼各马可伦理学》,廖申白译,商务印书馆 2003 年版,第 3 页。
② 〔古希腊〕亚里士多德:《诗学》,陈中梅译,商务印书馆 1996 年版,第 112、170 页。
③ 同上书,第 97—98 页。

动就是良好地、高尚〔高贵〕地完善这种活动；如果一种活动在以合乎它特有的德行的方式完成时就是完成得良好的；那么，人的善就是灵魂的合德行的实现活动。"① 显然，在亚里士多德看来，是否合乎"逻各斯"是判断灵魂之高尚与否的唯一标准。据此，亚里士多德认为，悲剧中的人物都应该是一些在德行与品质上比我们高的人，他们在面临着由"顺境转入逆境"的考验中，并不放弃他们作为一个品德高尚的人所坚持的伦理标准，他们坚持良好地、高贵地实行一种合乎逻各斯的行为实践，正是在这种情境中，一个好人才真正地在"行动"中实现了他的"目的性"。观众在悲剧的阅读或观看中直接感受到这种伦理价值的实现，看到了这种符合一个好人标准的最高之善的体现，观众通过审美活动中的这种"中庸"意识的陶冶，最终达到了"卡塔西斯"的情感效果。简而言之，人们在悲剧中看到的是一种具有普遍性的伦理价值之真正实现，从而在心灵中产生实现这种伦理价值的最高之善的渴望，这就是亚里士多德所说的"卡塔西斯"的基本内涵。

从上述分析中，我们可以归纳出如下几个重要方面：

首先，正如有学者所指出的："亚里士多德描绘的'高尚者'是给'中庸'这条伦理学原则的旁注。"② 在亚里士多德的思想中，"至善"的伦理原则成为悲剧艺术效果的唯一判断标准，神性的因素已经从《诗学》中淡出，悲剧的关注重心仅仅局限于人自身的伦理目的之实现。虽然亚里士多德的伦理观念与基督教的伦理观念仍然有着重要的区别，但是，以伦理的原则来解释悲剧作品的内在精神，这在西方思想史上有着深远的影响，这种认识一直贯穿于中世纪的艺术创作，直到17世纪法国高乃依的新古典主义剧作和18世纪德国浪漫主义诗人席勒的论文中仍然可以清晰地听到它的回响，在20世纪诺思罗普·弗莱的《批评的解剖》一书中仍然可以找到这种影响的明显标记。

其次，冷静的知识分析取代了对悲剧独特的生命感受和体悟，悲剧作

① ［古希腊］亚里士多德：《尼各马可伦理学》，廖申白译，商务印书馆2003年版，第20页。
② ［美］吉尔伯特·库恩：《美学史》上卷，夏乾丰译，上海译文出版社1989年版，第123页。

为一种独特的艺术类型在此正式成为一门学问而被建立了起来。亚里士多德关于悲剧情节因素的分析，比如"突转"和"发现"，以及对戏剧语言效果的推敲，对 20 世纪的形式主义者仍然有着重要的启发作用。俄国形式主义者鲍里斯·埃亨巴乌姆正是在现代形式主义的理论基础上认为，亚里士多德的《诗学》所要探讨的并不是"什么是悲剧性"这个问题，而是"悲剧性是如何产生的"这个问题。① 他明确地认为，亚里士多德是最早的形式主义者。

在此，我们可以追问：亚里士多德的《诗学》对于悲剧的研究给我们提供了什么东西呢？这一点我们可以通过尼采和亚里士多德两人对欧里庇德斯不同的态度清楚地看出来。在尼采看来，欧里庇德斯是西方悲剧艺术的埋葬者，因为悲剧艺术在欧里庇德斯之后已经失去了酒神音乐的形而上色彩，成为希腊城邦社会日常生活与个人精神的模仿和写照。简而言之，伟大的节日艺术在欧里庇德斯之后成为了一种"歌剧文化"，在这种"歌剧文化"中，召唤并直通生命形而上学的音乐因素已经沦为说明故事情节和舞台画面的辅助手段。可是，在真正的悲剧艺术中，情节和画面不过是音乐精神所召唤出来的舞台形象而已。简言之，在尼采的悲剧思想中，由音乐与合唱直接带来的整体生命之痛苦感受永远是悲剧的核心，情节与画面形象则不过是二等的舞台效果。在这种认识前提下，尼采直言，欧里庇德斯是古代希腊悲剧的葬送者。但是，在亚里士多德看来，欧里庇德斯无疑是一个悲剧天才，因为在他的悲剧作品中，情节的发展有着有机的关联，故事线索的组织构思精良，人物的身份处理得当，"唱、念、做、打"无不"举止中规"，正是"此类作品最能产生悲剧的效果"，所以，亚里士多德明言："欧里庇德斯是最富悲剧意识的诗人。"② 显然，从他们对欧里庇德斯完全相反的态度中，我们已经可以看到尼采与亚里士多德对悲剧认识的根本差别了。

———————————

① 〔苏联〕鲍里斯·埃亨巴乌姆：《论悲剧与悲剧性》，方珊等译《俄国形式主义文论选》，生活·读书·新知三联书店 1989 年版。

② 〔古希腊〕亚里士多德：《诗学》，陈中梅译注，商务印书馆 1996 年版，第 98 页。

结合前一节柏拉图对《蛙》剧的认识，我们可以看到：就悲剧与本真生存的关系来说，尼采与亚里士多德之间的差别比尼采与柏拉图之间的差别可能还要明显。当亚里士多德对悲剧进行知识性研究的同时，悲剧与生存之间的本质关联已经远离了我们。正如神性的因素已经从《诗学》中淡出一样，悲剧与生存之间的关联在此已经断裂，悲剧作为一种特定的艺术形态（不再作为与生命整体相结合的形而上狂欢）在此明确地被固定了下来。我们并不怀疑亚里士多德对悲剧的知识分析对于人们理解悲剧这种艺术形式有着重要的作用，但是，正如面对一份佳肴的菜谱不等于享受这份佳肴一样，我们在这种清晰的、理论性的悲剧知识面前，远远没有能够体会到悲剧与我们的生存之间有任何关联。正如亨利希·海涅对于亚里士多德的哲学所说的，在亚里士多德那里一切都是清楚的、鲜明的和确实的，他始终是一切经验论者的楷模，他解剖了许多哺乳动物，剥制了许多飞禽并进行了极其重要的观察，但他却忽略了研究那个就在他眼前、由他亲自培养起来的、最伟大的野兽——亚历山大大帝。[1] 海涅的评价是再有说服力不过了。同时，对于从抽象的知识分析来研究存在的思考方式，尼采也明确表明了他的不屑，在《人性的，太人性的》一书中他就明确说道："可以肯定地说，关于这个世界的知识是一切知识中最无关紧要的一种：甚至比处于暴风雨危险中的水手眼里的关于水的化学分析的知识还要无关紧要。"[2]

在尼采看来，对悲剧的思考一直被至善伦理的预设所误导，所以，尼采坦言要"重建'悲剧'的概念"，[3] 并且坦言自己"没有继承亚里士多德关于悲剧激情的旧观点，因为亚里士多德的观点是对悲剧的误解"。[4] 之所以说是误解，是因为在亚里士多德看来，悲剧的目的是通过情感的"疏

---

① ［德］亨利希·海涅：《论德宗教和哲学的历史》，张玉书选编《海涅文集》批评卷，人民文学出版社 2002 年版，第 255—256 页。

② ［德］尼采：《人性的，太人性的》，杨恒达译，中国人民大学出版社 2005 年版，第 20—21 页。

③ ［德］尼采：《权力意志》，贺骥译，漓江出版社 2000 年版，第 271 页。

④ 同上书，第 263 页。

泄"，让"过或不及"的不良情感得以释放，从而保持伦理上的"中庸"标则。但在尼采看来，亚里士多德的观点是经不起推敲的。早在《人性的，太人性的》一书中，尼采就陈述了他的怀疑：

> 怜悯和恐惧真的像亚里士多德想要的那样为悲剧所宣泄，从而使观众更冷静、更心平气和地回家去吗？鬼故事会使人更少害怕、更少迷信吗？在一些同肉体有关的事情如爱的享用等方面，这是真的：随着一种需要的满足，冲动上的一种缓解和暂时的消解开始出现。但是恐惧和怜悯并不是在这个意义上要求变得轻松的某些器官的需求。在长时间中，甚至任何冲动都会通过演习而在其满足中得到强化，尽管有那种周期性的缓解。也可能在一些个别情况下怜悯的恐惧由于悲剧而得到缓解和宣泄：尽管如此，它们作为整体仍然会由于一般的悲剧效果而增大。柏拉图的以下看法是有道理的，他认为，人们由于悲剧而从总体上变得更加害怕、更加情感脆弱。悲剧诗人自己这时候都必然会拥有一种忧郁而充满恐惧的世界观和一个柔弱、敏感、好流泪的灵魂，如果悲剧诗人以及特别为他们感到高兴的整个城邦蜕化到越来越没有节制、越来越放纵不羁的地步，那么这同样也符合柏拉图的看法。①

显然，亚里士多德相信戏剧的"卡塔西斯"作用能够去除不良的情感积习，让人的情感保持中庸的状态，不断的戏剧审美也就能够让人不断地在中庸的情感上得到陶冶，人也就在审美的过程中最终成为一个合乎伦理标准的城邦公民。由于各人在城邦中所起的作用是不同的，戏剧审美能让人们更加适合于稳定的伦理秩序对人的职能要求，以便让各人在自己的位置中更好地发挥自己的作用，最终实现整体城邦的"至善"。审美活动就这样在至善伦理的观念秩序中谋得了它"合法"的地位。最早的"为诗一

---

① ［德］尼采：《人性的，太人性的》，杨恒达译，中国人民大学出版社 2005 年版，第 142 页。

辩"其实就是这样以"诗"对伦理秩序的臣服为前提的。但尼采意识到，情感的"疏泄"让痛苦达到暂时的舒畅状态之后，生命力却在一次次地失去它面对生存之痛苦的考验机会，从而在逐渐地失去了生命力对痛苦应有的权力支配意识。简而言之，审美的情感"疏泄"在表面的舒畅愉快中逐渐淡漠与回避了生存本身的痛苦。一旦生命力在逐渐地失去面对危机与挑战所具有的能量与活力之时，生命力也就逐渐走向枯萎与衰落；而当审美活动要以合乎伦理的要求来证明它的合法性的时候，生命就已经进入了与酒神沉醉完全相反的、没有活力的麻醉状态了。

显然，亚里士多德的《伦理学》和《形而上学》凭借"至善"为最高目的因，给万物设置了伦理学的存在基础，从理性伦理的至善视野来考察存在的思维模式从此形成。本真的生存从此不再是出于生命形而上学基础的万物狂欢，而是显现为合乎逻各斯的思维活动，这在他的《形而上学》中有着明确的描述：

> 我们必须说明宇宙间应该有一个永恒不动变本体。……宇宙自然与诸天就依存于这样一个原理。……故默想〈神思〉为唯一胜业，其为乐与为善，达到了最高境界。……生命本为理性之实现，而为此实现者唯神；神之自性实现即亦至善而永恒之生命。因此，我们说神是一个至善而永生的实是。[①]

显然，在这一段文字中，亚里士多德把"沉思"、"理性"、"最高存在"和"神"等因素共同纳入了至善目的及其伦理秩序之中，本真的生存在此体现为"理性之实现"，生命整体在此显然就被纳入了单维的伦理视野之中了。

在单维的理性伦理视野中来思考存在，然后再以这种单维的理性伦理视野作为存在论的基础来思考艺术问题，这是亚里士多德《诗学》的基本

---

① ［古希腊］亚里士多德：《形而上学》，吴寿彭译，商务印书馆1959年版，第248、252—253页。

出发点。在此中，整体生存的痛苦沉响从此就从艺术的至善目的中消失了，至善的乐观之歌取代了对痛苦的无言感受，清晰的理性之光清洗了生存本身的狂醉，个人被稳定地固定在宏大的理性伦理秩序中，艺术从此就在这种独特的存在论基础上展开它对至善目的的"无罪辩白"。相比于尼采的悲剧思想来说，伟大艺术在此无疑是一往无前地走向了它没落的道路。在《悲剧的诞生》中，尼采坦言：

> 自从亚里士多德以来，这样一种悲剧效果的解释还没有出现过，即通过这种解释，听众的审美活动可以从艺术的环境中推断出来。在某些时候，据说同情和恐惧应该通过严肃的行为发泄出来，达到放松心情；在另一些时候，据说在善良和高贵的原则取得胜利、英雄为宇宙的道德观念之利益献身时，我们应该感到振奋和鼓舞。无论我多么确信，对许多人来说，这就是悲剧效果，而且只有这才是悲剧效果；但它也仅仅是明白地说明了这一点：所有这些人，连同他们的美学家的解释，对于作为最高艺术的悲剧毫无所知。[①]

人们会问：相比于亚里士多德从至善观念中展开的悲剧探讨，尼采的悲剧精神通向何处？尼采的"权力意志"不是一种弱肉强食的强人逻辑吗？尼采的诗学精神不正是这种强人逻辑的形象体现吗？事实上，这样来理解尼采的悲剧理论显然是偏颇的。尼采哲学运思的目的之一，正是要从一个超善恶的视角来重新认识世界万物，从而给那些被理性伦理裁定为"化外之民"的存在者开辟一个能够开口欢唱的世界。传统的理性伦理观念实际上给这个宇宙设定了以"人"为中心的认知视野，把理性设定为它的最终判断标准；但是，从唯意志论的哲学观点来看，任何此类伦理目的都不过是一套人为的观念秩序，这套观念秩序以某种人为的框架设定了万

---

① Nietzsche, *The Philosophy of Nietzsche*, trans by: Clifton P. Fadiman, New York: the Modern Library, 1927, p. 1074. 中文译文参见〔德〕尼采《悲剧的诞生》，赵登荣译，漓江出版社2000年版，第130页。

物的等级秩序，万物就只有以"人"为中心才能取得它的自身合法性基础。在尼采看来，特有的理性标准一旦确立起来之后，万物共有的生命意识从此就淡出了这个世界；万物通过悲剧音乐的传唱、共同在酒神的狂欢中激扬生命力的世界从此消失，悲剧已经成为理性存在物的至善追求之诗性言述。正是在这种认识基础上，尼采力求从音乐这个独特的艺术类型中寻找悲剧艺术的根源，试图在清晰的理性用语之外重新找回伴随在悲剧音乐中的、万物共有的生命意识和创造意志。也正是在这个认识基础上，尼采以他的独有勇气奏响了酒神狄奥尼索斯的艺术形而上之颂歌。

"悲剧在其本质上是反审美的，悲剧只存在于痛苦之中。"[①] 正是对生存之痛苦的咀嚼，悲剧成为查拉图斯特拉的精神家园，艺术创造成为归家的引导，在此"归家"之途，一切存在都在开口欢唱，一切存在都想变成语言；[②] 但是，在一个由理性伦理秩序所支配的宇宙中，悲剧变成了理性存在物的独唱，成为至善伦理观念的形象模仿。何时，这支寂寞的独唱才能够打破它的乐观幻象，走出它"清醒"的梦境，与万物共唱一支来自生存整体的生命之歌呢？

第二节　权力意志与基督教道德

反对基督教道德伦理对生存整体的话语垄断，这是唯意志论思想的根本着眼点所在。无论是叔本华还是尼采，反对基督教道德法则一直是他们思想的一个重要内容。追求天国至善的基督教道德伦理坚信"德行"和"良心"的自在性，坚信这种"德行"和"良知"是一切道德体系的稳定

①　余虹：《中国文论与西方诗学》，生活·读书·新知三联书店 1999 年版，第 255 页。
②　Nietzsche, *The Philosophy of Nietzsche*, trans by: Thomas Common, New York: the Modern Library, 1927, pp. 203—206. 中文译文参见 ［德］尼采《查拉图斯特拉如是说》，黄明嘉译，漓江出版社 2000 年版，第 200—202 页。

基础。但是，对于叔本华而言，坚信道德体系的自在性，这不过是认识的"摩耶之幕"导致的盲视之一。在《伦理学的两个基本问题》中，叔本华问道："我们不可以这样论断么，一切道德体系不过是人为的产物，是为了更好地约束自私与恶劣的人类而发明的手段；而进一步说，因为道德体系没有内在证据，又没有天然的基础，如果没有积极的宗教支持，它们就不会达到它们的目的么？"① 显然，正是追问基督教道德的非天然自在性，让叔本华把道德的合法性问题逼问到了基督教的教会伦理体系的面前，认为教会的道德体系（包括一切立足于先验认识之上的道德体系）都包含着这一阴险的目的，"即废除人身自由与个性发展，以及使人仅仅成为一个像在庞大中国政府的和宗教的机器中的轮子。而这就是过去导致宗教裁判所，导致对异教徒的火刑和宗教战争之路"。②

但是，正如我们在前面所指出的，叔本华的逼问最终却导向了同情的伦理设想，最终回到了基督教"爱你的邻人"这个原初的教义中来，这个结果让尼采深深地意识到道德伦理作为一种个体化原理，它让人在生存的思考方面非常之难以摆脱它的影响。在《善恶的彼岸》中，尼采问道："叔本华……一个悲观主义者，一个对上帝和世界加以否认的人，在道德面前停住了——他肯定了道德，并且对 laede - neminem（你不要伤害人）道德在吹笛，怎么回事？"③ 显然，叔本华仍然没有能够跳出善恶的伦理判断来体验生存，他所一再反对的道德律令再一次在他的心中唱起了同情之歌。这个事实让尼采断言：叔本华在宗教对知识的价值问题上陷入谬误，他自己在这个问题仍然是一个对形而上学传统太过于驯服的学生，④ 因此，尼采一再指出，叔本华的同情伦理是基督教伦理之后的最大制伪行为。也正是基于这种认识，尼采对基督教道德的思考和批判获得了一个更高的

---

① ［德］叔本华：《伦理学的两个基本问题》，任立等译，商务印书馆1996年版，第211页。

② 同上书，第244页。

③ Nietzsche, *The Philosophy of Nietzsche*, trans by: Helen Zimmern, New York: the Modern Library, 1927, p. 475. 中文译文参见 ［德］尼采《善恶之彼岸》，宋祖良等译，漓江出版社2000年版，第235页。

④ ［德］尼采：《人性的，太人性的》，杨恒达译，中国人民大学出版社2005年版，第88页。

视点。

尼采对基督教道德的批判大致可以分为两个方面：第一个方面是以痛苦的不可根除性来强调道德在去除生存之痛苦方面的虚妄性，在此方面中，对生存的"真"、"假"追问仍然是尼采运思的基本着眼点，相关的论述具体地体现在《曙光》和《快乐的科学》等著作中；第二个方面则以权力意志为基础来强调基督教道德对生命的弱化与麻醉，在此方面中，对生存的"强"、"弱"判断则是尼采的运思核心，相关的论述则明显地体现在《论道德的谱系》、《善恶之彼岸》、《偶像的黄昏》和《敌基督》等著作中。这两个方面的批判，其深层思想根源都可以追溯到尼采所说的希腊悲剧精神上来。因此，以对基督教道德的批判为背景来理解尼采所说的"上帝死了！"这句话，我们便会发现在这个简短的表达式中蕴涵着复杂的思想内涵，它既表达了尼采对生存之既存现实的深刻洞察，也表达了尼采对生存之更高价值的深远期望。正是对生存之既存现实的深刻洞察，尼采把我们引向了希腊悲剧对痛苦的升华；正是对更高生存价值的期望，尼采把我们引入了对基督教道德的谱系分析中来，由此去体验生存之强者的非理性世界。

我们先来观察第一方面的具体情况。究竟基督教道德是天经地义的自在存在还是人们生存至今的最大虚构？显然，基督教会对这种道德的自在性毫不置疑，即使是对生存的虚无本质和悲剧属性有着深刻认识的思想家帕斯卡尔也坚决地强调基督教上帝对生存之救赎的绝对必然性，认为重塑对上帝的虔诚信仰便可能使人们从虚无的生存境遇中获得救赎的可能。但是，尼采完全采取了完全不同的立场，坚定地认为基督教道德是一场完全忘记了其利己本能之起源的生存虚构，并在其相关论述中一再对帕斯卡尔的洞察表示钦佩，同时对他沉湎于基督教教义表示惋惜。

正如帕斯卡尔所说的："灵魂究竟有朽还是不朽这样一件事，必定会使得道德面貌完全不同。"[①] 基督教道德坚定地相信灵魂不朽，正是对灵魂

① ［法］帕斯卡尔：《思想录》，何兆武译，商务印书馆 1985 年版，第 104 页。

不朽的描画，为生存进入宗教所许诺的至善世界提供了基础。这正如有学者所指出的："（不死的）'精神'——voύς 使'人'得到了'解放'，使那在古代神话软弱无力的'灵魂'——ψυχή 变得坚强、神圣起来，苏格拉底就是靠着这个信念，面对着肉体的死亡，却以为可以在死后让自己的'灵魂'与古圣贤交往。"① 显然，面对着基督教道德的这种基本预设，只要能够证明痛苦的不可还原性，能够证明肉体与灵魂之二元区分的荒谬性，宗教所提供的幸福许诺就失去了效用，基督教道德对生存之痛苦的解释也就失去了它的神圣光环，从而呈现出它的虚构性。唯意志论思想正是通过对理性目的的悬置，通过把沉湎于超验理性之追问的哲学运思扭转到意志本体上来，重新对生存的整体解释设置了唯意志论的本体基础。在唯意志论对生存基础的重新设定中，肉体与灵魂的二元区分便完全失去了意义，遑论灵魂不死这个更为间接的命题！因为生存的基本事实是意志这个命题得到确定之后，一切先验理性的设定都作为个体化原理而体现出它的人为虚构性。

　　宗教是一种虚构，但它是出于什么目的而产生的虚构？早在《人性的，太人性的》一书中，尼采便指出，任何一种宗教的诞生都是出于恐惧和需要。② 究竟是出于何种恐惧和需要呢？显然是出于去除痛苦和解脱死亡的恐惧之需要。人的生存过程本身就是一个充满痛苦的过程，这种认识在古希腊的悲剧作品中多有体现。但是，正是在悲剧的艺术活动中，古希腊人经历了他们丰富的痛苦，从而使生存本身呈现为充满活力的壮丽的画面；悲剧艺术所召唤出来的精神世界也解答了人们对生死之意义关联的追问。当这种诗性的生存言述在古希腊晚期转变为合乎逻各斯的散文言述时，从"Mythos"到"Logos"的变化过程中，形而上学的思想框架把一种形式性和概念性的思维纳入了变幻不已的生存世界，从而制造出一个具有普遍性的、纯粹性的绝对真理，并从这绝对真理的观念中衍生出"实体"、"灵魂不死"等核心概念，同时把它们设置为生存整体的根本目的，

---

① 叶秀山：《叶秀山文集》哲学卷·下，重庆出版社 2000 年版，第 709 页。
② ［德］尼采：《人性的，太人性的》，杨恒达译，中国人民大学出版社 2005 年版，第 88 页。

通过严格的逻辑关系把现实生存与这个绝对真理之间建立了稳固的"必然性"关系。依靠这种具有"必然性"的形而上学之完美世界，以及它对痛苦的现实所作出的"偿还"和"救赎"之解说，人从此走出了命运的不可捉摸性，他们相信在这种具有可证实性的"知识"和"科学"中能够最终把握形而上学的必然。掌握了这种必然，他就可以以不变应万变地解释具体的生存现实。正是至善目的对生存所具有的极强解释力以及它对痛苦之化解的许诺，让宗教道德的意识在古希腊晚期的生存环境中扎下了根基，基督教也正是在与这一套形而上学思想的磨合中，建立了一整套伦理化的意义系统，它系统地对生存的痛苦作出了说明。当它最终获得大多数民众的认可之后，便成为生存的合法性基础，成为人们解释这个生存世界的最高价值系统。

值得追问的是：基督教道德的这一套至善信仰对生存本身有着什么样的功能和作用呢？神学家相信，在生存的痛苦中，必须存在一个上帝，人们才有幸福的可能，必须信仰上帝，人们才有获得幸福的依靠；在这个痛苦的生存世界中，一切痛苦都表明了我们自身的罪过与沦落，与生俱来的欲念拖累了我们对上帝的认识和向往，而纯洁至善的上帝恰恰是我们自身不可挽赎之罪孽的最终审判者。正如帕斯卡尔所说的：

> 为了使人幸福，它就必须向人们揭示：上帝是存在的；我们有爱上帝的义务；我们真正的福祉就存在于上帝之中，而我们惟一的罪过就是脱离上帝；它应该承认我们是被黑暗所充满着的，黑暗妨碍了我们去认识上帝和热爱上帝；这样我们的义务就迫使我们要爱上帝，而我们的欲念却使我们背弃上帝，我们被不正义所充满着。①

显然，在形而上学的思维构架中，绝对的上帝判定了这个基本事实：你们的世俗生存永远是从至善状态中的不幸沦落，你们的生存已经迷失在

---

① ［法］帕斯卡尔：《思想录》，何兆武译，商务印书馆 1985 年版，第 187 页。

堕落的歧途中。因此，基督教道德为人们提供的便是去除生存之痛苦的神圣许诺，正是这种神圣许诺为现实的痛苦生存注入了意义并形成了其稳定的价值目标。

但是，当基督教一再强调非道德的生存是生存的堕落与歧途之时，尼采反其道而行之，认为正是基督教通过真理意志（权力意志的体现之一）的虚构从而使生存进入了道德的歧途。从唯意志论思想的角度来看，意志和欲望既然是生存的根本事实，由欲望所引发的痛苦便是不可根除的。一旦确立了痛苦的不可根除性，基督教道德所提供的神圣许诺便不是平息了痛苦，而不过是麻醉了痛苦，从而造成了基于痛苦之上的强健生命力之堕落。对于基督教在生存世界中的这种麻醉作用，早在《人性的，太人性的》一书中，尼采便有明确的论述：

> 在奥林匹斯众神引退的地方，希腊人的生活也更加暗淡、更加充满恐惧。——在另一方面，基督教完全压扁了人类，粉碎了人类，使人类深深地陷入烂泥里：然后它突然让一道神的怜悯的光芒照入到完全的堕落感中，以至于人类被这种仁慈的行为惊得目瞪口呆，发出狂喜的尖叫，顷刻之间以为自己心怀了整个天堂。靠着这种病态的感情放纵，靠着这种放纵所必然伴随的心脑的严重腐败，基督教在心理上的一切创造发明发挥了作用：它要消灭人，粉碎人，使人麻醉，使人陶醉。①

显然，"麻醉人"、"消灭人"和"粉碎人"是尼采对基督教道德这种生存之虚构功能的判定。简言之，尼采认定，基督教道德所实现的远远不是神圣的救赎，而恰恰是生命力的降级和麻醉。

问题追问到这一步，我们便进入了尼采对基督教道德的第二层分析之中。正是通过对形而上学的真理意志之虚构本能的洞察，让尼采意识到，

---

① ［德］尼采：《人性的，太人性的》，杨恒达译，中国人民大学出版社 2005 年版，第 95 页。

基督教道德不仅是一种虚构，而且还是一种强制，在这种强制中，隐藏着价值秩序的根本颠倒和对生命意志的根本污蔑。尼采是如何得出这种惊世骇俗的认识的呢？使基督教的道德观成为问题！简言之，尼采是通过对基督教道德进行谱系分析而达到的。

结合西方思想史上的基本事实来看，尼采发现一个重要的现实，这就是：人们对生存之虚无根源的每一次痛苦认识，都没有使人真正地走出基督教道德的影响，相反，每一次这样的经历之后，人们都重新返回甚至巩固了基督教道德的绝对真理性。在这个问题上，帕斯卡尔和叔本华是最为经典的例子。原因何在呢？尼采认为，根本原因就在于人们一直没有对现行的善—恶价值体系进行谱系学的深层分析，从而在具体的论述中一再重溯了基督教道德对生存之设定的合法性源头。

在尼采看来，对"自在"的至善目的的迷信是造成这种思维困局的首要原因。事实上，我们对事物进行善—恶的价值判断，这种价值标准并不是自然而然的，而是有着其内在的根源性的。纵观西方思想史上的基本事实，我们并不难梳理其内在的形成脉络：自从苏格拉底开始了西方思想的第一次唯心论转向之后，亚里士多德就通过他的《形而上学》给生存整体铺设了至善的终极目的，并许下了借助理性精神最终达到至善目的重大承诺。在《尼各马可伦理学》一书中，亚里士多德开宗明义："一切技术和研究，正如一切行为或选择，看来都是趋于某种善的，所以，善被合理地认为是万物所追求的目的。"[①] 亚里士多德对"善"的认识在其《形而上学》中被上升为终极的第一因，明确称之为"至善"，并且把它奉为"不动的第一推动者"和"第一原理"[②]。显然，在逻辑推论的支持下，"至善"、"原动者"与"第一原理"等词便成了同义词，从伦理学的关系来解释存在的本质从此成为西方思想的基本思路。为宇宙设立了第一原理并把它与至善

① ［古希腊］亚里士多德：《尼各马可伦理学》，转引自苗力田主编《古希腊哲学》，中国人民大学出版社 1989 年版，第 558 页。

② ［古希腊］亚里士多德：《形而上学》，吴寿彭译，商务印书馆 1959 年版，第 252 页。

理念结合起来之后，亚里士多德引用了一则古语——"岂善政而出于多门，宁一王以为治"①——来总结他的认识。在此，至善作为"唯我至尊"的价值判断标准第一次得到明确的表述。

奥古斯丁继亚里士多德之后追问这个问题：至善既然是宇宙的本体，世界就应该是一个充满和谐与慈爱的世界。但是现实的世界却完全相反，它明显是一个充满"恶因"的世界。如何解决这个问题呢？我们如何能够消除恶因，向终极的至善境界回归呢？新柏拉图主义的流溢说帮助奥古斯丁解决了这个问题："恶"即是至善在向下的不断流溢中远离了至善本体而产生的。简言之，恶是对善的偏离。显然，奥古斯丁承传了亚里士多德至善的第一原理论，结合新柏拉图主义的"流溢说"，在神学的基础上把至善的第一原理铸造为一套宏大的神学思想体系。

基督教思想一旦解决了恶的本质与起源问题之后，现实的悲剧人生就在向终极之善的回归中得到了拯救。于是，人生的痛苦无不在向至善的最终回归之祈祷中上演为一出神圣的喜剧。因为所有的恶都不过是至善在欲海中的沉沦，当我们把囿于个体事物的爱转变为至善之爱时，生存便获得拯救。显然，以上帝的名义对生存进行善—恶的价值判断并设定其灵魂的拯救方案，这是基督教伦理的基本原则。这套思维原则在西方思想史中经过中世纪一千多年的运作，它已经完全支配了人们对生存的基本认识，成为人们理解生存之价值的固定思想框架。

尼采显然不能认同这套价值秩序，更反对以这套价值秩序为基础所作的任何形而上学追求，因为他根本上不同意至善目的的自在性。在《人性的，太人性的》一书中，尼采坦言：

> 以前的哲学根本不了解社会学问题，总是在不充分的借口之下避免研究道德的起源和历史。其结果——在以许多实例证实之后，已经可以非常清楚地看到，最伟大的哲学家所犯的错误在于：他们通常是

---

① ［古希腊］亚里士多德：《形而上学》，吴寿彭译，商务印书馆1959年版，第263页。

在对人类某些行为和感觉的错误解释中找到其出发点的；在一种错误分析的基础上，例如对所谓不利己的行为的分析，形成了一种错误的伦理学，然后为了使这种伦理学站得住脚，又反过来求助于宗教和神学的无中生有，最终这些糟糕的幽灵的影子甚至钻进了物理学和整个世界观。①

简言之，在尼采看来，善—恶判断的价值秩序所立足的"利他主义"观念其实是一个未加追问其历史和清洗其内涵的概念。问题是：形而上学所说的"利他主义"是可能的吗？绝对没有利害关系的"上帝之爱"是可能的吗？在权力意志的思想基础上，尼采断定了所有"毫不利己"的动机的不可能性，认为它不仅纯粹是一场虚构，而且还是出于强制目的的虚构。对此，尼采直言："强制先于道德，甚至有一段时间道德本身就是强制，人们为了避免不快，便服从了它，然后它就像所有长期以来习惯成自然的东西一样，同快乐相联系——并被称为德行。"② 简言之，在善—恶判断是如何可能的这一追问中，尼采发现了隐藏在基督教道德中一套权力支配关系，这就是以发自基督教道德的善—恶判断强制性地改变了发自生命形而上学的好—坏判断。对此，我们不妨略作解说。

权力意志的基本预设就是，生命为自我保存和自我提升而渴望支配外在的一切事物。在人们的现实生存中，权力意志的体现方式之一就是战争、征服和统治。就此而言，基督教并不能比别的生存关系离这种权力意志更远一些。在尼采看来，建立在基督教道德中的权力支配关系清晰可寻：在古罗马帝国的伟大征服中，由强大的武力征战所建立起来的统治关系，阻断了一部分没有抵抗力的弱小者向外发泄其支配意识和权力欲望的通道。这种受阻的权力支配欲望并没有消失，而是改变了方向，转而向内发展，在肉体的生理痛苦的基础上促成了另一种生理痛苦（注意：尼采强调，所有的痛苦永远都是生理痛苦！）。正是在这种扭曲的生理痛苦中，产

---

① ［德］尼采：《人性的，太人性的》，杨恒达译，中国人民大学出版社 2005 年版，第 46 页。
② 同上书，第 76 页。

生了解释这种生存痛苦的伦理叙事——基督教道德,并把自己的内心确立为这种扭曲的权力意志的征服对象。

在此,问题的关键在于:权力意志在向内发展之后,其权力支配意识便被有意无意地遮盖了起来,从而让人们忽视了它的强制性本质。基督教道德把这种向内发展的权力意志描述为超利害的良心意识,把符合这种"良心意识"的行为实践评价为"善",把不符合这种"良心意识"的行为实践评价为"恶",并且强调产生一切痛苦与悲惨遭遇的根本原因都不是外物所致,而是因为"自己"迷失了至善目的而导致的结果。因此,基督教道德认定,真正的生存就是要尽可能地"扬善抑恶"。向内,我们要尽力克制自己的欲望,因为那是邪恶行为实践的动因;向外,我们要在"毫不利己"的共同之爱中团结起来,共同对付给人们的生存带来痛苦的事物。一旦基督的"使徒们"把这一套价值观念在广大民众中推广开来之后,坚信正是因为自己的过失而造成了生存之痛苦的内疚感便在现实中蔓延开来;当这种关于生命的内疚意识一旦淡化了自身的权力支配色彩并最终成为合法的价值系统之后,所有给生存带来痛苦的事物与人物便被送上了"罪恶"的价值审判台,成为生存之痛苦现实的"罪恶被告"。这样,制造痛苦也就成为人们"千夫所指"的莫大罪恶了,躲避痛苦也就成为人们"民心所向"的共同价值观了。

顺着尼采的思路来看基督教道德的本质,便可以看到,基督教道德的产生,完全是出于生命之自我保存的需要而虚构出来的价值秩序。但是,这套价值秩序所要保存的并不是具有旺盛的生命力的强健者,这些强健者为了追求更高的意义而敢于面对痛苦甚至制造痛苦;它所要保存的恰恰是那些一心要通过理性的解释而努力避开痛苦的病弱者。在强健者看来,在权力意志的永恒运动中,生命永远追求更高的价值和意义,因此,能激发和提升旺盛的生命力去追求这种更高的价值的一切行为都是"好"的,相反,软化和退化生命力,使之固定在铁定的价值平面中的一切行为都是"坏"的。在此"好"与"坏"的价值判断中,痛苦的有无根本不是一个决定性的砝码。但是,在基督教道德中,情形完全发生了变化:生命力究竟能在多大的程度上追求和实现更高的价值这个问题根本不被考虑，关键是痛苦的有与无，关键是人在多大程度上能够具有这种生命的内疚意识，这才是他们所理解的生命意义之基本内涵。在他们看来，能麻醉或化解痛苦的一切行为都是"善"的，因为这种行为符合公众的"良心意识"；而制造或带来痛苦的一切行为都是"恶"的，因为这种行为不符合公众的"良心意识"。显然，在尼采看来，基督教道德的兴起在本质上便是以弱者的权力意志取代了强者的权力意志，它在根本上颠倒了强者所设定的价值秩序。尼采认为，这个事件的重大结果就是使生命力从此走上了合法地自我戕害的道路。因此，基督教道德的产生成为整个西方思想史上的一个重大事件，在尼采看来，"迄今为止，还没有比这场战斗、这个问题的产生、这个殊死对抗更大的事件"，① 在此事件中，高贵的罗马人无疑被虔诚的基督徒打败了。

尼采正是基于这种道德的谱系学来考察基督教道德的社会功能的，也正是基于上述认识，尼采一生都在批判基督教道德对生存的弱化和摧残，努力以非罪的眼光来看待这个世界，并试图以希腊悲剧的精神来重造生存的强健意识。早在《曙光》一书中，尼采就表白了自己的运思目标："我们因此清除了行动和生活所有方面的罪恶外观！这将是一个具有深远意义的结果！一旦人们不再把自己看作是罪恶的，他就不是罪恶的了！"② 在《快乐的科学》中，尼采再一次自问自答："什么是你认为最人性的？——别叫他羞愧了。什么是自由的标志？——在自己的面前不再羞愧。"③ 总之，尼采坚信，基督教道德所宣扬的"内疚"和"罪恶意识"绝不是什么自在性的东西，它们恰恰是权力意志的产物，当它们一旦外在化之后，又

---

① Nietzsche, *The Philosophy of Nietzsche*, trans by: Horace B. Samuel, M. A, New York: the Modern Library, 1927, p. 663. 中文译文参见［德］尼采《论道德的谱系》，谢地坤译，漓江出版社 2000 年版，第 33 页。

② Nietzsche, *Daybreak*, trans by: R. J. Hollingdale, Canbridge: the Cambridge University, 1997, p. 94. 中文译文参见［德］尼采《曙光》，田立年译，漓江出版社 2000 年版，第 123 页。

③ Nietzsche: *The Gay Science*, trans by: Walter Kaufmann, New York: the Random House, Inc., 1974, p. 220. 中文译文参见［德］尼采《快乐的科学》，黄明嘉译，漓江出版社 2000 年版，第 209 页。

意志与悲剧——叔本华与尼采悲剧思想比较研究

216

成为人们必须服从的先验法则，这显然是"以生命戕害生命"。尼采认为，把对生存的体验扭曲为"内疚"，这是对生存本身最大的污蔑，是在源头上对生存之流泼脏水，长期饮用被基督教道德污染过的脏水已经严重地弱化了西方人的生命力。因此，尼采痛恨基督教道德，也痛批一切类似于基督教道德的形而上学思想，像苏格拉底、柏拉图和康德这样一些一再追问形而上学真理之可能性的哲学家，都被他纳入到病弱者的行列之中进行批判。在尼采看来，形而上学的历史与基督教道德的禁欲主义如此之相似，其实并不奇怪，因为它们是同质的。在其早期的运思中，尼采就指出过："哲学家经常在宗教习惯传统的范围内，或者至少在那种自古传下来的'形而上学需要'的强力之下进行哲学思考，所以他们形成了事实上非常相似于犹太教、基督教或印度教的宗教观的观点——也就是说，孩子通常像母亲。"①

对尼采一再宣称"上帝已死"的观点，人们历来都认为尼采在摧毁方面力量有余而在建设方面力量不足。事实并不尽然。在《善恶的彼岸》中，尼采就自问自答地解答了这个问题：

"什么？用民众的话来说，这不是意味着：上帝被反驳了，而魔鬼却没有？"——完全相反！完全相反，我的朋友们！究竟谁还强迫你们用民众的方式说话！②

显然，尼采认为，戳穿了形而上学之上帝的"摩耶之幕"，并不是否定了生存的最高价值，而恰恰是为生存重新找回了它的最高价值，因为生存不再是要求服从上帝，而是成为你自己！没有了上帝这个虚构的最高价

① ［德］尼采：《人性的，太人性的》，杨恒达译，中国人民大学出版社 2005 年版，第 88 页。
② Nietzsche, *The Philosophy of Nietzsche*, trans by: Helen Zimmern, New York: the Modern Library, 1927, p. 423. 中文译文参见［德］尼采《善恶之彼岸》，宋祖良等译，漓江出版社 2000 年版，第 177 页。

值之后，同时也就没有了由上帝所裁决的堕落和魔鬼，生存便重新回到了它强健者的生命之中。在此意义上来说，认为上帝被反驳之后只剩下了魔鬼，这样的看法是没有意义的。

如果说在整个基督教的道德史中，生存整体都是病弱生存，那么尼采所说的强健者的生存在历史上曾经存在过吗？尼采肯定地认为：存在过，它就是古希腊悲剧时代的艺术生存。在他看来，与形而上学和基督教道德所追求的喜剧生存形成鲜明对立的恰恰是基督教道德一再痛斥的古希腊异教生存，即古希腊时代的悲剧生存。尼采认为，古希腊人在面对生存痛苦之时的英雄气概，和基督教道德在痛苦面前的自我戕害、自我贬低是完全不同的。古希腊人在感性直观中经历他们的痛苦，而不是在抽象思考中思索他们的痛苦；他们经历巨大的痛苦以创造生存，而不是在沉思中作茧自缚地避开痛苦；他们把痛苦升华为生存的更高意义，而不是把痛苦内化为对自身的内疚感，总之，古希腊人作为生命的强健者，他们对生存的基本理解与现代欧洲人完全不同。在《论道德的谱系》中，尼采说道：

> 关于"神圣上帝"的起源问题，让这种认识彻底地解决它。众神的概念本身并不必然导致想象力的退化，存在着比在过去两千年中欧洲人的自我退化和自我折磨更为高贵地运用众神之发明的方法，这些事实从我们对希腊诸神的每一次扫视中仍可以幸运地被发现。希腊诸神是高贵与雄伟之人种的镜子，在他们之中，人本身的动物性感到自身的被神化，并未在主观性的狂乱中吞没自己。这些希腊人一直把他们的众神作为对抗"坏良心"（Bad Conscience）的缓冲物来使用，因此他们能够继续享受其心灵的自由。当然，这种观点完全不同于基督教的上帝理论。①

---

① Nietzsche, *The Philosophy of Nietzsche*, trans by. Horace B. Samuel, M. A, New York: the Modern Library, 1927, p. 713. 中文译文参见 ［德］尼采《论道德的谱系》，谢地坤译，漓江出版社 2000 年版，第 69 页。

显然，由希腊悲剧所召唤出来的艺术生存是尼采据以反对基督教道德的有力支持。尼采的悲剧生存观与基督教道德的宗教生存观处于完全不同的对立关系，这种对立我们一方面可以追溯到艺术生理学对感性欲望的极度张扬与基督教道德对感性欲望的根本压抑之间的对立，另一方面则可以追溯到永恒轮回的循环生存观与基督教的单维线性生存观两种完全不同的生存图景之间的对立。在这个角度上来说，认为尼采对基督教道德的反对本身仍然是基于基督教的原初教义，这种观点可能是值得商榷的。

值得指出的是，尼采在"强健"与"病弱"的基本框架中来批判基督教道德的时候，他所诉求的酒神精神更多地偏向于由权力意志和艺术生理学所设定的酒神精神。由权力意志和艺术生理学所设定的酒神精神固然出于尼采对古希腊悲剧艺术的理解，但它对生存之虚无主义根源的强调，已经在本质上使它自身区别于尼采在生存的艺术一元论思想中所说的艺术形而上学思想，在艺术形而上学思想中，生存世界是一个有神世界，但权力意志设定的生存世界却是一个无神世界。在此无神世界中，上帝已经不能继续有效的作为价值体系的负载者，"人最终被抛回他自身"，"超人"便成为尼采价值重估的根本价值指向。总之，"济世良方不（再）是来自超自然的恩典，而是来自一种超人类的权力意志"，① 这就是尼采对基督教道德之批判的最终结论，这种批判最终会导致什么样的思维困境，我们在本书的第七章再详细论述。

第三节　艺术生存论与卢梭的自然

浪漫主义运动对现代西方思想与精神价值观念有着深刻的影响，正如罗素在《西方哲学史》中所说的："从十八世纪后期到今天，艺术、文学

---

①　［美］C. 利文斯顿：《现代基督教思想》上卷，何光沪译，四川人民出版社1999年版，第412页。

和哲学，甚至于政治，都受到了广义上所谓的浪漫主义运动特有的一种情感方式积极的或消极的影响。连那些对这种情感方式抱有反感的人对它也不得不考虑，而且他们受它的影响常常超过自知的程度以上。"① 尼采在多大程度上受到了浪漫主义运动的影响，这是一个值得深入研究的问题，但是，尼采本人对浪漫主义运动的批判却明显地构成了他批判现代性的重要部分。正如保罗·德曼所说的：尼采的著作，以其自身的结构和历史的作用，成为对于浪漫主义意识形态的一种批判，为据说是从卢梭开始的这一时期做出了结论。② 但是，尼采究竟是怎样作出这种批判的呢？他的批判与别人对浪漫主义的反思究竟有何不同呢？我们试图通过如下两个问题的分析来回答这个问题，第一个问题就是浪漫主义的自然观与尼采艺术生存论思想的比较，第二个问题则是浪漫主义的平等观念与尼采对平等观念的批判之比较。通过这两个问题的分析，我们尝试对尼采的现代政治批判作出简单的描述。

正如罗素所说的："浪漫主义运动的特征总的说来是用审美的标准代替功利的标准。"③ 显然，浪漫主义思潮是通过反对西欧近代的世俗文明而登上历史舞台的。浪漫主义运动虽然与西欧中古的宗教精神有一定的内在相关性，但是，与教会伦理强调人的完美归宿是死后的神圣天堂不同，浪漫主义思潮把人的幸福存在追溯到远古的原初和谐。以这种原始和谐为思想基础来反对和批判现实的沉沦与堕落，这一切在卢梭的一系列著作与文章中表现得再完美不过了。

在"绝圣去智"的认识方面，卢梭的观点与唯意志论思想有一定的相似之处。叔本华明确认为生存的罪恶之源不是动物的无知，而是人类的理性之知；同样，卢梭也明确说过："人的思考状态是一种反自然状态，能思考的动物是一种堕落的动物。"④ 显然，这种观点与叔本华对理性思维的

---

① ［英］罗素：《西方哲学史》下卷，马元德译，商务印书馆 1976 年版，第 213 页。
② ［美］保罗·德曼：《解构之图》，李自修译，中国社会科学出版社 1998 年版，第 121 页。
③ ［英］罗素：《西方哲学史》下卷，马德元译，商务印书馆 1976 年版，第 216 页。
④ ［法］卢梭：《论人类不平等的起源和基础》，高煜译，广西师范大学出版社 2002 年版，第 77 页。

批判有明显的相似之处。但与叔本华不同的是，卢梭反对审美救世论，同样把艺术纳入了他的批判视野中，从而导致了对合理生存的不同规划。在卢梭看来，近代发展起来的科学和艺术都是人们追求享乐安逸的欲望而产生的东西，它们并没有真正有助于社会与自然的和谐。人们不自觉地沉湎于科学与艺术之中，一方面使人们远离了他自己，另一方面则危险地损害了社会机体的健康。在《论科学与艺术》这篇著名的论文里，卢梭就明确说道：

> 今天更精微的研究与更细腻的趣味已经把取悦的艺术归结成为一套原则了。我们的风尚流行着一种邪恶而虚伪的一致性，每个人的精神仿佛都是在同一个模子里铸出来的，礼节不断地在强迫我们，风气又不断地在命令我们；我们不断地遵循着这些习俗，而永远不能遵循自己的天性。[1]

在卢梭看来，一个社会要真正地得到它的健康，任何个体要真正获得他的生命力，就必须远离科学和艺术。在例举了历史上的一系列例子来证明这个观点之后，卢梭断言："随着科学与艺术的光芒在我们的地平线上升起，德行也就消逝了；并且这一现象是在各个时代和各个地方都可能观察到的。"[2]

显然，在卢梭的思想中，德行与艺术构成了泾渭分明的二元对立结构：淳朴的社会德行与人们原初的生存状态是等同的，而科学与艺术则是奢侈与罪恶滋生的可怕恶魔，任何社会一旦把它的生存基础寄托在科学与艺术之上，那么，道德的沦丧与罪孽的滋长则是必然的结果。因此，要培养淳朴的德行风俗，就必须摒弃滋生奢侈腐败之风气的艺术。以戏剧为例，卢梭证明了艺术对淳朴德行的养成毫无关系，他认为：

---

① ［法］卢梭：《论科学与艺术》，何兆武译，商务印书馆 1959 年版，第 10 页。
② 同上书，第 11 页。

我听人说，剧院如有正确领导就可以使美德成为诱人的东西，使恶徒成为讨厌的东西。真是这样吗？难道在没有戏剧之前人们就不尊敬有德的人和不痛恨恶人吗？难道在没有剧院的地方这些感情就薄弱了吗？……假如作者的全部写作技巧只是为了让观众看到恶棍而引起了对他们的仇恨，我就不理解在这艺术中有什么了不起的地方。就这点来说，没有艺术我们一样能取得有益的教训。①

并且，卢梭还认为：

　　据说悲剧通过恐惧和引起怜悯。就算这样吧，那么这怜悯又是什么？这是一种瞬间即逝的、空洞的感情波动，引起它的那种幻觉一经消失，它也就立即消失；这是刚被激情压倒的自然感情的一点残余；这是无用的，只满足于流几滴眼泪的怜悯，丝毫无助于人类爱的产生。嗜血的苏拉听到讲别人暴行时也流泪，就是例证。②

　　显然，卢梭对于亚里士多德式的"诗比历史更为真实"的断言不屑一顾，对贺拉斯以来的所谓诗的"寓教于乐"说也持完全的否定态度。总之，对于认为诗可以通过修修补补的方式来完善我们的真实生存这个看法，卢梭明确宣告了它的虚假性：艺术永远不是我们实现真实生存的有效途径，只有在一个未经科学与艺术污染的原初和谐之中，我们才能真正地复归到本真的生存关系中。这样，一个"原初和谐"的完美世界成为浪漫主义者所讴歌的精神偶像。

　　正如韦勒克所说的："卢梭对于文学批评的重要性既不在于他对戏剧

抱有清教徒式的恐惧，也不在于他承认趣味的相对性和贬低戏剧中的伤感主义，而是在于他对原始主义的诗歌观念以及整个'臆测的'社会史这两方面起了总的推动作用。"① 卢梭对原初和谐的这种情感诉求深刻地影响了后来德国的"狂飙突进"运动和19世纪的浪漫主义思潮，由此他当之无愧地成为"浪漫主义运动之父"。② "重返自然"作为一个重要的口号成为浪漫主义运动的鲜明旗帜之一。席勒在《素朴的诗和感伤的诗》中，就明确把"自然"作为诗的生发根源与追求目标，认为"诗人或则就是自然，或则寻求自然。在前一种情况下，他是一个素朴的诗人；在后一种情况下，他是一个感伤的诗人"，并且，"唯有从自然，它才得到它全部的力量；也唯有向着自然，它才在人为地追求文化的人当中发出声音。任何其他表现诗的活动的形式，都是和诗的精神相距甚远的"③。

重返自然是卢梭政治思想的起源。除了论述科学与艺术作为自然生存之堕落的诱因以外，卢梭还对这个这个原初和谐思想作了重要发挥，赋予了它"人生而平等"的重要的理论意义，从而推出了对现代社会有着重要影响的现代人权观念。

在《论人类不平等的起源和基础》一文中，卢梭明确地指出："大家公认：人与人原本是平等的，就像其他种类动物，在种种自然因素使它们身上发生我们目前尚能观察到的变异之前，同类的动物生来都平等一样。"④ 但是，在现实的生存中却存在着明显的不平等现象，政治的不平等尤为重要。其根本原因是什么呢？卢梭认为，原因之一是人类不恰当地运用了他身上的理性思维，把自身附于对外物的追逐之上而生存，而不是出于自然的本性而生存；原因之二是出现了私有财产，产生了种种义务、权利、道

---

① ［美］雷内·韦勒克：《近代文学批评史》第1卷，杨岂深等译，上海译文出版社1997年版，第86页。

② ［英］罗素：《西方哲学史》下卷，马元德译，商务印书馆1976年版，第225页。

③ ［德］席勒：《素朴的诗和感伤的诗》，马奇主编《西方美学史资料选编》下卷，上海人民出版社1987年版，第148页。

④ ［法］卢梭：《论人类不平等的起源和基础》，高煜译，广西师范大学出版社2002年版，第63页。

德和法律的概念，当人类在私有财产的基础上跨入了文明社会的门槛之时，便是人类进入了严重的不平等的堕落生存之时。在此不平等的基础上，产生了穷人与富人的差别，也产生了维持这种差别的社会等级和法律系统，"它永远地取消了人的天赋自由，永远确立了私有制和不平等的法律"。① 在此基础上，卢梭断言，这种不平等的社会现实必须改变，因为与生俱来的自由和平等是不可剥夺的："自由是人与生俱来的天赋，父母是没有任何权利剥夺的。因此，要建立奴隶制度就必定违背天理，要使这种权利永远传下去，就必定要改变天理。因此，法学家们郑重宣告奴隶的孩子生来就是奴隶，实际上是宣告，人生来就不是人。"② 正是基于这种认识，卢梭把自由社会的重建筑基在社会契约论的思想之上。

　　显然，卢梭所描画的社会蓝图无疑对现代社会的建立有着深远的影响。但是，尼采对卢梭的生存设想并不认同，根本的原因就在于：卢梭依靠原初自然论最终导出了"人生而平等"的认识，但有什么理由能够证明"平等"的意识的确是人类社会的最初源头呢？如果权力意志是生存的基本事实，"自然"与"平等"便完全是一个伪命题。简言之，在生存的基本设想这个问题上，卢梭追问不平等的起源问题，而尼采却追问平等的起源问题；卢梭相信平等对生存的正义性，而尼采则相信不平等对生存的促进性。正是这种完全相反的入思角度导致了尼采对卢梭的批评。尼采的批评主要体现在两个方面，一是批评卢梭的自然观，另一则是批评卢梭的平等观。

　　我们先看第一方面的内容。在尼采看来，不论浪漫主义如何讴歌人的主体性和先验自由，但它的"重返自然"不过是以一种新的偶像崇拜来代替原来的基督教上帝偶像崇拜罢了。固然，浪漫主义运动以"重返自然"来取代基督教的"至善拯救"的时候，实现了由基督教伦理所说的"人性本恶"到浪漫主义者所说的"人性本善"的观念转变，使得救的目标从对

---

① ［法］卢梭：《论人类不平等的起源和基础》，高煜译，广西师范大学出版社 2002 年版，第121页。

② 同上书，第129页。

外在神祇的膜拜转变为对内在天赋信念的固守。但是，从尼采的思路来看，浪漫主义运动本质上不过是一场新的造神运动，因为，浪漫主义运动的"自由"、"平等"等这些观念都是基于"主体"这个现代观念基础之上的，它们与基督教的思想有着千丝万缕的关联，正如海涅在论述德国浪漫派的时候就一针见血地指出的：

> 德国的浪漫派究竟是什么东西呢？它不是别的，就是中世纪文艺的复活，这种文艺表现在中世纪的短歌、绘画和建筑物里，表现在艺术和生活之中。这种文艺来自基督教，它是一朵从基督的鲜血里萌生出来的苦难之花。①

因此，说到底，浪漫主义的原初和谐自然观本质上也不过是基督教《圣经》中亚当与夏娃的幸福伊甸园之世俗版本罢了。

不错，尼采同样激烈地批判近代西方文化，同样提倡回到古希腊世界，这与西方 19 世纪的整体思潮有合拍的地方，但是，尼采并不认为浪漫主义者的"人性本善"论能有什么真正的作用，更不认为信奉"人性本善"的现代"主体"观念能够保证"千年至福王国"的真正实现。尼采既不相信基督教伦理对人性"恶因"的诅咒及其拯救信念的正当性，也不相信卢梭式的浪漫主义者对人性"善因"的诉求及其道德规则的可行性。如果说卢梭认定这个万恶的堕落社会必须要对人性所面临的危机负责任的话，尼采进而认为，浪漫主义者崇高的道德动机同样要对生存整体所面临的危机负责。在《曙光》一书中，尼采明确地指出："如果我们的文明真的是一种可耻的文明，那么，你可以像卢梭那样，认定'这种可耻的文明应该对我们的道德的恶劣状况负责'，或者反对卢梭，认定'我们的高尚的道德应该对我们的文明的这种可耻性负责。我们关于善恶所持的脆弱的、怯懦的、社会性的概念，以及这种观念对于肉体和灵魂的强势支配，

---

① ［德］亨利希·海涅：《论浪漫派》，张玉书选编《海涅文集》批评卷，人民文学出版社2002 年版，第 10 页。

最终弱化了所有的身体和灵魂，并且最终吞噬了那些自我依靠的、特立独行、心怀坦荡的人们，这些人正是一个强壮的文明的柱石：人们在哪里还能碰到恶劣的道德，他就在哪里看到这些柱石最后的遗迹'。因此，以悖论反对悖论！真理不可能属于双方：那么，它到底属于哪一方呢？不妨试试看。"① 显然，尼采的立场是非常鲜明的。在尼采看来，对于这个已经得了重病的现代社会来说，真正要给它注入强健的活力之源，并不在于复活一个可能是子虚乌有的过去，而是在于当下就开启创造意识。因此，尼采并不相信外在的神祇或内在的"主体"，因为生命的康复不在于给生命树立另一尊新的神祇，或者膜拜另一个超验主体，而在于回归生命原初的整体运动，也即是回归到由酒神精神所支配的艺术创造活动中。

因此，对于尼采来说，浪漫主义者所说的"自然"或"和谐"其实只是一个幻象，是生存的个体化原理的又一体现，是渴求生存的意志活动所构造的又一个以真实之名而出现的幻影，并且让人们对之"信以为真"。从生命的形而上学思想来看，脱离了对生存整体之认识的个体化信念被僵化为一个绝对真实的存在者之后，它就必不可免地成为一个被崇拜的偶像。这个偶像的成立之初固然是面对生存的痛苦而被制造出来，但是，一旦偶像崇拜成为生存的合法基础之后，生命整体的悲剧认识从此就被偶像崇拜的"信以为真"所遮蔽，生存由此就体现为一场乐观主义的颂歌了。浪漫主义思潮虽然猛烈批判近代西方资本主义的金钱伦理，但在最终价值的诉求上，它恰恰体现为近代社会的一曲乐观主义颂歌。可是，对于尼采来说，无论是教会伦理对人性的诅咒，还是浪漫主义对人性的颂扬，都没有认识到生命的已然衰弱这个基本事实，更没能够有效地改变这一事实。对此，尼采坦言：

---

① Nietzsche, *Daybreak*, trans by: R. J. Hollingdale, Cambridge: the Cambridge University Press, 1997, p. 100. 中文译文参见 ［德］尼采《曙光》，田立年译，漓江出版社 2000 年版，第 133 页。

很明显，世界不好也不坏，更不用说最好或最坏了，"好"与"坏"的概念只有在同人有关的问题上才有意义。是的，也许甚至在这里，按它们通常被使用的方式，它们也是毫无根据的：在任何情况下，我们都必须放弃责骂式的世界观和颂扬式的世界观。[①]

显然，在生命的形而上学认识面前，一切责骂式的世界观或颂扬式的世界观都不过是局限于个体化原理中的特定认识罢了。人们痛骂这个表象世界丧尽天良，这不过是通过痛打一个毫无还手能力的对象来发泄自己的愤恨，并从中获得自我的崇高感罢了。正如叔本华所说的，"大自然是哀怨不入的"，尼采同样强调："我们可要当心，不要把无情、无理性或它们的对立面归因于世界。它既不完美，也不漂亮、高贵。它根本不想变成任何此类东西；它根本不致力于模仿人类！我们的美学和道德评价休想对它发生影响！它没有自我保存的本能或别的其他本能，并且它不遵守任何法则"[②]。因此，卢梭式的"重返自然"与"原初和谐论"所设想的道德王国远远不是人们本真的生存归宿，虽然它期待并实行社会等级秩序的颠覆，但这种秩序的颠覆所带来的远远不是高级生命形态的实现，而恰恰是衰弱生命形态的重造，对此，尼采的认识洞若观火：

> 有一些政治幻想者和社会幻想者，他们热烈地、雄辩地要求颠覆所有秩序，坚信最美好的人类的最自豪的殿堂然后会几乎自动耸立起来。在这些危险的梦中，仍然回响着卢梭的迷信，这迷信所相信的是人性中的一种原始的、奇迹般的然而似乎被埋没的善，并把那种埋没的责任归于社会、国家、教育体制中的各种文化机构。可惜我们从历史经验知道，每一个这样的颠覆总是让最疯狂的能量作为早就被埋没

---

① ［德］尼采：《人性的，太人性的》，杨恒达译，中国人民大学出版社 2005 年版，第 37 页。
② Nietzsche, *The Gay Science*, trans by: Walter Kaufmann, New York: the Random House, Inc., 1974, p. 168. 中文译文参见 ［德］尼采《快乐的科学》，黄明嘉译，漓江出版社 2000 年版，第 138 页。

的远古时代的可怕和无度重新复活过来，因而一场颠覆大概可以是一种变衰弱的人类中的力量源泉，但绝不是一个秩序维护者、一个建筑师、一个艺术家、一个人性的完成者。①

从尼采的这番分析中，我们可以清楚地看到，尼采本人激烈地批判19世纪的精神状态与文化现实，但是，关于本真生存的思考这个问题，他并不把希望寄托在社会秩序的简单变革之上，因为这样的社会变革所触及的不过是个体化生存的层面，它远远没有触及生命整体的深层；甚至，企图以强制性的新的财产分配来实现社会的"公正"，从而放弃生命本身的创造意识，这不过是赤裸裸的暴民起义罢了。

由此，我们也就进入了尼采对卢梭之批评的第二方面内容。卢梭认定，在自然状态中，人是平等的，生存也是没有痛苦意识的。但是，在社会状态中，人进入了不平等的生存现实，理智与权力的任用使有的人成为业主，有的人则沦为奴隶，财产的私有观念催生了一切的邪恶，也导致了一切的痛苦。因此，出于人人生来平等的观念，卢梭认为要在契约论的基础上人人交出自己某方面的权利，共同组织一个平等的集体，这个集体即是国家。因为这个国家是建立在契约和公意的基础之上的，所以，在此公意之下的每个人都是平等的，用卢梭的话来说，就是："我们每个人都以其自身及其全部的力量共同置身于公意的最高指导之下，并且我们在共同体中接纳每一个成员作为全体之不可分割的一部分。"② 卢梭坚信，现代国家体制的建立，公民意识的成长，社会正义便能够代替人类本能，权利的意识便能克制私欲的冲动。在此状态中，人虽然被剥夺了自然的许多权利，但人却能从中获得许多东西，最为重要的就是，人从一个愚昧的、局限的动物一变成为一个有智慧的生物。

卢梭坦言，基于奴役权之上的奴隶制是绝对背理的，因为"无论我们

---

① ［德］尼采：《人性的，太人性的》，杨恒达译，中国人民大学出版社2005年版，第246页。
② ［法］卢梭：《社会契约论》，何兆武译，商务印书馆2003年版，第20页。

从哪种意义来考察事物，奴役权都是不存在的；不仅因为它是非法的，而且因为它是荒谬的，没有任何意义的。奴隶制和权利，这两个名词是互相矛盾的，它们是互相排斥的"①。正是基于卢梭的这种法权观点，18世纪的法国大革命获得了坚实的法理支持。但是，这种现代法权意识在自由的追求之路上显然也强化了强制和束缚的观念，因为一个永远先于个体的国家在公意的基础上已经对个体作出了严格的指令，正如有学者所指出的："公意概念的最大弱点在于，为了获得其纯粹性，公意概念不得不依赖于服从和统一，不得不消除冲突和异议……这是卢梭思想的巨大矛盾之一：尽管他以自由自主意志为伦理原则来建构政治学，但为了关于人性道德变革的主张不致破产，他又不得不求助于强制和束缚的概念。"②

尼采正是出于对生存之根源的深层认识而反对卢梭的平等观念。在尼采看来，卢梭以"平等"作为生存的起源和归宿，以此为依据来进行社会政治构想，本质上仍然是对生存进行一种道德诉求，这种道德诉求努力要拉平人与人之间、集团与集团之间必然存在的权力支配关系，问题是："平等"作为人类的起源与归宿，是一个可靠的观点吗？对于这样的质问，卢梭的回答是："我探讨的是权利的道理，我不要争论事实。"但问题仍然是：权利的道理是自然而然的吗？它不是在生存整体纷乱中的一个理性建构物吗？在现实的生存中，我们为什么不追问"平等"是如何起源的？为什么不追问"平等"会给生存带来什么样的精神状态呢？

从生命形而上学的角度来考察生存，尼采得出了权力意志的认识结论，从而区分强健的生存与病弱的生存两种不同形态。对尼采而言，生存不可能有什么平等与和谐的起源，只要有生命，便有基于权力意志基础之上的支配关系，因为尼采已经认定："'求权力的意志'（权力意志）是生命世界的'绝对命令'。"③换言之，尼采坚定地认为，生命本身恰恰就是面对狄奥尼索斯的恐怖之源而形成的对强健与权力的意志追求。因此，不是"平等"，而

---

① ［法］卢梭：《社会契约论》，何兆武译，商务印书馆2003年版，第16页。
② ［英］安塞尔－皮尔逊：《尼采反卢梭》，宗成河译，华夏出版社2005年版，第100—101页。
③ 余虹：《艺术与归家》，中国人民大学出版社2005年版，第13页。

恰恰是"不平等"才构成了生存世界的本质内容，构成了生存过程的本质内涵。权力意志永远不会追求"平等"，对"平等"的诉求和渴望恰恰证明了它自身正是追求"平等"的权力意志。

在此认识基础上，尼采分析了"国家"的暴力基础，认为"迄今为止，把无拘无束和难以名状的民众塞进一个固定的形式之中，其开端和原来所做的一切都是暴力行动，只有暴力才能完成这种行为。因此，最古老的'国家'是作为一种可怕的专制，一架痛苦残酷的机器而问世和持续下来的，直至半野兽的群氓们这种原料最终不仅被彻头彻尾地蹂躏和驯服了，而且被塑造成型了"①。显然，"国家"本身便意味着武力征服，强者天生就是设定秩序的人，所谓建立在公意之上的国家根本就是虚构。对此，尼采坦言："我认为，国家开始于'契约'的奇谈怪论已被清除了。谁能够发号施令，谁就是'天生'的主人，谁就在行为举止上强悍登场，他与契约有何关系？"②

显然，在民主政治的所有议题中，尼采都是一个坚定的反动者，他毫不掩饰自己的贵族立场，认为高贵与低贱之间的差别是无法抹杀的。有必要指出的是，尼采这种贵族立场不能简单地引申为一种政治奴役，虽然他非常之偏爱"金毛黄发"的德意志高贵种族，甚至在情感上认可德意志帝国所发动的战争。但是，尼采并不为求物质或国家利益而钟情战争，而是为文化的强健和旺盛而渴望经历恐怖与痛苦。萨弗兰斯基说过："激发起他的积极性的，不是普鲁士的胜利，不是一个强大的民族国家的诞生，或者甚至沙文主义和对法国人的憎恨。当他眼前呈现出战争的胜利，不是对文化，而是对国家，对获取钱财和对军事的狂妄自大有益时，尼采与此拉开距离。"③ 换言之，尼采认为权力意志之中的支配与奴役是文化发展的根本动力，因为人们在多大

---

① Nietzsche, *The Philosophy of Nietzsche*, trans by: Horace B. Samuel, M. A, New York: the Modern Library, 1927, p. 703. 中文译文参见［德］尼采《论道德的谱系》，谢地坤译，漓江出版社2000年版，第62页。

② Nietzsche, *The Philosophy of Nietzsche*, trans by: Horace B. Samuel, M. A, New York: the Modern Library, 1927, p. 704. 中文译文参见［德］尼采《论道德的谱系》，谢地坤译，漓江出版社2000年版，第62页。

③ ［德］萨弗兰斯基：《尼采思想传记》，卫茂平译，华东师范大学出版社2007年版，第69页。

程度上抵挡了酒神狄奥尼索斯的毁灭，人们也就在多大程度上获得了日神阿波罗的灿烂阳光。尼采认为，这恰恰是文化获得强健生命力的根本保证。因此，强健与病弱之间必须拉开确定的距离，形成强健者对病弱者之间的支配关系，这样才能为文化的强盛拓开广阔的空间。这正如一张弓，处于绷紧的状态之中才有刚猛的发射力；正如一泓瀑布，只有一个巨大的落差才能激发水流潜在的暴发力量。

在尼采看来，现代民主政治及其社会变革并没有使生命力重获其强健因子，相反，在"平等"的口号之下，它抹杀了高贵与低贱之间的质的差别，弥合了强健与病弱之间的量的距离，从而使生命失去了基本的张力。相比而言，古希腊的生存是高贵的生存，是强健者的生存，因为伟大的战争与强烈的竞技运动强化了古希腊人的生存意志，在生存的悲剧性体验之中，对恐怖与痛苦的权力支配让他们创造了辉煌的古代文化。古希腊悲剧恰恰是这种高贵文化的结晶，由生命形而上学的存在之音所召唤出来的远古乐音使人们在悲剧艺术中经历了生存的恐怖与痛苦，也使他们在阿波罗的形式化中强化了强健的生命力。正是在这个意义上，古希腊悲剧艺术是古希腊人生存的必需，而不是他们生存的点缀；是提升他们生存意志的熔炉，而不是弱化他们生存意志的诱因。

尼采对现代民主政治的反对，其主张显然是令人难以接受的，但它却是真诚和坦然的。卢梭式的现代民主政治相信"平等"与"公意"的真理，尼采却不相信这种真理，认为这是形而上学思想的体现；卢梭式的现代民主政治相信生存原本是和谐的，形而上的真理为生存提供了稳定的基础，尼采则认定生存的基础是纷乱、无名的。固定的目的与和谐的起源不是真理的归宿，"敞开的残酷性就是真理的瞬间"。[①] 因此，体现为生成与毁灭和艺术运动才是生存真正的本质现实。"狄奥尼索斯智慧"永远是尼采理解生存的基本底色，认为它是整个人类历史过程中根本无法摆脱的事实，它拒绝整齐和一律，即使人们以政治的方式来强调这点，也是不可能

---

① ［德］萨弗兰斯基：《尼采思想传记》，卫茂平译，华东师范大学出版社 2007 年版，第 211 页。

的。正如尼采在《人性的，太人性的》之中所言的：

> 如果社会主义者证明，现在人类的财产分配是无数不公正和暴行的结果，并且强烈拒绝对如此不公正地建立起来的东西负有义务，那么他们只是看到了一个个别的情况。古老文化的全部过去是建立在暴力、奴役、欺骗和谬误的基础上的；但是我们自己作为整个这种状态的继承者，无法宣告自己脱离全部过去的会合点，就是想要抽出一点点身来都不行。不公正的思想意识也隐藏在无产者的心灵中，他们并不比有产者更好，他们没有道德优先权，因为不知什么时候他们的祖先就曾经是有产者。我们需要的是循序渐进的意识改造，而不是强制性的新的财产分配。①

总之，尼采认为，立足于道德完善论基础之上的秩序变革论者不过是把乐观主义的谎言作为行动的指南，他们幻想在一次激烈的社会变革之后，哲学上的"千年福祉王国"就能够在人世实现。可是，他们在这样做的时候却没有能够真正地聆听到发自生存整体之深层的存在之音；恰恰是这种发自生存底层的存在之音，使得人们真正成为"一个建筑师、一个艺术家、一个人性的完成者"；恰恰是这种发自生存底层的存在之音，使生存的意义这个问题直接对人们的内心进行质问，使生存本身成为一次富于意义的艺术过程，从而使艺术成为生存的必需。

艺术是生存的必需，这并不是因为艺术以它的感性审美弥补了理性本体的不足，而在于生存本身就是一个由无数的创造与毁灭活动所构成的艺术过程。这是尼采对生存与艺术之间的相互关系所持的基本看法。因此，回归本真的生存，在尼采看来，并不是回归道德的生存，而是回归艺术本身，回归到不断的创造活动本身，回归到"生命在什么样的创造中才具有意义"这个问题本身。因此，问题一旦追问到这个层次，任何不断地向人

---

① ［德］尼采：《人性的，太人性的》，杨恒达译，中国人民大学出版社 2005 年版，第 241 页。

们暗示它自身便是绝对真理的学说都不过是生存的个体化原理的某种体现罢了；但是，任何由个体化原理所幻化而成的外在神祇或任何终极的"至善目的"都不可能成为人们安身立命的永恒保障，因为它们都不过是人们在生命的过程中经由"日神阿波罗"所赋形而创造出来的一些艺术形象罢了，它们并不具有"天经地义"的自在合法性。它们本身就是人们面对痛苦生存的精神结晶，它们产生和存在的意义只在于让人们踩着它们以渡过痛苦生存的急湍之流，而不在于让人们把它们立为神祇并顶礼膜拜。因此，艺术的不断创造本身正如个体生存的不断出现，作品的不断毁灭正如个体生存的不停逝去，生存本身正是一场巨大的艺术过程，在不断地创造与毁灭中它带出了生存整体的根本奥秘——生命的形而上学与艺术的形而上学。也正是在这个意义上，尼采一再强调："只有作为一个审美的现象，存在和这个世界看起来才是合理的。"①

第四节　艺术形而上学与黑格尔的理念

在先验平等与自由观念所支配下的浪漫主义思想之末流显然流于迂阔和空疏，力求认识的客观性与内容的明晰性重新成为哲学的要求。黑格尔正是在此情形中提出了他的"绝对理念"说。这种"绝对理念"说在精神发展的观点下，建立了一套无所不包的精神体系。其中关于艺术理论的部分成功地对古希腊的某些悲剧作品作出了雄辩的解释，形成了关于悲剧本质的一种重要学说。这种悲剧学说对后世有重要影响。因为尼采明显比黑格尔晚出，人们也就经常认为尼采的悲剧思想同样受到黑格尔的影响。从表面上看，黑格尔的相关论述确实与尼采有相似的地方，在《精神现象

---

① Nietzsche, *The Philosophy of Nietzsche*, trans by: Clifton P. Fadiman, New York: the Modern Library, 1927, p. 1084. 中文译文参见 [德] 尼采《悲剧的诞生》，赵登荣译，漓江出版社2000年版，第139页。

学》一书中，黑格尔就认为：

> 现象是生成与毁灭的运动，但生成毁灭的运动自身却并不生成毁灭，它是自在地存在着的，并构成着现实和真理的生命运动。这样，真理就是所有的参加者都为之酩酊大醉的一席豪饮，而因为每个参加豪饮者离开酒席就立即陷于瓦解，所以整个的这场豪饮也就同样是一种透明的和单纯的静止。①

显然，黑格尔从生成的角度来论述真理问题，强调处于生成与毁灭过程之中的只是现象，生成与毁灭本身是自在地存在着，并构成了基本的生命运动，这确实与尼采对生命的形而上学认识有一定的相似之处。

但是，尼采与黑格尔虽然同样强调真理的生成性，可他们在生存的理解上却有着根本不同的地方。最为明显的就是，黑格尔从辩证法的稳步发展中推导出精神的自在存在这种做法，其缺陷已经被人们多次指出过了。从"逻辑与历史的统一"这种观点来推导精神的自在存在，实际上就是以逻辑来裁剪历史，以理性来规范生存，由此导致的哲学盲视是极为明显的。

值得强调的是，黑格尔的上述认识体现在艺术思想中，同样引发了其难以克服的种种问题。最为明显的就是，黑格尔虽然强调他的绝对精神超越了主客观的相互对立，但他仍然是在理性哲学的视野中来思考存在的根本问题，而理性精神能不能完整地思考存在本身，这个思想前提却没有得到进一步的审查；当理性无意地把内涵极其丰富的生存纳入了单维的理性秩序中的时候，最终生成的"存在"只能是已经被"主题化"的存在。并且，如果黑格尔的自由观念最终不过是导出伦理精神与现代国家精神的自由实现的话，那么，悲剧人物的死亡，本质上就不过是让个体为着某种宏大的理念而作出牺牲罢了。

---

① ［德］黑格尔：《精神现象学》上卷，贺麟等译，商务印书馆 1979 年版，第 30 页。

必须指明的是，黑格尔的美学思想整体上是紧紧地立足于"绝对精神"的实现这个单独的精神维度上的，他对悲剧的解释同样立足于此。在《美学》第一卷中，黑格尔多次申明："真正美的东西，我们已经见到，就是具有具体形象的心灵性的东西，就是理想，说得更确切一点，就是绝对心灵，也就是真实本身。这种为着观照和感受而用艺术方式表现出来的神圣真实的境界就是整个艺术世界的中心。"① 简而言之，艺术的精髓是"绝对心灵"之内容的具体体现。这种绝对心灵在现实的生活中体现为伦理实质，而伦理实质的体现及其斗争的和解作为人的精神中的最高价值，在黑格尔看来，恰恰就是悲剧艺术的核心主题所在。显然，黑格尔的悲剧精神仍然明显地局限于人的伦理存在这个层面之上，这种认识的根本不足便是：他把艺术的理念引导至由理性精神所规范的"绝对精神"之实现即止。因此，这种悲剧精神本质上只是在人对世界的意义化这个显性层面上去探讨艺术与悲剧性问题，还没有深入到隐性的生命存在这个更深的层面中去探讨生存整体的悲剧性根源。我们只要看看黑格尔对自然美的论述便不难理解这一点。

在《美学》一书中，黑格尔开宗明义，认为：

> 根据"艺术的哲学"这个名称，我们就把自然美除开了。……我们可以肯定地说，艺术美高于自然。因为艺术美是由心灵产生和再生的美，心灵和它的产品比自然和它的现象高多少，艺术美也就比自然美高多少。②

显然，在黑格尔看来，自然美只是美的最低层次。按照黑格尔的辩证逻辑，精神原初的起点在最终的结果上必然成为更高的归结点，按理说，自然美就应该在他的美学体系中最终得到更高的实现。但奇怪的是，在黑格尔的

---

① ［德］黑格尔：《美学》第 1 卷，载朱光潜《朱光潜全集》第 13 卷，安徽教育出版社 1990 年版，第 100 页。

② 同上书，第 4 页。

思想体系中，自然美作为美的最初起点而出现，却再也不是作为精神的最高终结点而得到体现。偏爱人为加工过的、充满了严格秩序的自然永远是黑格尔个人的癖好，由绝对精神照亮过的物质也就成为黑格尔艺术精神的根本目的。在对象化的重要观点中，他一再强调，人与自然的关系必须像人在自己的家中一样，自然一定是要成为经过人力改变过的现实，才属于人的精神现实。黑格尔的这个论题激起了后人无穷的阐释想象，在美学和哲学领域中产生了极大的影响。但是，黑格尔从来没有去追问，人所居住的这个家是立足于什么样的生存现实之上的；黑格尔所理解的人也从来不曾设想过是否敢于走出这个一直相当熟悉和惬意的"家"。在此，黑格尔所说的"家"多少就有着海德格尔所说的事物的"上手性"（readness - to - hand）了。虽然海德格尔对黑格尔的艺术思想赞扬多于批评，但黑格尔关于"美"的这种认识如果不能澄清其潜在的"上手性"的话，他的艺术思想便难以脱离其潜在的"工具论"色彩。总之，虽然黑格尔的悲剧思想以冲突论为基础，把精神的发展引向痛苦的对立和冲突，但这种对立与冲突最终必然会归结为绝对精神的和谐实现，而不是体现为人在自然面前最终无所依凭而产生的深沉孤独感，从而也就缺失了人本身作为自然的一分子，在其中所应感受到的生生不息之意与自然的崇高本性。

由此可见，黑格尔的悲剧精神远远没有能够触及生命的隐性底层，它只是在人的理念对世界的意义化这个层面上运作，最终忽视了万事万物在悲剧吟唱中的自动涌现，从而也就规避了人对自身命运之理解的深层悲剧感受。也正是这点上，我们可以看到，黑格尔虽然一再强调自己超越了康德哲学，但是这种超越却有着难以克服的内在伤痕，最为明显的体现就是，它完全过滤了康德哲学所蕴涵的悲剧性色彩。一个了然的事实就是，康德的思想在根本上承认了某种东西是永远不可理解与把握的，他通过给人的理性活动划定了自身不可逾越的界限，从而给生存的领域保留了一方神秘的空间。因此，康德的理性批判显然是基于一种深沉的生存之悲剧感上的。但是，在黑格尔的思想中，因为认识是发展的，这种发展又是由一套严格的方法论所支配的，所以一切都是可知的，绝对理念最终必然照亮生存世界的一切蒙昧和隐晦。显然，在黑格尔的体系中，精神的痛苦冲突及其客观发展必然会达到它辉煌的整体实现，命运的不可知与整体生存的神秘性被逐出了这个不断意义化的精神世界，便成为必然的结果。由此可见，精神性的理念成为人理解他自身生存及其意义的根本保证，尼采在悲剧音乐中所聆听到的生存整体之痛苦吟唱远远没有进入黑格尔的理念世界。

正如黑格尔一再强调的："凡生活中真实的伟大的神圣的事物，其所以真实、伟大、神圣，均由于理念。哲学的目的就在于掌握理念的普遍性和真形相。自然界是注定了只有用必然性去完成理性。……人应尊敬他自己，并应自视能配得上最高尚的东西。"[①] 在黑格尔看来，在生存的整体世界中，一切超出人的理念之外的东西都是非悲剧性的；悲剧精神所奏响的是理性的凯旋之歌，而不是生命整体从存在的深渊中响起的痛苦回音；悲剧精神所要达到的是理性世界的庄严秩序，而不是对隐性生存之召唤的诗性回应；人在悲剧中所要回归的是理性的"家"，而不是存在整体的神圣之"家"。总之，悲剧精神在黑格尔的思想体系中，是对立的伦理力量在更高层面上的和解：

> 只有在这种情况之下，悲剧的最后结局才不是灾祸和苦痛而是精神的安慰，因为只有在这种结局中，个别人物的遭遇的必然性才显现为绝对理性，而心情也才真正地从伦理的观点达到平静，这心情原先为英雄的命运所震撼，现在却从主题要旨上达到和解了。只有牢牢地掌握住这个观点，才能理解希腊悲剧。[②]

这就是黑格尔对于古希腊悲剧精神的特定理解。

尼采对悲剧的理解明显走上了另一条不同的道路。尼采曾在不同的地

---

① ［德］黑格尔：《小逻辑》，贺麟译，商务印书馆 1980 年版，第 35、36 页。
② ［德］黑格尔：《美学》第 3 卷·下，载朱光潜《朱光潜全集》第 16 卷，安徽教育出版社 1990 年版，第 291 页。

方表明了他对两部悲剧作品的欣赏，一部是瓦格纳的《德雷斯坦与伊索尔德》，另一部则是索福克勒斯的《俄狄浦斯在科罗诺斯》，在此，我们以后一部作品为例，具体分析尼采悲剧精神的具体内涵。

《俄狄浦斯在科罗诺斯》的剧情极为简单，它叙述了俄狄浦斯在自我放逐的流浪生涯中的最终结局：年迈的俄狄浦斯在长女安提戈涅的伴随下，无意中来到了雅典城外的科罗诺斯——当地人奉神的圣地。在当地人告诉他们，这是他们的圣地，并要他们出来的时候，俄狄浦斯意识到，命运安排他将终老于此。于是他求见当地的国王忒修斯，要求国王保护他的安全，同时向国王许以重愿：自己的灵魂将保护这片土地的永世平安。这时，克瑞翁赶到此地并绑架了安提戈涅，威胁俄狄浦斯回特拜去终老，让他那有罪的、并已经得到惩罚的灵魂保护特拜城的平安。俄狄浦斯严词拒绝了他的企图。此后，他的长子来恳求他帮助夺回王位，俄狄浦斯也历数了他的非义，并许以他们兄弟两人都在王位的争夺中死去。最后，大地慈祥地裂开，俄狄浦斯无痛而终。

毫无疑问，这个简单的故事所凸显的绝不是曲折的情节，也不是激烈的矛盾冲突，更不是人们所津津乐道的神正论思想，而是人要"敬神"这个主题，核心在于说明人的生存与神秘的死亡之间的关系问题。在尼采看来，人的生存世界（意义世界）的建立，是通过杀死蒙昧和原始的提坦诸神才能实现的；但是，杀死提坦诸神并不意味着人能够永远地割断了与神秘的提坦诸神之间的精神关联，因为神秘的提坦诸神作为不可知的因素不断地出现在人们的现实生存之中，不断地干预着人们的现实生活——人们把这种不可知的因素称为命运。因此，人必须在"敬神"的方式中尊重不可知的命运，重新与神秘的提坦诸神建立一种生存的意义关联，只有这样，人才能够对生命本身有正确的理解，对生存采取正确的态度。这一点，在尼采看来，恰恰在俄狄浦斯的系列悲剧中得到完整的体现。

在《俄狄浦斯王》一剧中，俄狄浦斯便意识到命运的不可捉摸，当他认识到所有的痛苦遭遇都是命运所注定的时候，他选择了自我放逐——接受这种痛苦并以走出自我的生存方式来感受神秘的命运。在《俄狄浦斯在科罗诺斯》中，俄狄浦斯更加清楚地表明了他对命运的理解。当克瑞翁一再强调俄狄浦斯的弑父娶母是一桩不可饶恕的罪孽之时，俄狄浦斯明言："我不该为了这婚姻或是那杀父事件而被称为罪人，你总是就那件事责备我。我只问你这一点，你回答我：如果此时此地有人要杀你——姑且说你是个正直的人——你是先问那凶手是不是你的父亲，还是立刻向他报复？我以为，如果你爱惜你的性命，你就会向那罪犯报复，而不管合法不合法。我自己就是由于众神的引领而碰上了这样的祸事的。"① 显然，俄狄浦斯的这番话并不是为自己的罪孽辩解，而是要点明：人是无法躲开不可知的命运之支配的。在命运的支配下，人所做的一切不应该让个体承担罪名；在命运与罪孽之间，他承认命运是判定生存合法性的更高标准。然后，当他的长子求他协助自己的军事行动时，他看到儿子们的所作所为都是非义的，都没有真正领会到生存的真义，因此断言他们都将为此付出生命，同时再次强调那超越一切的命运的重要性："只要那自古闻名的正义之神按照古老的习惯同宙斯坐在一起，我的诅咒便会压倒你的座位和你的王位。"② 同样，俄狄清斯非常明白，为着一己之私而激发起来的战斗"决不能征服你的家族的土地，也回不到那群山环绕的阿尔戈斯；你将把那驱逐你的人杀死，你自己也将死在亲人的手里。"③ 最终，当命运之神在召唤着俄狄浦斯回归神秘的冥界时，俄狄浦斯以圣水淋浴更衣，来到他最终瞑归之地，并让雅典国王独自陪伴着他，亲历他的这番赴死过程，以最终的行动来启示他，人怎样去对待他不可免除的命运，并怎样去接受他的这种命运，从而怎样让人与整体的生存建立一种本真的意义关联。

总之，尼采的悲剧的思想远远不像黑格尔所说的那样，是伦理实体在冲突中的实现，或是绝对理念的最终形成，而是关于人与不可知的命运之间的意义关联及其诗性言述。悲剧精神所要通向的是生存整体的神秘深渊，它一方面昭示了万物在命运支配之下的不可把握性，

① 罗念生编《古希腊悲剧经典》，作家出版社 1998 年版，第 217 页。
② 同上书，第 228 页。
③ 同上。

另一方面则通过对存在深渊之召唤的诗性回应，使现实的生存笼罩在一种圣洁的神韵之中，正是对这种神韵的聆听，人的生存体现出它的本真意义——在命运与整体生存的伴随之下去承担自己的痛苦，去展开自己的一生。

这样的生存注定是痛苦的，但承担这样的痛苦同样是人被注定的命运。在尼采看来，人必须与不可知的命运及其毁灭冲动重新建立根本的意义关联，非此不能使人的现实生存获得永恒的生命力。这就是尼采对悲剧精神的独特把握。以这种认识为基础去解读埃斯库罗斯的《被缚的普罗米修斯》，同样不难看出人与神秘命运之间的意义关联这个内在焦点。

普罗米修斯作为提坦神谱中的众神之一，他帮助以宙斯为代表的奥林匹斯众神推翻了旧神的统治，由此确立了新的神谱——奥林匹斯神谱。之后，普罗米修斯违背宙斯的旨意，把火种私自传给了凡人，触怒宙斯，被绑在了高加索的悬崖上。宙斯每天派一只鹰去啄食他的内脏。他的内脏无论被吃掉多少，都随即重新长成，从而使这种痛苦永无平息之日，直至有人自愿出来替他受罪为止。但是，普罗米修斯并不屈服，他掌握着宙斯的残暴统治终将被推翻的秘密，拒不接受任何收买，绝不透露这个秘密。最终，宙斯不得不与普罗米修斯握手言和。依据尼采对生命形而上学的理解，我们便可以清楚地看到该剧的深层隐喻，即普罗米修斯的形象正是那生长一切的大地之隐喻，也正是那承载一切显性生命形式的隐性生存之隐喻。大地作为显性生存的基础，以它的痛苦孕育了一切显性的生命，它奉献了一切生机，承担了一切痛苦，但同时也让一切显性生存无法脱离它，而且最终必须回归它，这便是一切存在的最终命运。因此，显性生存只有与隐性存在这种不可知的神秘命运结为一体，生存才真正体现出它的本真意义。对此，尼采有着清晰的论述，在《悲剧的诞生》一书中，尼采就这样说道：

> 荷马史诗是奥林匹斯文化的诗作，奥林匹斯文化是赢得可怕的泰

坦战争的赞歌。现在，在悲剧诗的强大影响下，荷马神话重新投胎降生，这种轮回转生表明，现在，连奥林匹斯文化也被一种对事物更为深刻的认识所征服。顽强的泰坦巨神普罗米修斯向折磨他的奥林匹斯神宣布，除非宙斯及时与他联盟，否则某天最巨大的危险将危及他的统治。在埃斯库罗斯作品里，我们看到了惊恐不安、担心末日来临的宙斯和泰坦诸神结为联盟。因此，原来的泰坦时代再一次从暗无天日的深渊中恢复过来，并被带到阳光之下。①

正如有学者所指出的："尼采的主题，不是一种虚构的、而是一种在恐怖和着迷中生存过的可怕的事物的本体论。"② 从尼采对古希腊悲剧的分析来看，尼采坚信一点：不可知的命运及其毁灭冲动是促进生存之意义的根本源动力所在，也是悲剧精神的生命根源。现实的生存只有与这种不可知的命运结为联盟，进入了显性生命形式中的生存活动才不至于沦为没有目的和价值意识的精神流浪；也只有通过与不可知命运结为联盟，积极地对抗生存自身的毁灭冲动，人们才能真正地理解生存究竟有何意义，现实的生存才能真正地获得它的意义之源。就这点来说，尼采对悲剧精神的把握与黑格尔是根本不同的，因为尼采所理解的悲剧精神永远向一个不可知的领域敞开，人们必须走出自身，倾心聆听来自此领域的痛苦乐音，只有在此痛苦的感召中，生存才能奏响它自身的绚丽乐章；但是，在黑格尔看来，悲剧精神永远朝向一个确定的目的而前进，永远渴求回归至善的伦理领域，非此不能获得悲剧震撼人心的精神力量。黑格尔坚信，只有在至善理念的照亮下，本真的生存才是可能的，悲剧才是可理解的，超出了至善理念去理解悲剧则永远是不可理喻的。显然，尼采与黑格尔两人的区别在此判若二途，正如德勒兹所说的："黑格尔与尼采绝不可能妥协。尼采

① Nietzsche, *The Philosophy of Nietzsche*, trans by: Clifton P. Fadiman, New York: the Modern Library, 1927, p.1002. 中文译文参见 [德] 尼采《悲剧的诞生》，赵登荣译，漓江出版社 2000 年版，第 66 页。

② [德] 萨弗兰斯基：《尼采思想传记》，卫茂平译，华东师范大学出版社 2007 年版，第 179 页。

哲学……持一种绝对的反辩证法态度，并着手揭露一切以辩证法为最终庇护所的神秘化思想。"① 显然，德勒兹的观点对于我们理解黑格尔与尼采之间的对比是极富启发性的。

固然，死亡在尼采与黑格尔思想中都是一个极为重要的价值参照系，他们都强调，现实的生存要在面对死亡的考验中才能获得生存的意义，但是，他们对待死亡的态度是不同的。罗素曾经认为，尼采崇奉征服者，而这些征服者的光荣就在于有叫人死掉的聪明。② 从政治思想上看，罗素的分析有其正确之处，但从艺术思想上看，可能就有些以偏概全了。事实上，死亡在尼采的悲剧思想中，作为生存的必然遭遇，只是一种隐性的呈现，它来自对存在整体的深刻理解，也即是说，它来自对存在之思的终极必然性，而不是来自外在的威力。总之，在悲剧精神中，尼采所要强调的是把生存奠基在生命形而上学的基础上，以潜在的死亡来彰显显性生存的意义，并突出生命的创造本能，从而使生存成为一次张扬强健生命力的艺术过程。但是，在黑格尔的思想中，死亡是绝对精神生成的必经之途，非此无以形成这种客观的至善精神，个体的死亡在黑格尔的悲剧思想中只是一种手段，只有经历这种否定性的死亡，精神才能最终克服它的个体性和片面性，最终生成客观的自在精神。在此，对至善目的的追求可以合理地牺牲个体的生命，这就是从黑格尔的悲剧思想所得出的必然逻辑结果。

总之，尼采悲剧思想中所牵涉到的死亡并不是意味着让人去死，而是让人真心地感受自己的生活，把生存变得更有意义，这一点，在文学史上已有公论，对尼采的悲剧思想多少抱谨慎态度的文学史家韦勒克就认为："艺术在当时对于尼采来说具有一个至高无上的旨趣：赞美生活。"③

意志与悲剧——叔本华与尼采悲剧思想比较研究

---

① ［法］德勒兹：《尼采与哲学》，周颖等译，社会科学文献出版社 2001 年版，第 284 页。

② ［英］罗素：《西方哲学史》下卷，马元德译，商务印书馆 1976 年版，第 326 页。

③ ［美］韦勒克：《近代文学批评史》第 4 卷，杨自伍译，上海译文出版社 1997 年版，第 408 页。

第五节　虚无深渊与现代派的荒诞

显然，与虚无遭遇是 20 世纪的精神生活中的一件大事。早在《作为意志和表象的世界》一书中，叔本华就明确认定了这个世界的本体是虚无，但是，他相信同情伦理能够重新把这个社会凝结起来，在生命直观和伦理禁欲的审美认识中重建人与人之间的本真联系；尼采则清醒地意识到虚无主义已经开始蔓延，认为虚为无主义意味着"最高价值正在失去价值"（That the highest values are losing their value.），[①] 因此努力要在这个价值转变的临界点激起强健的生命力与创造力。但是，进入 20 世纪之后，新的艺术思潮风起云涌。试图以不同的存在身份与 19 世纪以来的艺术观念对话，试图以一套独特的语言来言述自身的生存感受，成为 20 世纪艺术思潮的基本特点之一，这种特点的鲜明体现即是"荒诞"。

自文艺复兴以来，人们一直在"人性"主题下理解艺术的本质。不可否认，古希腊的艺术世界在"人性"的视角下曾出现过辉煌的复兴。但是，这种认识一旦出现了例外，甚至人们怀疑"人性"作为诗性叙事的合法基础之时，人们的精神世界便不可避免地呈现出难以辨认的特征，正是这些难以辨认的特征在逐渐地开拓着人们的意义世界。显然，现代艺术对人性的"荒诞"解读深刻地呈现了人当下所处的生存困境，因此，现代艺术所关注的问题，以及它本身的存在，彻头彻尾就是悲剧性的。

"荒诞"几乎是 20 世纪西方艺术的共同精神特征，从意识流小说到荒诞派戏剧，从"达达派"艺术到劳森伯格的抽象绘画，从爵士音乐到行为艺术，人们都可以明显地看到其中的荒诞色彩。对生存的荒诞认识，本质上是因为我们据以认识世界的方式产生了突变，这种变化是如此

[①] Nietzsche, *The Will to Power*, Vol. Ⅰ, trans by: Anthony M. Ludovici, London: George Allen & Unwin Ltd., 1909, p. 8.

之大，以至于日常熟悉的世界呈现为一个完全陌生的世界。在这个陌生的世界中，一切都以非正常的面目出现，世界因此就成为一个荒诞的世界。

值得强调的是，唯意志论思想本身与 20 世纪以来的荒诞思想有着紧密的本质关联性。叔本华曾经认为，美的世界必须是一个区别于日常认识的世界，只要我们以非意志的眼光来认识这个世界，一切事物，甚至包括废墟，都是美的。显然，叔本华的思想已经内在地包含着世界将呈现为一个荒诞的世界的可能，如果人们进一步把叔本华思想中的"意志完满客体化之理念"去掉，在非意志的静观中把生存的事实直接呈现出来的话，那么世界成为一个荒诞的世界便成为必然的结论。

唯意志论思想强调，现实的日常生存不是生命的本真状态，我们必须从另一种认识角度来认识生命整体，只有这样，生命的本真状态才会呈现在我们面前。这种观点在荒诞派戏剧中并不乏明确的体现，在《动物园》这个荒诞剧作中，上述认识就得到明确的提示。在该剧中，一位事业有成、生活幸福的小资产者在动物园内的椅子上闲坐的时候，一位陌生者试图与他攀谈，但这位小资产者在"彬彬有礼"的回答方式中表达了拒绝。可是，这位衣着破烂、语无伦次、举止荒诞的陌生者一再地与这位彬彬有礼的小资产者搭讪，并一再地打破人与人之间的防范距离，冒犯这位举止端庄的客人，并最终产生冲突。冲突中，那位言行举止"合乎理性"的现代人事实上无法反抗这位可怕的陌生者，但这位陌生者最终却毫无怨言地主动死于自己拔出的刀下。该剧以这种不可思议的悲剧性结局提醒这位现代人：现有生活远远不是生命的本真存在！因为生存并不仅仅意味着逻辑清晰、行为得体、衣食无忧、前程似锦，因为这些东西作为生存的个体化原理，它远远不能穷尽生存的意义；生存的意义还在于人们是否能够跳出严酷的理性法则去与别的生存形态交流，在于人们与荒诞遭遇的时候能够认识到，那也是一种有其存在理由的生存方式。总之，就该剧对理性生存状态及其悲剧性结局的描绘来说，它与唯意志论思想是有着紧密的意义关联性的。

但是，荒诞体验毕竟不能等同于唯意志论思想对世界的认识。如果说叔本华对世界只是抱着悲天悯人的悲观情怀的话，那么荒诞派艺术对世界则明显抱以窒息的绝望态度，因为这种真正的荒诞体验是彻底的虚无，它远远比叔本华所说的"无"更无希望感。事实上，在感性的直观认识中，当叔本华所说的美的"理念"却不再成为审美认识的关键因素之时，即当审美认识中唯一的价值意识与普遍性标准完全取消之后，世界就成为一个"虚无"的世界，也就是一个荒诞的世界。在这个世界中，人与人之间的一切沟通不再可能，语言的词句也不再有意义，严肃认真地对待人生便显得荒谬可笑，人成为一个在精神上无家可归的人。正如加缪在《西西弗神话》中所说的：

> 一个哪怕是能用邪理解释的世界也不失为一个亲切的世界。但相反，在被突然剥夺了幻想的光明的世界中，人感到自己是局外人。这种放逐是无可挽回的，因为对失去故土的怀念和对天国乐土的期望被剥夺了。这种人与其生活的离异、演员与其背景的离异，正是荒诞感。①

显然，加缪所说的荒诞感产生的缘由，恰恰就是人在一个价值虚无的世界中生存的时候必然产生的荒诞认识结果。这种认识结果形象地体现在诸如贝克特、阿达莫夫、尤奈斯库、热内等人的剧作中，他们在呈现生存的荒诞性时采取了不同的角度，但加缪的上述概括无疑是他们的思想共同点。

对于荒诞派艺术所呈现出来的对生存的悲剧性认识，人们的评价褒贬不一。人们一般都强调荒诞派戏剧对于现实生存的根本质疑和变革要求，以此凸显荒诞派戏剧对于生存之认识的重要意义。正如威廉·巴雷特在论述现代艺术的总体特征时所说的：

---

① ［法］加缪：《西西弗神话》，加缪《加缪全集》第 3 卷，沈志明译，河北教育出版社 2002 年版，第 71 页。

西方艺术贬低价值或使价值平整化的做法，并不一定表明道德观上的虚无主义态度。恰恰相反，艺术由于使我们向现有的被拒绝的因素睁开双眼，可能引导我们更为完整、更少虚假地颂扬这一世界。①

类似的观点和认识，我们还可以在布莱希特的戏剧理论和瓦尔特·本雅明及赫伯特·马尔库塞的艺术理论中清晰地勾画出来。显然，20世纪的许多艺术家和思想家对此都持大致相似的观点，对现代荒诞艺术的上述认识在很大程度上促进了艺术的现代革命进程。

但是，有必要指出的是，现代荒诞艺术所体现出来的窒息感与绝望感不能不让人感到担忧，因为它在努力地凭借相关理论来强化生存的荒诞体验时，似乎也安于这种无望的生存状态。它明确地认为，改变这种状况是不可能的，生存的天命似乎已经注定永远是堕落的。这正如尤奈斯库所说的：

在一个现在看来充满幻觉和虚假的世界里，人类的一切行为都表现得荒诞无稽，整个历史绝对无益，这个存在的事实使我们惊讶万分。一切现实和语言都仿佛失去了意义而土崩瓦解；在这万事皆休，无足轻重，仅余嘲笑的时刻，还可能剩下什么反应呢？在这样的时刻，我自己觉得彻底自由自在，同时获得这样一种印象，那就是我可以利用那样一个世界里的语言和人物来干我想干的任何事情，那个世界对我来说则已不再是什么了不起的东西，而不过是一个无根无据、荒诞的赝品罢了。②

把上述认识摆到尼采思想的亮光之下，我们就会发现，荒诞派艺术在生存意义的追问这个问题上，其力量是极为不足的，所提供的回答是极

————————————

① ［美］威廉·巴雷特：《非理性的人》，杨照明译，商务印书馆1995年版，第58页。
② ［法］尤奈斯库：《起点》，伍蠡甫主编《现代西方文论选》，上海译文出版社1983年版，第351页。

为苍白的。在积极虚无主义与消极虚无主义的对立之间，荒诞派艺术显然毫不迟疑地选择了消极虚无主义的立场。因此，由荒诞派艺术所呈现的生存世界便是一个本质病弱生存的世界，而不是一个本质强健的生存世界。在荒诞派艺术看来，生存因为没有形而上的安慰，因此生存在本体上必然是荒诞的，是没有交流之可能的，也是没有交流之意义的；他们认定，既然生存的一切都是人为的，那么，这一切在本质上必然是荒诞的。因此，在荒诞的现实中孤独地拒绝一切，孤独地无义言说，在荒诞派艺术看来便是生存的基本要义。显然，荒诞派戏剧在生存的虚无感之探索方面，完全否定了生存曾有过的辉煌和壮丽，从而也否定了价值创造的可能。

但是，在尼采看来，驻足在没有希望的生存困境中而不求自救，这样的生存是可怕的；对此生存安之若素，更是消极虚无主义的危险所在。事实上，生存缺乏安慰，正好说明生存需要创造安慰。与其在绝望中一味地苦等，不如在绝望中积极地创造。正如尼采所说的："对于那些需要安慰的人来说，再也没有一种劝告比断言在他们的处境中没有任何安慰是可能的更为有效的了：它意味着一种莫大的殊荣，以致他们立刻就再一次昂起了他们的头。"[1] 显然，在尼采看来，生命缺乏安慰之处，恰恰证明了此处正是生命创造它自身价值的起点，而不是人们株守某种形而上学的安慰奇迹般地出现的终点。在这个意义上来说，贝克特的"等待戈多"虽然体现了永远不来的"戈多"给生存所造成的深刻悲剧性，但人们在荒诞的生存困境之中还远远没有看出生命价值之创造可能性。人们在虚无的生存境遇中沉湎于价值虚无的陌生化戏说，这显然是逃避了自己创造意义和价值以重新强化生命之能力的重大责任。一旦忽视了创造价值的可能性，放弃了价值创造的"超人"意识，在此可怕的生存现实中，生存就永远也无法摆脱"小人生命之轮回"的宿命；并且，在永远无法改变的生存现实中，由

---

[1] Nietzsche, *Daybreak*, trans by：R. J. Hollingdale, Cambridge：the Cambridge University Press, 1997, p. 171. 中文译文参见 ［德］尼采《曙光》，田立年译，漓江出版社 2000 年版，第 244 页。

于人们还没有足够的勇气抬起他们的头，生存的荒诞体验便成为必然的结果。在此，关于荒诞与生存价值之间的关联性问题，让我们再一次体会到了叔本华思想与尼采思想之间的内在呼应性。

总之，关于生存的荒诞体验，是经历了两次世界大战以及社会开始全面进入一个无神社会之后的人对于生存之意义进行追问的结果。在这个意义上来说，荒诞艺术是经历了血与火的洗礼之后的人类在生存之路上所立下的一块沉重的生命之碑，面对这块映现着荒诞现实的生命之碑，任何轻慢与无礼都是对生存之痛苦的无知。但是，面对着荒诞艺术给人们展现的生存痛苦，我们必须指出：生存如果永远无法走出荒诞，其前景必然是暗淡的。叔本华式的审美静观固然可以把一切（包括生存的荒诞）都纳入其中，也没有什么能够阻止我们对荒诞的生存图景进行审美的静观，但更为重要的是我们必须在此荒诞的现实中重新激起人们更为深刻的创造意识。简言之，对于荒诞派艺术所描画的生存图景，我们可以通过如下提醒来展开进一步的思考，即真正的哲学运思固然意味着必然要砸碎一切崇拜偶像，但生存的荒诞图景同样绝对不是生存的唯一归宿，更不是建立本真生存的真实地基。生存的虚无是一个深渊，它有理由拒绝对它进行宏大理想的人为编造，也同样有理由拒绝对它进行令人窒息的荒诞解释。在此荒诞的生存现实中，仍然需要人们重新塑造新的价值指向。

第六节　小结：诗性生存的可能性

尼采在 20 世纪开初之际终结了他的精神运思，为后人留下了强健者之生存与病弱者之生存的价值设定方案。但是，从整个 20 世纪的情况来看，人们是走上了强健者的生存之路还是病弱者的生存之路？人们是否已经走出消极的虚无主义？这些问题显然是难以用简单的判断来回答的。但是，遭遇虚无已经是现代人生存的基本事实。贝克特的《等待戈多》已经把西方世界的价值虚无主义及其精神上的生存困境直观地展现在人们面前。这个永不出现的"戈多"一方面已经成为人们无意识的行为指导,让人们在无意识中总认为自己在"等待戈多";另一方面它又空洞得毫无内涵,在这个现实的荒凉世界中完全看不到这个空洞的"戈多"会有任何出现的可能性,也看不出这个空洞的"戈多"出现之后,这个荒诞的世界将会有什么改变。生存的价值虚无与这个空洞的"戈多"之间的相互关系在此一目了然。这个事实证明了海德格尔的论断,即传统的形而上学已经穷尽了它的变化之可能,价值虚无成为生存的基本事实。在创造生存的价值和意义这个方面,传统形而上学观念中的"上帝"已经成为一个空洞的符号,已经完全失去了他的创造力。因此,追问生存的意义,我们必须在另一个维度展开思考,这个维度即是给生存奠定基础的艺术创造活动。

生存的基础是我们永远也无法确切地作出规定和定义的,但是,它却又无时无刻不向人们呈现它的存在,敞开它的怀抱,这一直吸引着人们去探求它的内涵和意义。显然,诗性的艺术创造活动正是透露生存之深层意义的根本方式。自17世纪以来,思想家帕斯卡尔和克尔凯戈尔已经看到了传统生存意义的基础正在产生地震式的断裂,因此,他们都从不确定性来重新认识人的本质,从诗性思维的不确定性中追问生存的意义已经在他们的思想中占据了重要的地位。但是,在传统形而上学思维方式的影响下,他们仍然在基督教思想所设定的价值模式中寻求生存的终极意义。同样,当黑格尔试图重建哲学的生存论意义,强调从精神的实现过程之中来考察自由的可能性之时,艺术已经成为绝对理念回归它自身不可逾越的重要阶段。但是,传统形而上学思想的基本预设仍让黑格尔毫不迟疑地把艺术的终结作为思想实现自身的合法手段。此外,康德肯定了人们的理智不能约简生存的大全这个事实,在构成性的上帝已经去魅的生存世界中,他认为只有审美认识的"无目的之合目的性"才是生存的价值指向。但是,道德形而上学的思想却让康德的艺术运思没能走出"主体"这个世俗的单独维度。总之,诗性生存作为生存的本真样式,仍然没能成为一个问题进入上述思想家的运思。

明确把生存的基础理解为诗之创造的思想家无疑是谢林。在他看来，哲学所不能做到的，正是诗能够完整地实现出来的，诗比哲学更为真实。这正如他在《先验唯心论体系》一书的结尾中所说：

> 艺术对于哲学家来说就是最崇高的东西，因为艺术好像给哲学家打开了至圣所，在这里，在永恒的、原始的统一中，已经在自然和历史里分离的东西和必须永远在生命、行动与思维里躲避的东西仿佛都燃烧成了一道火焰。哲学家关于自然界人为地构成的见解，对艺术来说是原始的、天然的见解。我们所谓的自然界，就是一部写在神奇奥秘、严加封存、无人知晓的书卷里的诗。①

正是出于对诗的本质特征的这种认识，谢林明确地把艺术称为哲学思想的"拱顶石"，对于艺术与生存之间的关系问题赋予了新的内涵。

但是，谢林的考察仍然局限于理性主义思想传统的范围之内，因此，当黑格尔以严格的辩证逻辑发展了谢林的上述观点时，它也就再一次被纳入了传统形而上学思想的框架之内，而且结合得天衣无缝。

明确要从理性主义传统之外来考察艺术与生存之关联的思想家无疑是叔本华。叔本华强调，对生存之基础的认识只能通过直观的诗性活动，任何抽象的理性认识既不可能认识生存的真正基础，也无助于诗性的直观认识。他一再申明，正如人们不可能通过实践抽象的伦理法则而成为道德家、通过学习抽象的艺术规则而成为艺术家一样，任何想从抽象的理性原则出发来达到艺术和生存的本质都不外是缘木求鱼，因为直观的诗性活动完全与抽象的理性概括对立。从这个角度来说，一个人要成为艺术家，就必须放弃那一套抽象的理知原则，因为概念永远无益于艺术；也只有从最初的直观认识活动出发，世界才作为一个内容丰富的、美的艺术世界呈现出来。总之，叔本华把直观的艺术认识与抽象的理知认识

---

① ［德］谢林：《先验唯心论体系》，梁志学译，商务印书馆 1976 年版，第 276 页。

相互对立起来，强调生存的真实基础和真理的本质是诗意的，而不是理性的，只有直观的审美认识才有可能达到对生存世界的本质理解。显然，把生存从理性的伦理追求引回感性直观的领域，并在对生命整体的直观之中重建生存的合理性基础，这无疑是叔本华关于生存与艺术之思的重大贡献。

值得一提的是，从感觉与诗性认识来确定生存的本质基础，人类学家对这种观点已提供了佐证。列维-斯特劳斯在《野性的思维》一书中就明确认为，相比于文明人借助概念来思考的抽象思维来说，土著人对于具体事物的非概念性认识同样是一种有效的认识方式，列维-斯特劳斯称之为"具体性的科学"，并明确指出：

> 神话和仪式远非像人们常常所说的那样是人类背离现实的"虚构机能"的产物。……这种具体性的科学按其本质必然被限制在那类与注定要由精确的自然科学达到的那些结果不同的结果，但它并不因此就使其科学性减色，因而也并不使其结果的真实性减色。在万年之前，它们就被证实，并将永远作为我们文明的基础。①

显然，列维-斯特劳斯的结论对于深化我们的认识无疑是极有启发性的。

叔本华从唯意志论角度来论述艺术与生存之间的关联问题，显然比谢林深入得多，因为在叔本华的论域中，生存与艺术二者是具有同一性关联的活动，它们都与生命整体紧密相关。但是，由于强调个体化原理的痛苦本质之不可还原性和无意义性，在叔本华的思想中，生存过程便成为创造行动永远缺席的静观过程，生命因此也就呈现为痛苦永恒轮回的无奈过程；也正是因为创造意识的缺席，叔本华关于生存与艺术之间的设定仍然沿袭了柏拉图主义思想的基本框架，并最终走向了基督的"原罪"意识。

---

① ［法］列维-斯特劳斯：《野性的思维》，李幼蒸译，商务印书馆 1987 年版，第 22 页。

这正如尼采所指出的："是什么东西促使叔本华与《旧约全书》和解的呢？那就是关于原罪的神话。"①

正是因为洞悉了叔本华思想中的这种缺陷，尼采转而把痛苦酿造为提升生命价值的盛宴佳肴，强调人们恰恰要畅饮痛苦这杯陈酿，才能使生存的艺术之花永远绽放；也正是在艺术的创造中，人们战胜了生存的痛苦，使痛苦的生存变为值得再次经历的人生过程；也正是在渴望再次拥有生命的创造过程中，生命的永恒轮回也就变成生命的永恒创造。正是在生存的诗性创造中，尼采把生命的形而上学思想升华为艺术的形而上学思想。总之，诗性生存的设想在尼采的思想中闪现着生命整体的壮丽色彩与力量感，生命价值的提升成为永恒轮回的不息动力。

毫无疑问，尼采在艺术形而上学的基础上对生存意义的追问，其影响是极为深远的。他把生存的痛苦纳入了艺术创造的世界，并使之成为一个不可缺少的重要因素，就这点来说，尼采关于悲剧的论述在生存的理解之深度上远远超出了现代美学理论的认识阈限。对于尼采来说，艺术既不依据某种确定的现实目的确定它的合理性，也不为艺术自身而确定它的合性性；艺术为生存而确定它的合性性，艺术为生命的提升而确定它的合理性。毫无疑问，这是尼采的艺术之思对生存论问题的重大贡献。

重新认识了艺术与生存之间的本质关联，我们便重新踏上了生命的归家之途，因为我们重新认识了生命的内涵，重新意识到生命价值的不可让渡性。应和着生存整体的痛苦，生存成为创造价值的永恒轮回过程。这正如尼采所说的：

> 我们在英雄每一个强有力的脚步声中听到死神的沉闷的回音，在死亡迫近之时我们理解了对生命的最高刺激——这样，在变成了悲剧性的人之后，我们带着一种新的确定性，以一种特殊的安慰心情返回

---

① ［德］尼采：《权力意志》，贺骥译，漓江出版社 2000 年版，第 228 页。

生命。好像从巨大的危险、不安和狂喜中回到节制和熟悉的归途，回到我们能彼此尊重、或至少比以前更高贵地彼此尊重的地方。①

把艺术与生存在痛苦的催化过程中结合起来，这是尼采思想最富于吸引力的地方。但是，在权力意志的基础上来论述艺术与生存的本质问题，则是人们不断地对尼采思想加以追问和质疑的地方。海德格尔把尼采置于西方传统形而上学的终结点上来看待，认为尼采是西方最后一位形而上学家，理由就是：尼采仍然从确定的概念思路上来设定"存在"的基本内涵，这个确定的概念就是"权力意志"。虽然这个确定的概念不再是具体某物，而是事物之间的相互关系，但"生存的基础'是'权力意志"这个基本判断仍然把"存在"的内涵纳入了"权力意志"的单维意义空间，它在遮蔽了"存在"本身的多维性之时，还把生存纳入了残酷的权力意志之搏击中。因此，海德格尔正确地指出：尼采在权力意志的基础上来论述生存与艺术的同一性问题，仍然没有在根本上澄清生存的诗性本质。显然，这个洞察无疑是极为准确犀利的。因为在尼采的思想中，诗性的生存本质最终仍然被归结到权力意志这个基本的预设之下，生存的诗性本质仍然没有得到真正的彰显。正是在这个起点上，海德格尔通过现象学的追寻道路，努力追问"存在"一词的原初意义，从而使"存在"由单一的意义之维呈现为多维的精神空间。② 正是对"存在"本身的追问，海德格尔的运思被引向了一条叩问神性的思想道路；也正是在对神性的叩问过程中，海德格尔的运思为诗性生存的问题开创了一方神圣的宁静空间，生命整体与神性在它的原初起点上重新建立起了它的基本关联。

总之，在叔本华以"解脱"为生存的归依，否认了传统理性的"超越"之可能性以后，尼采再次以生存的"创造"否定了叔本华的生存之

① Nietzsche, *Unfashionable Observations*, trans by: Richard T. Gray, California: Stanford University Press, 1995, p. 294. 中文译文参见［德］尼采《瓦格纳在拜洛伊特》，赵登荣译《悲剧的诞生》，漓江出版社 2000 年版，第 179 页。

② ［德］海德格尔：《形而上学导论》，熊伟等译，商务印书馆 1996 年版，第 193—200 页。

"解脱"，从而深化了生存意义之追问的思想深度。但是，无论是"解脱"还是"创造"，他们都共同地把生存理解为诗性的过程，这便是叔本华与尼采之思在整个西方思想史上的重要意义。当海德格尔再次在尼采之思的基础上把权力意志的"创造"转变为神性的"发生"与"到来"之后，生存的诗性本质及其意义便得到完全的彰显与澄明。

显然，追问生存的诗性本质，同时也就把我们的思路引向了归家之途。纵使它已被太多的迷雾所遮蔽，但诗性生存的召唤正像来自远处的钟声，它以微弱的回音在追问者的心中振起了共鸣，也正是在对钟声的聆听中，人们辨明了方向。这正如海德格尔在《荷尔德林诗的阐释》中所言：

> 这些故乡的儿子们虽然远离故乡的土地，却一直凝神着对他们闪耀不尽的故乡的明朗者，为依然隐匿起来的发现物耗尽他们的生命，并且在自我牺牲中挥霍他们的生命。他们的牺牲本身包含着对故乡最可爱的人发出的诗意呼唤，尽管隐匿起来的发现物可能依然隐而未显。①

① ［德］海德格尔：《荷尔德林诗的阐释》，孙周兴译，商务印书馆 2000 年版，第 32 页。

第七章

价值重估的困惑和启示

第一节　价值重估的困惑

"尼采思想的阐释是一项极其复杂的工程",[①] 这已经是学界的共识；同样，对尼采思想的评价也是一项极其复杂的工作。本书不可能在有限的篇幅内对这个问题作过于宽泛的说明，我们试图在艺术生存论的基础上指出尼采价值重估的内在紧张性，结合德国古典思想的相关论述来评价其内在紧张所导致的生存论局限。

具体说来，唯意志论思想反对至善伦理对生存的目的设定，反对理性哲学对生存的道德设定，因此他们都共同反对康德的批判哲学所树立的"绝对律令"。但是，如果我们把尼采的价值重估所导致的困境与康德批判哲学的相关认识相互比照的话，我们就会发现一些富有启发性的问题。追问这些问题，对于我们理解尼采的价值重估之局限是有益的。

---

① 〔美〕伯恩·马格努斯编《尼采》，生活·读书·新知三联书店 2006 年版，第 21 页。

总的说来，尼采对康德伦理思想的批判在很大程度上继承了叔本华的思路，即把康德所说的"应然目的"作为宗教条文来看，并且一再认定康德所说的"绝对律令"即宗教上帝的世俗翻版。尼采从艺术创造的角度来设定生存的合理性与康德从伦理的应然目的角度来设定生存的合理性有着完全不同的思维走向。正是这种根本不同的着眼点让尼采对任何理性目的和伦理观念都抱以深深的怀疑。

但是，我们可以对尼采的价值重估方案提出如下两个方面的问题：首先，尼采所设定的价值重估方案是不是完全满足了生存的需求了呢？尼采设定了生存的艺术一元论基础之后，在格言式的思想论述中，经常从广义的艺术观无意识地转换到狭义的艺术观。当他无意识地从艺术化的生命形而上学认识转化为生理化的权力感受时，其中不存在内在的紧张性吗？其次的问题仍然是，康德式的对生存世界的合目的设定是不是一个绝对的伪命题呢？生命的权力意志能够充当生存自身的唯一价值准则吗？如果本真的生存意味着必然拒绝现实的世俗生存，那么与世俗生存有着内在紧张关系的"超人"在多大程度上能够改变人们现实的生存状况呢？

我们先来看问题的第一方面。尼采格言式的论述方式一方面凸显了精神的光芒和思想的犀利洞察力，但另一方面也在极大的跳跃性中形成了内在的紧张与困惑。纵观尼采关于艺术的论述，我们不难发现这个了然的事实：早期的尼采在生命形而上学的基础上来论述艺术生存论时，他所说的艺术明显偏向于广义的艺术。这时，他所描述的艺术世界是一个神性世界，这个神性世界在酒神音乐中把来自远古的生存之音带到我们的面前，从而让人们走出自身，在悲剧的沉醉中感受神性的太一之召唤。在此神性世界中，某种来自人之外的召唤使事物呈现出本身之外的更丰富内涵，正如在《人性的，太人性的》一书中尼采所说的：

> 在一座希腊或基督教建筑物上的一切原本都是有某种意义的，而且意味着万物中一种更高的等级：这种与一种取之不尽的意义相关的

情调围绕着建筑物，就像一层迷人的面纱。美只是附带着进入到这个系统中，没有在本质上损害有关可怕和崇高的事物，有关由于神的来临和魔法的作用而实现的神圣化的基本感觉；美最多缓和了恐惧心理——这种恐惧到处都是作为先决条件出现的。①

但是，晚期的尼采在权力意志的基础上来论述艺术的创造本质时，这种认识发生了变化，此时他所说的艺术更明显地偏向于狭义艺术，他所描述的艺术世界显然已是一个无神的人性世界，在此无神世界中，艺术成为人之感性本能的冲动，美成为人自身对世界的人化，正如他在《偶像的黄昏》中所说的：

> "自在之美"只是一句空话，它甚至不是一个概念。在美之中，人把自己假定为完美的标准；在特殊的情境中，他把自身作为这种标准来崇拜。一个物种舍此便不能自我肯定。它最低级的本能，即自我保存和自我繁衍的本能，在这样的升华中依然透露出来。人想象这世界本身充斥着美——他忘了自己是美的原因。唯有他把美赋予这世界，唉，一种人性的、太人性的美！归根到底，人把自己映照在事物里，他把一切反映他自身形象的事物认作美的："美"的判断是他的种类的虚荣心……人把世界人化了，仅此而已。……没有什么是美的，只有人是美的：全部美学都立足于这个单纯的命题之上，它是此学科的首要公理。②

结合尼采在《悲剧的诞生》中反对欧里庇德斯把单维的人性引入悲剧作品中的论述，我们不难看到，尼采在此已经走到自己的对立面，因为生

---

① ［德］尼采：《人性的，太人性的》，杨恒达译，中国人民大学出版社 2005 年版，第 147 页。

② Nietzsch, *The Twilight of The Idols*, trans by: Anthony M. Ludovici, London: George Allen & Unwin Ltd., 1911, pp. 74—75. 中文译文参见 ［德］尼采《悲剧的诞生——尼采美学文选》，周国平译，生活·读书·新知三联书店 1986 年版，第 322 页。

命形而上学的神性在此已经悄然转变为权力意志的人性，这是尼采在跳跃性极大的运思中论述艺术本质时所没有注意到的重要变化。晚期的尼采虽然在其《权力意志》中再度提起酒神精神与"狄奥尼索斯"，但这时的酒神精神已经失去了其生命形而上学色彩，在无意之中转变为主体在感性欲望之中支配万物的权力意志和本能冲动。总之，在尼采关于艺术的所有论述中，我们可以显然地找到他从艺术形而上学向艺术生理学转变的思维轨迹，这两个概念之间的内涵变化所带来的种种问题及其深远影响，甚至连尼采本人也始料不及。

简言之，尼采在艺术生存论的基础上无意识地分化出艺术的两层内涵，一则是艺术的形而上学，另一则是艺术生理学。当尼采试图以"权力意志"的观念来彻底贯通自然界的生存法则和人类的精神创造，并以此为基础进行价值重估之时，他已经明显地在艺术生理学的基础上来理解艺术生存论的本质内涵了。这种艺术生理学所要强调的就是否定一切自在的美、纯粹的认识和应然的道德，强调把一切都纳入关系性的生存场域中来理解，尤其强调要从本能感受的强弱差异来确定其有用或无用的价值标准。在尼采看来，道德、哲学、宗教等等，它们没有一个是自然而然地存在着的东西，它们在本质上都无非是人们在生存的可怕深渊中进行的艺术性虚构。作为权力意志的派生性现象，它们除非对生命力的提升有用，否则都毫无价值。必须强调的是，这种认识并不能简单地划定为尼采晚期思想的产物，在《悲剧的诞生》和《不合时宜的思想》之后，它便在尼采的思想中明确地体现出来。早在《人性的，太人性的》一书中，尼采就表明了这种认识，他明言："不再有'应该'；道德，就它是一种'应该'而言，已经像宗教一样，被我们的思想方法消灭了。知识只能让快乐与不快、有用与有害作为动机而存在。"① 在《权力意志》中，尼采再次强调："在这种方式中，美和丑被看作是由我们最为基础的自我保存价值所决定的。离开了这一点，把任何

① ［德］尼采：《人性的，太人性的》，杨恒达译，中国人民大学出版社2005年版，第41页。

事物假设为美或丑都是毫无意义的。没有什么绝对美，就像没有什么绝对的善和真。"① 显然，感性欲望的张扬成为艺术生理学的重要内涵在此得到明确的论述，并在很大程度上支配了尼采绝大部分的运思。

"艺术和我们在一起，为了我们不至于在（形而上学的）真理中灭亡。"② 这是尼采在面对虚无主义的命运中所提出的重要思想命题。但是，尼采没有意识到，当他从艺术形而上学的认识转移到艺术生理学的强调时，他已经无意中为自己的思想向他所批判的现代主体性哲学敞开了门户，使他的价值重估方案难以走出主体性哲学的阴影，从而也使他的运思为后人留下了许多困惑。最为突出的问题就是：当自我保存的生理本能被夸大为本体性的生存基础，当艺术生理学无法走出感性欲望的畛域，当生存的应然目的成为一个绝对的伪命题之后，权力意志在虚无境遇中的无穷征服与创造能够使它自身完全走出消极虚无主义的阴影吗？显然，尼采没有深思这个问题，或者，处于特殊病理状态中的尼采没有来得及深思这个问题。总之，当尼采在艺术生理学的基础上来思考作为艺术的权力意志之时，他否定了一切主体生命之外的应然价值标准，在使自我保存的本能和生命力的提高成为绝对的真理标准之后，生存整体是不是还能够具有尼采在艺术形而上学思想中所说的诗性本质，就成为必然的疑问了。

在艺术生理学的论域中，尼采否定了生命之外的应然目的，但他同时也把生命本身确立为应然目的，亦即是说，生命本身是实然，其自存和提升则是生命本身的应然。当他把生命自身的应然目的完全固定在永不停息的权力关系之上的时候，与外界没有任何先在关联的生存本身为了维持和提高自己，便完全可以专注于目的而不择手段了。在这个问题上，我们多少可见现代政治学家马基雅维里的影子。在此，尼采并不掩饰他的诚实，

①　Nietzsche，*The Will to Power*，Vol. Ⅱ，trans by：Anthony M. Ludovici，London：George Allen & Unwin Ltd.，1909，p. 246. 中文译文参阅［德］尼采《悲剧的诞生——尼采美学文选》，周国平译，生活·读书·新知三联书店 1986 年版，第 352 页。

②　Nietzsche，*The Will to Power*，Vol. Ⅱ，trans By：Anthony M. Ludovici，London：George Allen & Unwin Ltd.，1909，p. 264. 中文译文参阅［德］尼采《悲剧的诞生——尼采美学文选》，周国平译，生活·读书·新知三联书店 1986 年版，第 366 页。

在《偶像的黄昏》之中，尼采坦言："修昔底德，也许还有马基雅维里的学说，因其表现为毫不自欺以及在实在（reality）中、而不是在'理性'中、更不是在'道德'中寻找理由的绝对坚决性，而与我最为接近。"① 把马基雅维里作为自己的思想前驱，由此可见尼采思想的现代性阴影，建立在艺术生理学之上的价值重估也就显现出它的现代性根源。

把艺术的本质认识筑基于这种认识之上，其根本要害之处，就是认定生命之外的一切都是由权力意志关系中的主人意志所支配的附庸，万物此时已经不再是其所是，万物彼此之间相互吞食的残酷命运成为尼采为艺术的本质所铺垫的生命基础，尼采晚期的艺术思想之盲视于此可见一斑。其本质正如学者余虹所言："尼采的美学最决绝地标划了现代艺术理念的范围与内涵：无神世界中生命的自我表演……时时不忘批判现代性的尼采，其'艺术'观的基本假想恰恰是现代的，这种艺术观将艺术看作人这种生命存在的自我创造，它与非人的存在者无关。"② 这种分析对于我们理解尼采的艺术生理学之内涵及其不足显然是极为有益的。

我们应怎样来打破由尼采的运思所带来的种种困惑呢？海德格尔对尼采的评价对我们的理解是有启发的，在尼采的讲座中，他曾明确说过，尼采同样继承了叔本华对康德的误解。显然，唯意志论的悲剧思想在与德国古典思想的根本对立中获得其运思空间的同时也就埋下了它的先天缺陷。因此，要清楚地摆明尼采价值重估的局限性，我们就必须把尼采的价值重估置于德国古典哲学的思想背景下来进行评价，看看尼采的前人对生存价值的思考对上述问题有何启发性。我们尝试以如下几个方面的论述来回答这个问题。

首先，我们从叔本华对康德的批判说起。叔本华认定康德的先验理性论是一个伪命题，因为他断定在因果关系的表象世界之外绝不存在一个自

① Nietzsch, *The Twilight of The Idols*, trans by: Anthony M. Ludovici, London: George Allen & Unwin Ltd., 1911, p. 114. 中文译文参见 ［德］尼采《悲剧的诞生——尼采美学文选》，周国平译，生活·读书·新知三联书店 1986 年版，第 330 页。

② 余虹：《艺术与归家》，中国人民大学出版社 2005 年版，第 45 页。

在的理性目的。叔本华坚信，在理性目的指导下推导出道德实践的自由意志，这绝对是无稽之谈，因为意志永远是不自由的，自由永远是意志之外的天地，所以，要达到自由，人们所要做的并不是在意志支配的王国中追求绝对的形而上学之真理，而是在根本上平息生命意志。事实上，叔本华对康德道德哲学的批判与其说是指出了康德哲学的错误，不如说是叔本华为了获得自己的运思空间而必须进行的先行设定，即把康德所力求论证的"应然"之维强行纳入意志欲望的绝对支配之中去。显然，尼采同样继承了这种先行设定，把任何生命之外的目的论都断定为生存的虚构，认为任何"为真理而牺牲"的行动本质上都不过是一场笑话。在此，我们可以追问：在先验理性中追问生存的应然目的，这果真是一个伪命题吗？事实未必尽然。对这个问题，我们仍然可以从康德哲学的相关问题谈起。

人们批评康德哲学，认为康德以"你能够，因为你应该"和"你应该，因为你能够"的循环命题来规定实践行为的合法性，从而把生存纳入了道德理性的先验法则中。其实，这只是问题的一个方面。如果人们难以接受康德试图以道德理性来充实绝对命令的做法，我们完全有权拒绝接受康德对"绝对律令"的道德设定，但是，我们大可不必完全拒绝康德在追问这个问题之时所设定的基本前提，这就是：我们永远不能从"实然"之中推出"应然"。也就是说，实在所是的东西与它应然所是的价值是永远无法画上等号的，正如火炮具有巨大的杀伤力，但绝不必然意味着它就"应该"作为杀人武器一样。康德坚信："实然"永远无法在终极程度上解释自身的合理性，因为经验永远无法对生存整体作出根本、透彻的说明。因此，生存必须有一个先在的"应然"目的，"实然"的东西才能被它清晰地照亮，生存才能找到其明确的价值目的。探讨这个应然目的的能力不是先验感性，也不是先验悟性，而恰恰是先验理性。对于康德而言，先验理性是无条件地超越于先验悟性的因果法则之上的自由意识，正是这种自由意识的指导让人的伦理实践能够超越于既定的现实陈规，在另一个层面上启动一个新的因果序列。

我们可以打个简单的比方来解说康德的上述观点。所谓"吃人嘴软，拿人手短",只要存在着人与人之间的施舍关系,就必然存在着施主与乞丐之间的权力支配关系,这便是"实然"。但是,这种"实然"的权力支配关系并不必然注定了人要么只能当施主要么只能当乞丐的必然命运,人还有其"饿死不弯腰,冻死迎风站"以及"富贵不能淫"的"应然"一面。这种"应然"的律令作为人之为人的原则,它不是从经验事实中推导出来的,作为价值指导,它是先验地存在着的。在康德看来,正是因为先验地存在着这种价值指导,人才具有了超越"实然"的因果法则和追问自由的先验可能。

把尼采的思想置于这个背景下来详加观察,我们便不难看到,在艺术生理学的基础上,尼采恰恰否定了一切"应然"目的的自在性,在抹杀了"实然"与"应然"之间的价值差异之后,他重新试图从生命本身的"实然"中推出生命自身的"应然",这就是尼采对生存价值的基本认识。他的运思给人的所有启发和震撼都来自于这种努力,他的运思无法割断的所有困惑和难题同样来自于这种努力。对尼采来说,生命自身是实然的事实,也是应然的价值,因为所有的生命都渴求通过支配他者而提升自己,所以权力意志就是生命本身的绝对真理,权力意志的支配关系于是便成为人之生存的必然命运。在尼采看来,人除了直面这一命运之外别无选择。同时,正是因为把生命自身设定为应然的唯一价值,尼采就不惜把一切生命之外的价值目标,包括努力超越于现有权力支配关系的应然目的,都纳入维持生命存在的关系性认识之中来,于是,在关系性的生存场域中给自身编织了一张永远无法解脱的天罗地网之后,尼采开始了权力意志的悲壮之旅。在《善恶之彼岸》中,尼采点明了这种认识:"道德领域被理解为统治关系的学说,在此统治关系之下,'生命'的现象显露它自身。"[①] 但是,对于尼采这种发自生命本身的悲壮,我们不妨试问:构筑在权力意志基础之上的艺术生理

---

① Nietzsche, *The Philosophy of Nietzsche*, trans by: Helen Zimmern, New York: the Modern Library, 1927, p. 401. 中文译文参见 [德] 尼采《善恶之彼岸》,宋祖良等译,漓江出版社 2000 年版,第 156 页。

意志与悲剧——叔本华与尼采悲剧思想比较研究

学已经在多大程度上远离了他在艺术形而上学思想中所描述的对存在之音的聆听？对生存的权力意志基础的洞察固然能够让我们更为深入地理解生存本身，但是，把一切都纳入关系性的生存场域中来理解，必然把生存整体导向巨大的紧张关系中，由此必然导出灾难性的结果。结合尼采自身最终的生存结果来看，这一切显然都被先于尼采的俄国作家陀思妥耶夫斯基在其小说中不幸言中。

其次，尼采在达尔文"物竞天择"的生物进化论学说的影响下，通过查拉图斯特拉的"超人"学说，把生命重新进入强健者之生存的期望设定为一种必然的进化，这同样使他的运思难以摆脱权力意志的先验设定，从而也使他对生存所描绘的整体画面呈现出肃杀的气氛。更为危险的是，为了论证生命力的必然完善和进化，为了强调文化的更新必须有周期性和结构性的变动，尼采给人性中的危险因素赋予了过大的正面意义，例如战争。虽然整个德国古典哲学对于人性的"恶因"在人类历史中的重要作用的认识是极为深刻的，但与尼采相比，无论是康德、黑格尔，或是叔本华，都没有像尼采那样对人性之恶及其极端的表现方式——战争——寄以那样重大的希望。他一再强调，人们称之为恶的东西是人性的建筑师和开路先锋，[①] 文化不能完全没有激情、恶习和狠毒，[②] 参照赫拉克利特的"战争是一切事物之父"的格言，尼采强调"战争是一切好事物之父"，[③] 在《人性的，太人性的》一书中，尼采甚至坦言：

> 如果人类不再懂得要进行战争了，那么仍然对人类有很多（甚至非常多）的期待就是纯粹的幻想和一厢情愿了。暂时我们还不知道还有别的办法，可以像每一场伟大的战争所做的那样，把那种野营中的生龙活虎、那种非个人的深仇大恨、那种杀人者毫无愧疚之心的冷酷

---

① ［德］尼采：《人性的，太人性的》，杨恒达译，中国人民大学出版社 2005 年版，第 206 页。

② 同上书，第 257 页。

③ Nietzsche: *The Gay Science*. trans by: Walter Kaufmann, New York: the Random House, Inc., 1974, p. 145. 中文译文参见［德］尼采《快乐的科学》，黄明嘉译，漓江出版社 2000 年版，第 117 页。

无情、那种消灭敌人时的共同的井然有序的狂热、那种对巨大的损失以及对自己和亲朋好友的生存采取的高傲漠然态度、那种深沉的地震般的心灵震颤，同样强烈、同样准确无误地给予变衰弱的民族：从这里涌出的溪流，当然，携带着各种石头和垃圾滚滚而来，毁掉娇嫩的文化草地，然后在有利的情况下，将以新的力量转动精神工场里的机械装置。①

把狄奥尼索斯的毁灭冲动转变为事物周期性地更新其活力的动因，并期待通过战争来调动生存的活力以形成更为高级的文化，尼采的上述认识是一以贯之的。在《偶像的黄昏》一书的前言中，尼采仍然强调了战争对于生存的重要意义，认为"对于所有沉溺于自己太远或太深的精神来说，战争经常是伟大的策略。战争的伤口刺激了复原的能量。"② 甚至，为了提高生命的价值，增强生命的本质活力，为了一个更强健之种族的繁盛而不惜牺牲生命群体中病弱的那部分，在尼采偏激的运思中竟然也成为合法的设想。在《论道德的谱系》中，尼采明言："在有些情况下，部分机体的死亡，即它们数量的减少（比如通过消除相关联的数量）可能是增长力量和完美的征兆。我的意思是：甚至部分机体可用性的消失、变质、退化、功能和目的的丧失，一句话，即死亡，也属于真正进步的条件；这个过程总是以向往更强之力量的意志和途径之形态而表现出来，并且总是以牺牲无数弱小力量而得以实现的。这种'进步'的幅度甚至以它所要求的牺牲的量来测量的。作为乌合之众的人类，为了一个更强壮的人种之繁荣而作出牺牲——这或许是一种进步。"③ 显然，跳出习常的善—恶关系来审视一

① ［德］尼采：《人性的，太人性的》，杨恒达译，中国人民大学出版社 2005 年版，第 257 页。

② Nietzsch, *The Twilight of The Idols*, trans by: Anthony M. Ludovici, London: George Allen & Unwin Ltd., 1911, preface 17. 中文译文参见 ［德］尼采《偶像的黄昏》，周国平译，光明日报出版社 1996 年版，第 3 页。

③ Nietzsche, *The Philosophy of Nietzsche*, trans by: Horace B. Samuel, M. A, New York: the Modern Library, 1927, pp. 693—694. 中文译文参见 ［德］尼采《论道德的谱系》，谢地坤译，漓江出版社 2000 年版，第 55 页。

意志与悲剧——叔本华与尼采悲剧思想比较研究

切生存的挫折对生命力之提升的重大意义，尼采这种思路对我们理解生存的价值有一定的启发意义，但是，经历过20世纪的惨痛战争之后，轻言战争与种族牺牲对人种的强化与改善，这就是极其危险的事情了。一个了然的事实就是：战争固然能够改变人们的精神面貌，为人类的醉生梦死注入一支警醒剂，但是，战争绝对不是人类生存的全部，更不是塑造人类生存价值的唯一动力；并且，如果说前现代的战争还能彰显生命力自身的辉煌意义的话，由现代意识形态性所深深支配的现代战争就不可同日而语了。从根本上来说，如果战争确实是人类无法避开的命运，那么，与其把生命力得到提升的希望全部抵押在战争之上，或者专门为此而期待战争，不如相信人类的生存本身有其正义性与隐然目的性，在此生存的路上，我们并不回避战争。在这个角度上来说，思想如何给生存设置一个应然的目的和设置一个什么目的，这样的运思可能比无限地夸大权力意志的绝对支配更为明智，也正是在这个角度上，我们发现康德的美学思想对生存意义的追问仍然具有深刻的启发性。

关于康德美学思想对于生存之重要意义，海德格尔曾有明确的论述，他指出："康德并没有使审美行为成为某种冷漠无趣的东西，而倒是创造出一种可能性，使这种对于美的对象的行为变得更加纯粹和更加亲密。康德对作为'反思的欲望'的审美行为的解释深入到人类存在的一个基本状态之中，在这个基本状态中，人类才首次达到其本质的根据凿凿的丰富性。正是这种基本状态，被席勒把握为历史性的、对历史具有奠基作用的人类此在的可能性条件。"① 显然，海德格尔对康德美学思想的深刻把握，对我们更为全面地理解唯意志论思想的美学思想是有帮助的。

我们在第三章的分析中曾经指出过，唯意志论思想对生存基础的追问是通过否定康德的先验理性追问之可能性而获得其运思空间的。在否定了生存的理性之维以后，唯意志论的追问思路必然把运思的路标绝对地设定为在意志欲望的领域中寻求问题的解答可能。当尼采进一步在此基础上把

---

① ［德］海德格尔：《尼采》上卷，孙周兴译，商务印书馆2003年版，第123—124页。

生命意志还原为动物性的生理本能之后，为意志解脱而保留的最后一道门径（即叔本华的审美静观和同情伦理）便被动物性的本能需求完全堵死了。因为人的理知能力为人的意志解脱所提供的最后一种可能在此已经被尼采完全放弃，生命被还原为权力意志的绝对支配便成为尼采运思的必然结果，这也是唯意志论思想在其固定的思维框架中所必然推出的结论。

康德美学的基本设定与唯意志论思想完全相反。在康德看来，人之为人，必有其超越于动物本能之上的精神需求。如果动物本能注定了人永远无法摆脱欲望支配的话，那么精神需求就确证了人之为人的根本保证。传统形而上学把这种精神需求的本质错误地设定为超验理性，并独断地保证了超验理性能够认识绝对自由，由此而推出了一个形而上学的绝对之上帝。康德则通过对纯粹理性能力的批判，指出人的理性能力永远不能认识绝对自由，更不能绝对把握自由，但它毕竟能够思维自由。① 正是这种能够思维自由的能力给人的生存指出了一条可能的自由之路，大自然也正是由此而必然存在着一个隐然的目的，作为生存之救赎的希望在隐然地规范着人们的现实生存。由此，在康德的运思中，生存整体的"无目的的合目的性"便成为现实生存之外的天意，超越了动物本能的审美鉴赏恰恰是注视和感受这种天意的重要途径。简言之，在康德看来，审美鉴赏活动（尤其是对自然美的鉴赏）是人们在感性的自由活动中窥测一个隐然目的的意识活动，人们在审美活动中体会到的恰恰是对自由生存的向往，而不是权力意志为生命自身的保存和提升而进行的困兽犹斗。

显然，尼采与康德在生存的艺术设定这个问题上难以找到基本的通约性。尼采与康德都不相信"上帝"和"灵魂不死"，但是，康德认为，"上帝"与"灵魂不死"作为事实固然是不可能的，作为生存的普遍公设却是有用的，简言之，它们虽然不能增加人们的知识，但它们能够规范人们的伦理生活，给人们的现实生存注入重要的价值指导原则。尼采则坚定地认为，诸如"上帝"与"灵魂不死"等命题都不过是现实生存最大的"摩耶

---

① ［德］康德：《纯粹理性批判》，邓晓芒译，人民出版社 2004 年版，第 21 页。

之幕"，它们除了导致生命力的衰弱之外别无所是，必欲除之而后快。在尼采看来，不用重锤砸碎一切偶像，包括"上帝"和"灵魂不死"等传统信念，生存就永远无法开辟自己的强健之路；如果偶像的坍塌必然要夺去那些依靠崇拜偶像而生存的弱小者的性命，这不过是生存重获强健生机而必须付出的代价。这就是尼采与康德在生存基本设想问题上的重要差别。在此，如果我们必须在唯意志论和康德式的追问中作一个选择的话，我们应何去何从呢？从海德格尔晚期的自我陈述中来观察这个问题，是有启发性的。

早期的海德格尔同样坚信天才对现实的重大改造力量，在1932年的冬季学期中，他常与同事谈论时局，认为能挽救时局的只有这样一种可能性，即依靠那些确实还有生气和建设能力的人物才能掌握未来的发展。[①]但是，经历过这次生存重灾的海德格尔在思想的晚期已经不再轻言拯救的必然方案，他完全确认了人自身的有限性，并把希望的可能性转化为天命观，认为人要么是为这种希望的来临做好准备，要么是彻底遗忘这种希望来临的可能性而沦落在世。至于这种希望的具体内涵是什么，海德格尔强调，我们不要对此妄加猜测，以防止思想在这个诸神隐匿的世界中被贱价出卖。在他看来，对于我们现代人所遭遇到的生存现实来说，即使是尼采式的价值重估方案，仍然显得过于乐观了，立足于生命原初起点的酒神音乐可能远远没有深思过我们所身处于其中的技术世界的本质问题。正是在此意义上，海德格尔明言："传到尼采哲学就终结了的传统形而上学思想方法就再没有可能去对现在才开始的技术时代的根本特点进行思想工作了。"[②] 因此，海德格尔认为，在这样的生存现实中，"只还有一个上帝能救渡我们……我们瞻望着不出现的上帝而没落"。[③] 显然，在海德格尔看来，对我们的有限生存设定一个能救渡我们的上帝，这仍然是必要的。在此，我们

---

① ［德］海德格尔：《只还有一个上帝能救渡我们》，孙周兴选编《海德格尔选集》下卷，上海三联书店1996年版，第1290页。

② 同上书，第1309页。

③ 同上书，第1306页。

可以看到，海德格尔的思想归宿与康德对现实的生存设定一个应然的希望便多少有其共同的地方了。

当然，我们远远不能依据上述内容就把海德格尔所说的、能救渡我们的上帝等同于康德的对生存世界的合目的设定，因为康德式的应然目的作为启蒙时代之思的起点，与海德格尔的上帝观作为后形而上学之思的起点相比，两者有着不同的内涵，这是显然的事实。但是，康德式的"调节性"之应然目的——作为独断的上帝淡出生存领域之后的希望所在，与海德格尔在后形而上学思想中的"思"一样，都把救渡的可能性看做一种"人"之外的天意观，这显然是思想的必然，是对人自身之有限性的清醒认识，也是在"哀莫大于心死"的生存境遇中对生存救渡之可能性的真诚呼吁。我们在此还不能对康德的天意观与海德格尔的上帝观作过多的论述，但是，尼采之前的重要思想家与尼采之后的重要思想家都把运思的目光眺望于"人"之外的天意，这个有趣的现象对我们深入理解唯意志论的价值重估之困惑或许有一定的启发性。

第二节　价值重估的启示

不管怎么说，尼采的价值重估意识毕竟给人们理解生存的意义提供了一个重要的参照，对于生活在"后尼采时代"中的人们来说，这个参照所起的作用无疑是深远的，最为明显的就是，它让人们难以再用固定的、一成不变的眼光来看待我们所熟悉的一切价值观念了。要具体地评价尼采价值重估的深层意义，我们仍然可以从康德批判哲学的相关问题谈起。

显然，康德在其批判哲学中追问理论理性、实践理性和法权准则之可能性的时候，都有一个基本的前提，这就是首先认定了它们的当然性，然后再通过追问它们是"如何可能"的，从而把追问的方向引上了它们的先天基础。这样，康德便在无意中认定了先验理性的绝对性，从而承认了先验理性在生存活动中的必然在先性，最终承认了"理性之人"的永恒性。这是从康德的思想前提中所推演出来的必然结果。但是，在尼采看来，康德式的追问并没有触及生存的虚无根基，在一定程度上，康德式的追问甚至还强化了现存道德秩序的合法性。尼采在使现实的道德成为问题之后，他一心要追问更高的生存价值，这正如西美尔所指出的："跟康德和叔本华极端对立的他，不可能让哲学家的使命，局限于校正普遍实行的、或者至少普遍被要求的道德；相反，他把哲学家视为立法者，哲学家应当确立一些'新规范'。"① 因此，在尼采看来，问题的关键是：由先验理性所决定的一切是不是人类生存历史中唯一的正面价值体系？由先验理性所描绘的生存图景是不是人类必然的生存归宿？由苏格拉底所开启的理性形而上学之思为生存所设定的乐观主义在多大程度上遮蔽了生存的虚无根源？正是对此类问题的追问，让尼采的运思走出了先验理性所描绘的生存图景，并把"如何可能"的追问同样摆到了先验理性的面前。

萨弗兰斯基在尼采的思想传记中以"坚信自然界之可探究性"和"知识之万能治疗力量的信念"来概括理性形而上学思想的基本内涵，显然是有说服力的。在理性形而上学看来，世界有一个终极的至善实体，因此生存本身是和谐的；自然是一个可以依靠人类的认识能力进行认识和研究的自然；由理性认识所支配的认识之光终有一天会完全照亮这个世界，因此，与绝对真理生存在一起是可能的；个体的人也正是对这种超验的认识之光的追求和依附而获得其生存的根本意义，甚至，人们对自身的生与死之理解也在这个基本构架中获得意义，苏格拉底的勇于赴死便是这种认识最好不过的证明。因此，生存的至善目的论与善恶判断一直是理性形而上学思想的基本预设。但是，对尼采来说，生存本身绝对不是前定和谐的，它永远超出人们的至善诉求之外。从本源上来说，生存整体永远是纷乱的、恐怖的、痛苦的。如果人们能够超出理性形而上学的视角来理解这种生存的纷乱，人们便获得了"狄奥尼索斯智慧"。也正是从狄奥尼索斯智

---

① ［德］西美尔：《西美尔文集：叔本华与尼采——一组演讲》，莫光华译，上海译文出版社2006年版，第204页。

慧的角度来理解生存整体，尼采获得了对西方传统思想体系进行价值重估的立足点。从此视角来理解生存，本质的生成性、人类视角的有限性和生存本质的艺术性等这些重要的思想表达式，便成为尼采在其运思中必然导出的重要结论。

在至善目的论的善恶设定中，人的本质被设定为"理性的动物"，而理性的功能就是去追求一个形而上学的至善目的（绝对真理）。这样，在"绝对真理"和有限个体之间便被拉开了一道永远无法克服的距离，追求真理的意志相信自己是在追求自由，但它没有意识到"自由的意志就这样转变为服务于一种逻辑的心甘情愿"①。对此，尼采明确指出：形而上学只是人类生存的一种需要，它有着其生成的内在动因。换言之，人的本质设定与真理结论都是在历史中生成的，不是脱离了历史现实并绝对自然而然地形成的。早在《人性的，太人性的》一书的开端，尼采就明确认为：

> 所有哲学家都有自身的共同缺陷：他们想要从现代人出发，并通过对现代人的分析，来达到目的。他们不自觉地认为"人"是一种永远真实的事物，一种在一切流变中保持不变的事物，一种可靠的事物尺度。哲学家关于人所说的一切，归根结底只是关于一段非常有限的时间过程中的人的一个证明。缺乏历史感是一切哲学家的遗传缺陷；有些人甚至不知不觉地将人的最新形式，如在某些宗教影响下，甚至在某些政治事件影响下产生的人，视为人们必须从其中出发的固定形式。他们不知道，人是生成的，认识能力是生成的；……哲学家看到的却是现代人的"本能"，并且认为这些本能属于人类不可变更的事实，因而可以为理解一般世界提供一把钥匙。整个目的论就是在此基础上建立起来的：人们把过去四千年的人类说成是永恒的人类，世界上的一切事物从一开始就自然地趋着这个方向而去。但是一切

---

① ［德］萨弗兰斯基：《尼采思想传记》，卫茂平译，华东师范大学出版社 2007 年版，第 140 页。

都是生成的，没有永恒的事实，就像没有绝对的真理一样。（着重号
为原文所有）①

　　显然，与康德在先验理性的基础上探寻人的本质之思路不同，尼采断
言人的本质是历史性的，也即是说，尼采拒绝一切永恒的理性先验论，他
在"虚无"的基础上强调一切都是"生成"和"虚构"，因此，"理性的
人"在尼采看来同样是在特定的历史境遇中的生成物，由道德意识所支配
的人同样是在特定的历史境遇中由不同的权力意志之合力所形成的生成
物，甚至，尼采也根本上否定了叔本华所说的人的"验知性格"的不变
性。简言之，强调人的本质之生成性与历史性，是尼采的价值重估给我们
的第一个重要启示。

　　世界一旦失去了形而上学之真理的稳固支撑，我们应怎样理解自己身
处其中的生存世界？在这个问题上，尼采所提供的答案绝对不是乐观主义
的。对他而言，形而上学之真理绝对是一种权力意志的虚构，一旦认清它
的虚构本质，生存的基础便呈现为一种无名的深渊：虚无！在此，所有的
形而上学之真理不过是覆盖在生存的虚无之上的大气层，成为适应和规范
生存的需要之产物，从而失去了它们的先天自在性。在尼采看来，面对虚
无是人类生存的命运。如果说康德式的启蒙理念是让人们走出童年，能够
在没有依傍的情况下独立地运用自己的理性判断，尼采式的虚无体验则是
让人们真正地面对生存，能够在生存的虚无境遇中勇敢地开创自己的生存
之路。在尼采看来，在面对生存的虚无这个问题上，人们并没有本质的
区别，唯一的差别就是，他们或者是通过依赖一种被创造出来的形而
上学之真理来避开这种残酷的面对，在此路上，他们通过使痛苦失去
意义从而导致最高价值的祛魅和病弱的虚无；或者是勇敢地追问这个
"无"，在艺术的不断创造中开启自己新的生存道路，在此路上，痛苦
永远是生存的驱动力，对生存的善恶判断也永远地失去它的有效性，

第七章　价值重估的困惑和启示

---

① ［德］尼采：《人性的，太人性的》，杨恒达译，中国人民大学出版社 2005 年版，第 16 页。

271

而生存的虚无也就成为人们必须追问的领域，正如尼采所说的："人宁可希求虚无，也不愿无所希求。"①

在价值虚无的生存境遇中，人们必须独自面对自己的生存现实，人们必须独自经历自己的生存过程，在此过程中，真理永远是从自己的视角与自己的体验去认识的真理，永远没有超脱于生命之外的自在真理。于是，关于视角的有限性便成为尼采价值重估给我们的第二个重要启示。对于这个问题，我们把它分为两个方面的分析，一则是意义世界的语言构造性问题，另一则是阐释本质的视角相对性问题。

康德的认识论转向使世界失去了它的独立自在性，在其"哥白尼式的革命"中，世界转变为一个意识构造性的世界。尼采则继而在语言与存在的关联问题上打破了传统的语言理性崇拜，这种语言的理性崇拜一直肯定地认为，语言所陈述的世界就是世界本身。尼采早在现代解释学之前就鲜明地指出：世界具有语言构造性。或者说，语言筑就了我们生活于其中的世界。在《人性的，太人性的》一书中，尼采坦言：

> 在语言中，人类在另一个世界旁建立起了一个自己的世界，一个人类认为固定不变的地方，立足于此，就可以彻底改造其余的世界，使自己成为世界的主人。人类长期以来把事物的概念和名称作为永远真实的东西来相信，同样也养成了他们借以居于动物之上的那种骄傲：他们真的认为在语言中掌握了关于世界的知识。语言的创造者没有谦虚到如此地步，以至于相信他给予事物的只是一些符号，他宁愿认为，他是在用言语表达关于事物的最高知识。②

显然，在世界的语言构造性这种认识中，尼采一方面得出了"真理即

① Nietzsche, *The Philosophy of Nietzsche*, trans by: Horace B. Samuel, M. A, New York: the Modern Library, 1927, p.793. 中文译文参见［德］尼采《论道德的谱系》，谢地坤译，漓江出版社 2000 年版，第 132 页。

② ［德］尼采：《人性的，太人性的》，杨恒达译，中国人民大学出版社 2005 年版，第 21 页。

是隐喻"的认识结论，另一方面则推出了"一切世界本质都是阐释的本质"这个重要的解释学论点。尼采认为，在生存的世界中，我们并不能认识那个最初的文本，关于世界的所有本质认识都是被阐释的本质，即使是以客观性著称的物理学也只是一种世界的解释和世界构想，而并非对世界的绝对本原说明。① 这样，在打破了语言理性信仰的天真之后，世界便作为一个阐释的世界呈现在人们的面前。对于这个语言构成的世界，人们为什么需要某种阐释而不需要另一种阐释，为什么信奉某种阐释而不信奉另一种阐释，其中的权力支配关系在此便一览无遗。

世界既然是一个阐释的世界，视阈的有限性与视角的局限性问题便随之体现了出来。形而上学的真理观认定了真理的圆融无缺，禁欲主义的宗教观认定了上帝的全知全能。这样，打破个体视角的有限性，与圆融无缺的真理或全知全能的上帝合为一体成为生存获得救赎和意义的基本前提。即使是叔本华，在此问题上也未能免俗，在他看来，打破认识的个体化原理是对生存整体抱以审美态度的根本出路。但是，在尼采看来，阐释的片面性视角是永远不可打破的，也正是阐释视野的有限性保证了认识的可能性。早在《曙光》中，尼采就指出：

> 我的双眼，无论它们是好还是坏，都只能看到一段特定的距离，我就生活和活动在以这段距离围绕而成的空间中，这种视野的边界构成了我当下的命运，其中的大小事物我都无可逃避……我们的感官习性把我们织入感觉的谎言和欺骗之网，这些感觉又是我们所有判断和"知识"的基础——通往实在世界的退路、后门或小路是完全不存在的！我们这些蜘蛛坐在我们自己编造的网中，无论我们在此捕获到什么，我们所能捕获的都只能是那些我们的这张网能够让我们捕获的东西。②

---

① Nietzsche, *The Philosophy of Nietzsche*, trans by：Helen Zimmern，New York：the Modern Library. 1927, p. 395. 中文译文参见［德］尼采《善恶之彼岸》，宋祖良等译，漓江出版社2000年版，第151页。

② Nietzsche, *Daybreak*, trans by：R. J. Hollingdale, Cambridge：the Cambridge University Press, 1997，pp. 73—74. 中文译文参见［德］尼采《曙光》，田立年译，漓江出版社2000年版，第93页。

在此，尼采断言，视野的有限性注定了我们永远无法跨出自身的有限性去依附于一个绝对的形而上学之真理，并且，任何一种知识都是我们已经"在……之中"的知识。正如尼采后来在《论道德的谱系》中所说的："严格地说，根本就不存在一种'没有前提'的科学，关于此类科学的想法是无法想象的、不合逻辑的：总是先必须有一种哲学，作为一种'信念'，使科学可以从中获得一种方向、一种意义、一种界限和方法、一种权利而存在。"① 尼采的这些认识显然对后来的现象学和阐释学有着深远的内在影响。

"阐释的本质"否定任何"先验的本质"，从而也使任何道德论的"先验本质"观成为问题而体现出它的虚构性，这是尼采对生存的理解区别于形而上学对生存的理解的关键之处。当然，尼采这种阐释学态度还不是严格意义上的哲学阐释学方法，它仅仅是针对全能的道德生活中的绝对主义而言的视角主义（perspectism）。形而上学之真理观设定了生存的善恶判断原则，但尼采认定道德生存的善恶原则并不是自然而然的，在《善恶之彼岸》中，尼采断定："完全没有道德的现象此类事物，却只有对现象的一种道德的解释（interpretation）。"② 显然，正是尼采这种阐释的本质观使传统的道德原则成为一个问题而呈现出它的虚构性。

通过阐释的视角论和认识的视阈局限论，尼采使道德律令和整体生存本身呈现出它的非道德根源。尼采坚信这一假设，即为生存整体清除其人为的道德设定，这犹如为生存解脱了一直戴在其头上的紧箍咒，也犹如在生命的源头之处清理了它的污染源，从而也就为本真的生存划出另一方新的天地。从尼采的观点来看，如下这个事实是了然的：跳出了全能的道德视野，失去的只是生硬的道德律令，但生存的多种可能性和丰富性却随之

---

① Nietzsche, *The Philosophy of Nietzsche*, trans by：Horace B. Samuel, M. A, New York：the Modern Library, 1927, p. 781. 中文译文参见［德］尼采《论道德的谱系》，谢地坤译，漓江出版社 2000 年版，第 122 页。

② Nietzsche, *The Philosophy of Nietzsche*, trans by：Helen Zimmern, New York：the Modern Library, 1927, p. 459. 中文译文参见［德］尼采《善恶之彼岸》，宋祖良等译，漓江出版社 2000 年版，第 214 页。

呈现了出来。这正如尼采在《论道德的谱系》中所言："只存在一种从视角（perspective）出发的观看，只存在一种从视角出发的认识；对一件事物我们越是表达更多的情感，这同一事物就会更加锻炼我们不同的眼睛，我们对事物的'观念'、我们的'客观性'将会更加全面。"① 显然，有限视角的观察不仅不会弱化人们对真理的认识，反而会强化真理的丰富性和多样性。相比之下，传统的形而上学只需要一种真理，只需要一种确定性，即道德的纯粹性和认识的确定不变性。这无形中就使生存本身的丰富性蜕变为单一性。在尼采看来，正是这种道德的单一性使生存陷入了有史以来最大的瘟疫之中，在《善恶之彼岸》中，尼采直言：

> （形而上学者）最后总是宁要一点点"确定性"，而不要一整车的美好可能性；甚至会有良心上的清教狂热者，他们宁愿把自己最后的信赖依托于一个确定的虚无，而不愿依托一个不确定的某种东西。但是，这是虚无主义，是绝望的、将死的疲倦灵魂的标志，尽管此类德行显得多么勇敢。②

从语言的构成性来理解世界和从阐释的角度来论述本质，这对尼采的运思意义重大，它一方面为尼采在权力意志的根源上追寻病弱生存的病理原因提供了学理依据，另一方面则为尼采的艺术生存论夯实了基础。显然，把一个充满意义的生存世界理解为一个语言构造的空间之后，语言和思维方式的改变便意味着生存世界的改变，最为明显的例证就是在古希腊晚期，形而上学的逻辑分析语言取代了诗性的感觉吟诵之后，世界从此呈现为一个理性的世界。一旦认识到我们置身于其中的生存

第七章　价值重估的困惑和启示

---

① Nietzsche, *The Philosophy of Nietzsche*, trans by: Horace B. Samuel, M. A, New York: the Modern Library, 1927, p. 745. 中文译文参见 ［德］尼采《论道德的谱系》，谢地坤译，漓江出版社 2000 年版，第 94 页。

② Nietzsche, *The Philosophy of Nietzsche*, trans by: Helen Zimmern, New York: the Modern Library, 1927, pp. 389—390. 中文译文参见 ［德］尼采《善恶之彼岸》，宋祖良等译，漓江出版社 2000 年版，第 146 页。

世界是一个构造性的语言世界之后，如何改变我们的生存世界这个问题其实也就有了清晰可寻的思路。在尼采看来，如果要改变人们目前的生存世界，根本的途径就是跳出我们对这个世界的整套理性言述，从音乐和艺术的角度来重建人与生存世界之间的意义关联，这是尼采关于"作为生存本身艺术"之思的目的所在，也是尼采一再提起"狄奥尼索斯"酒神颂歌的目的所在。

显然，人们一直都在追问生存的本真意义，整部西方哲学史其实就是追问本真生存之可能性的思考历史。在一个神学思想去魅的世界中，艺术理论更加成为人们进行生命意义之追问的练兵场。但是，在尼采看来，人们的追问一直没有注意到生存世界的语言构造性问题，而关于语言的问题，人们更一直没有追问过如下两方面的疑问，一是语言的创造与艺术审美活动的同源性问题，另一则是我们日常所习用的这套语言究竟能不能胜任追问生存之真义的重大任务这个问题。

首先，语言的起源是什么？尼采坦言，语言的根源就在于审美活力的丰盈与充足。这种认识在《悲剧的诞生》、《作为教育家的叔本华》和《瓦格纳在拜洛伊特》等著作和文章中都得到鲜明的体现，在晚期的《权力意志》一书中更得到明确的归纳：

> 审美状态拥有丰富的表达手段，并且对各种刺激与信号有着极强的感受力。它是生物的表达力与传达力之巅峰，是语言之源。语言，包括自然语言、体态语与眼神语，皆起源于审美状态。最开始出现的总是较为丰富有力的现象，我们这些文化人的能力乃是较为丰满有力的人物的能力遭到削减的结果。①

由此可见，在尼采的思想中，"艺术活动—创造性活动—生命力的强健—语言的生成—新的生存空间"这几者之间具有紧密的相互关联，它们

——[德]尼采：《权力意志》，贺骥译，漓江出版社 2000 年版，第 324 页。

都是强健生命力运动的结果，也是达到强健生命力的必要条件。

其次，对尼采而言，显然存在着两种不同的语言系统，一种是我们习常所用的、清晰的逻辑分析语言，另一种则是狄奥尼索斯的酒神颂歌。前者以论证的方式追寻一个清晰的、确定的逻辑结论，后者则以音乐的方式陈述对生命形而上学的深层体会。前者最终导向一个秩序分明与乐观和谐的世界，后者则最终导向一个在虚无的深渊上追问强健生存之可能性的混沌世界。如果后一套语言系统在事实上能够让我们更加接近生命的根源，那么，两相比较之下，便可以清楚地看到，我们习常所用的这套日常语言已经多么明显地疏离了它的生命基础。科学思维认为这种精确的语言是准确认知的前提，尼采式的艺术创造则认为这是语言的没落。没落的体现正是它对生存的丰富可能性问题缺乏真正的创造力。生活在这套理性化的语言中，我们只能成为它的附庸和奴隶，而不是成为它的主人。正如尼采所说的："在语言没落的过程中，我们已经成为词语的奴隶。"[1] 早在《瓦格纳在拜洛伊特》一文中，尼采就深刻地表明了这种认识：

> 在这个文明世界中，无论在哪儿，语言都是病弱的，人类的整个发展史都承受着这巨大病症的压力。由于语言不得不经常尽其所能地将其枝蔓伸展至极限，以便尽可能地远离强烈的情感……语言在现代文明的短暂时间里耗尽了它自己。结果，它不再能够胜任它之所以存在的第一任务：使受苦难折磨的人在关于他们最为基础的生命需要这个问题上能够彼此交流。[2]

疏离了生命本源的这套习常语言什么都说，但没有任何东西真正地发

---

① Nietzsche, *Unfashionable Observations*, trans by: Richard T. Gray, Galifornia: Stanford University Press, 1995, p. 282. 中文译文参见 ［德］尼采《瓦格纳在拜洛伊特》，赵登荣译《悲剧的诞生》，漓江出版社 2000 年版，第 167 页。

② 同上。

自生命本身，这一理解在《查拉图斯物拉如是说》的"归家"一节中同样有清晰的论述，[①] 可相互参阅。这一点在海德格尔的《存在与时间》中得到更充分的论述。对于尼采来说，语言表达的贫乏正是生命力衰竭的征兆。正是基于对语言与生存之关联的上述认识，尼采表明，艺术活动就是要创造出新的感受状态，形成新的语言，使万物在新的语言中是其所是，让人们在最深层的生存需要这个问题上能够重建意义的关联。如果要问这种独特的语言究竟是什么，尼采就明确地回答：它就是以酒神颂歌表现出来的古希腊悲剧之歌。

总之，尼采虽然没有归纳出"语言是存在之家"的结论，但是，他深刻地指出：如果说表象世界存在于语言陈述之中并构成了我们的生存现实，那么，经由艺术活动所创造的新的语言陈述便创造了一个新的表象世界，同时也就创造了一种新的生存可能。在此关系上看来，艺术并不是什么想象性的、虚构性的活动，在不断开拓新的生存可能性这个问题上，它恰恰是人类最为本真的生存活动。在尼采看来，艺术创造意在与万事万物之间重新建立一种新的言说关系，在此新的语言陈述中，事物体现为新的事物，世界呈现为新的世界。简言之，正是语言的创造为我们带出了一个新的生存世界，这是尼采的艺术与生存之思给予我们最为丰富的启示之一。

① Nietzsche, *The Philosophy of Nietzsche*, trans by: Thomas Common, New York: the Modern Library, 1927, p. 205. 中文译文参见 ［德］尼采《查拉图斯特拉如是说》，黄明嘉译，漓江出版社 2000 年版，第 202 页。

意志与悲剧——叔本华与尼采悲剧思想比较研究

参考文献

一 基本理论著作类（按音序排列）

1. *Daybreak*，Nietzsche, Cambridge University Press, 1997.

2. *Human, all Too Human*，I, Friedrich Nietzsche, Stanford University Press, 1995.

3. *Off the Beaten Track*，Martin Heidegger, Cambridge University Press，2002.

4. *The Gay Science*，Nietzsche, the Random Hause，Inc.，1974.

5. *The Philosophy of Nietzsche*，Nietzsche，the Modern Library, New York，1927.

6. *The Twilight of the Idols*，Nietzsche, London：George Allen～Unwin Ltd，1911.

7. *The Will to Power*，Friedrich Nietzsche, London：George Allen, 1910.

8. *The World as Will and Idea*，Arthur Schopenhauer, London：Kegan Paul，1909.

9. *Unfashionable Observation*，Nietzsche, Stanford University Press, 1995.

10. 奥古斯丁：《忏悔录》，周士良译，商务印书馆1963年版。

11. 奥古斯丁：《独语录》，成官泯译，上海社会科学院出版社1997年版。

12. 柏拉图:《理想国》,郭斌和译,商务印书馆 1986 年版。

13. 柏拉图:《文艺对话录》,《朱光潜全集》12 卷,安徽教育出版社 1990 年版。

14. 海德格尔:《存在与时间》,陈嘉映译,生活·读书·新知三联书店 2006 年版。

15. 海德格尔:《海德格尔选集》下卷,孙周兴选编,上海三联书店 1996 年版。

16. 海德格尔:《荷尔德林诗的阐释》,孙周兴译,商务印书馆 2000 年版。

17. 海德格尔:《尼采》上卷,孙周兴译,商务印书馆 2002 年版。

18. 海德格尔:《形而上学导论》,熊伟等译,商务印书馆 1996 年版。

19. 黑格尔:《精神现象学》上、下卷,贺麟等译,商务印书馆 1979 年版。

20. 黑格尔:《美学》,见《朱光潜全集》13—16 卷,安徽教育出版社 1990 年版。

21. 黑格尔:《小逻辑》,贺麟译,商务印书馆 1980 年版。

22. 黑格尔:《哲学史讲演录》1—4 卷,贺麟等译,商务印书馆 1959 年版。

23. 胡塞尔:《胡塞尔选集》上卷,倪梁康选编,上海三联书店 1997 年版。

24. 康德:《纯粹理性批判》,邓晓芒译,人民出版社 2004 年版。

25. 康德:《历史理性批判文集》,何兆武译,商务印书馆 1990 年版。

26. 康德:《论优美感和崇高感》,何兆武译,商务印书馆 2001 年版。

27. 康德:《判断力批判》,邓晓芒译,人民出版社 2002 年版。

28. 康德:《实践理性批判》,关文运译,广西师范大学出版社 2002 年版。

29. 卢梭:《论人类不平等的起源和基础》,高煜译,广西师范大学出版社 2002 年版。

30. 卢梭:《社会契约论》,何兆武译,商务印书馆 2003 年版。

31. 苗力田主编《古希腊哲学》,中国人民大学出版社 1989 年版。

意志与悲剧——叔本华与尼采悲剧思想比较研究

32. 尼采：《悲剧的诞生》，赵登荣译，漓江出版社 2000 年版。

33. 尼采：《悲剧的诞生——尼采美学文选》，周国平译，生活·读书·新知三联书店 1986 年版。

34. 尼采：《查拉图斯特拉如是说》，黄明嘉译，漓江出版社 2000 年版。

35. 尼采：《快乐的科学》，黄明嘉译，漓江出版社 2000 年版。

36. 尼采：《论道德的谱系·善恶之彼岸》，谢地坤等译，漓江出版社 2000 年版。

37. 尼采：《偶像的黄昏》，周国平译，光明日报出版社 1996 年版。

38. 尼采：《权力意志》，贺骥译，漓江出版社 2000 年版。

39. 尼采：《权力意志》，张念东等译，商务印书馆 1991 年版。

40. 尼采：《人性的，太人性的》，杨恒达译，中国人民大学出版社 2005 年版。

41. 尼采：《曙光》，田立年译，漓江出版社 2000 年版。

42. 尼采：《苏鲁支语录》，徐梵澄译，商务印书馆 1992 年版。

43. 尼采：《希腊悲剧时代的哲学》，周国平译，商务印书馆 1994 年版。

44. 帕斯卡尔：《思想录》，何兆武译，商务印书馆 1985 年版。

45. 叔本华：《充足理由律的四重根》，陈晓希译，商务印书馆 1996 年版。

46. 叔本华：《伦理学的两个基本问题》，任立等译，商务印书馆 1996 年版。

47. 叔本华：《自然界中的意志》，任立等译，商务印书馆 1997 年版。

48. 叔本华：《作为意志和表象的世界》，石冲白译，商务印书馆 1982 年版。

49. 谢林：《先验唯心论体系》，梁志学译，商务印书馆 1976 年版。

50. 谢林：《艺术哲学》上、下卷，魏庆征译，中国社会出版社 1997 年版。

51. 亚里士多德：《尼各马可伦理学》，廖申白译，商务印书馆 2003 年版。

52. 亚里士多德：《诗学》，陈中梅译注，商务印书馆 1996 年版。

53. 亚里士多德：《形而上学》，吴寿彭译，商务印书馆 1959 年版。

二 相关著述与资料类（按音序排列）

1. *Nietzsche and the Spirit of Tragedy*，Keith M. May，Macmillan，1990.

2. *Nietzsche*，Karl Jaspers，REgnery/Gateway，Inc.，1979.

3. *Nietzsche*，Walter Kaufmann，Princeton University Press，1974.

4. *Socrates to Sartre*，Samuel Enoch Stumpf，Vanderbilt University 1993.

5. *The Philosophy of Schopenhauer*，Bryan Magee，Clarendon Press. Oxford，1983.

6. *Tragic Pleasures*，Elizabeth S. Belfiore，Princeton University Press，1992.

7. 阿伦·布勒克：《西方人文主义传统》，董乐山译，生活·读书·新知三联书店 1997 年版。

8. 保罗·德曼：《解构之图》，李自修译，中国社会科学出版社 1998 年版。

9. 北京大学历史系编《基督教文明史》（英文版）1999 年版。

10. 伯恩·马格努斯编《尼采》（英文版），生活·读书·新知三联书店 2006 年版。

11. 陈鼓应：《悲剧哲学家尼采》，上海人民出版社 2006 年版。

12. 陈鼓应：《尼采新论》，上海人民出版社 2006 年版。

13. 陈鼓应：《庄子今注今译》，中华书局 1983 年版。

14. 陈铨：《从叔本华到尼采》，大东书局 1946 年版。

15. 陈中梅：《柏拉图诗学和艺术思想研究》，商务印书馆 1999 年版。

16. 成海鹰等：《唯意志论哲学在中国》，首都师范大学出版社 2002 年版。

17. 德勒兹：《解读尼采》，张唤民译，百花文艺出版社 2000 年版。

18. 德勒兹：《尼采与哲学》，周颖等译，社会科学文献出版社 2001 年版。

19. 邓晓芒：《邓晓芒讲黑格尔》，北京大学出版社 2006 年版。

20. 邓晓芒：《康德哲学讲演录》，广西师范大学出版社 2006 年版。

21．郜元宝编《尼采在中国》，上海三联书店 2001 年版。

22．海伦·加德纳：《宗教与文学》，江先春等译，四川人民出版社 1998 年版。

23．海涅：《海涅文集》批评卷，张玉书编，人民文学出版社 2002 年版。

24．黄克剑：《美，眺望虚灵之真际》，福建教育出版社 2004 年版。

25．黄文前：《意志及其解脱之路》，江苏人民出版社 2005 年版。

26．霍华德·葛雷：《瓦格纳》，连惠幸译，江苏人民出版社 1999 年版。

27．吉尔伯特·库恩：《美学史》，夏乾丰译，上海译文出版社 1989 年版。

28．蒋孔阳：《德国古典美学》，商务印书馆 1980 年版。

29．金惠敏：《意志与超越》，中国社会科学出版社 1999 年版。

30．卡西尔：《启蒙哲学》，顾伟铭等译，山东人民出版社 1988 年版。

31．卡西尔：《人论》，甘阳译，上海译文出版社 1985 年版。

32．凯斯·安塞尔-皮尔逊：《尼采反卢梭》，宗成河译，华夏出版社 2005 年版。

33．考夫曼：《存在主义》，陈鼓应等译，商务印书馆 1987 年版。

34．克利福德·利奇：《悲剧》，尹鸿译，昆仑出版社 1993 年版。

35．利文斯顿：《现代基督教思想》，何光沪译，四川人民出版社 1999 年版。

36．列维-斯特劳斯：《野性的思维》，李幼蒸译，商务印书馆 1987 年版。

37．刘小枫主编《尼采在西方》，上海三联书店 2002 年版。

38．刘小枫主编《人类困境中的审美精神》，东方出版社中心 1994 年版。

39．罗念生：《罗念生全集》第 8 卷，上海人民出版社 2004 年版。

40．罗素：《西方哲学史》上、下卷，何兆武、马元德译，商务印书馆 1975 年版。

41．马尔库塞：《单向度的人》，刘继译，上海译文出版社 2006 年版。

42．马奇主编《西方美学史资料选编》上、下卷，上海人民出版社 1987 年版。

43．诺思罗普·弗莱：《批评的解剖》，陈慧等译，百花文艺出版社

2006 年版。

44. 萨弗兰斯基:《尼采思想传记》,卫茂平译,华东师范大学出版社 2007 年版。

45. 什克洛夫斯基等:《俄国形式主义文论选》,方珊等译,生活·读书·新知三联书店 1989 年版。

46. 王国维:《王国维文集》第 3 卷,姚淦铭编,中国文史出版社 1997 年版。

47. 王运熙主编《中国文论选》近代卷·下,江苏文艺出版社 1996 年版。

48. 威廉·巴雷特:《非理性的人》,杨照明等译,商务印书馆 1995 年版。

49. 韦勒克:《近代文学批评史》1—6 卷,杨自伍译,上海译文出版社 1997 年版。

50. 吴增定:《尼采与柏拉图主义》,上海人民出版社 2005 年版。

51. 伍蠡甫主编《现代西方文论选》,上海译文出版社 1983 年版。

52. 西美尔:《西美尔文集》,莫光华译,上海译文出版社 2006 年版。

53. 熊伟:《自由的真谛》,中央编译出版社 1997 年版。

54. 熊伟主编《存在主义哲学资料选辑》上卷,商务印书馆 1997 年版。

55. 杨祖陶、邓晓芒:《康德〈纯粹理性批判〉指要》,湖南教育出版社 1996 年版。

56. 叶秀山:《叶秀山文集》哲学卷(上、下)、美学卷,重庆出版社 2000 年版。

57. 伊格尔顿:《美学意识形态》,王杰等译,广西师范大学出版社 1997 年版。

58. 余虹:《思与诗的对话》,中国社会科学出版社 1991 年版。

59. 余虹:《艺术与归家》,中国人民大学出版社 2005 年版。

60. 余虹:《中国文论与西方诗学》,生活·读书·新知三联书店 1999 年版。

61. 朱高正:《朱高正讲康德》,北京大学出版社 2005 年版。

62. 朱光潜:《朱光潜全集》,安徽教育出版社 1990 年版。

后　记

　　本书是在我博士论文答辩稿的基础上修改而成的。

　　以叔本华和尼采的悲剧思想作为研究对象，一开始我就遭遇了困难。困难主要来自三个方面：首先，唯意志论思想的背景是德国古典哲学，如果对德国古典哲学没有清楚的认识，对叔本华与尼采悲剧思想的解说就难以服人；第二，唯意志论思想本身就是西方思想史上的一个重要论题，自己能对这个论题有多深的理解，实在没有把握；第三，唯意志论思想所关涉的问题很多，对近代中西方的思想构成有着深远影响，想在其中的哪个方面谈出新意来，都是一件非常困难的事情。因此，本书的写作，完全应验了法朗士所谓"灵魂在杰作中历险"的那句话，成为"在大思想家之杰作中"的一次艰难历险。罢笔之余，深感自己力不逮意，识见有限，不敢奢望本书能有多少称意之处。唯一感到坦然的就是，我已尽了最大的努力，多方阅读了叔本华和尼采重要著作的英文译本，深入对比阅读了尼采相关著作的不同中文译本，在一些具体问题上也坦言了一己肤浅的认识。

　　本书的初稿是在导师余虹教授悉心指导下完成的博士学位论文。论著出版的今天，对余老师的悠悠念想，竟又默默占满心头。早在 2001 年我在上海念硕士的时候，经王纪人老师的引荐，我有幸成为余虹老师的弟子。2002 年春，余老师从上海师范大学调到中国人民大学工作，怅然留沪的我，仍继续得到他的多方指点。2004 年，我有幸考取了人民大学文学院的博士研究生，再次成为余老师的学生。想不到在 2007 年毕业那年的冬天，余老师竟撒手人寰，魂归道山。想起本书在构思和写作的过程中，余老师多次与我讨论相关问题的时候那种专注和投入，以致他双眼流露出来的那种难以掩饰的、独特的悲悯神情，我至今仍历历在目。悠悠六载，师恩永垂。

要答谢的学界前辈有很多。记得在答辩会上，北京师范大学的曹卫东教授、清华大学的肖鹰教授、首都师范大学的陶东风教授、《文艺研究》杂志社的副主编陈剑澜教授、中国人民大学的张永清教授等答辩委员对书稿提出了非常中肯的修改意见，他们和中国人民大学的杨恒达教授和张法教授等评阅人都一致给予了"优秀"的评价，在此一并致谢！

2007 年夏天，博士学业顺利结束后，我有幸来到解放军艺术学院参加工作。全新的工作环境与蓬勃向上的工作氛围，让我体验到了军队文化教育工作的强大吸引力和深刻的精神感召力。值得强调的是，张继钢院长和李永龙政委等学院党委领导在解放军艺术学院精心营造的学术环境，为本书的修改提供了坚实的学术保障；张方、张婷婷、许福芦、尹敬书、杜国平和李勇等文学系历任领导，也为本书的修改给予了各方面的学术启发和精神关切；我所在的工作岗位也让我有可能在多方面获得陆文虎、谢立宏、朱向前、宋学武、黄献国、邢军纪等领导和专家多方面的教育；同时，文学系的苏达仕、陈曦、谷海慧、谭晓明、张志强等老师以及廖建斌副主任、吴晓曦副主任、林仁义政委、张湘东政委、胡正峰政委、康喜晶队长等人亦为我在文学系的教学工作提供过各方面的帮助和支持；学院科研处的任绪斌处长、马志波参谋和中国社会科学出版社的郭晓鸿女士为本书的出版作出过多方的支持。没有他们的学术支持、精神关切和现实帮助，本书的修改难以为继。我对他们致以深深的谢意！

本书的出版，获得解放军艺术学院出版资金的资助，这是学院大力提携后学、努力筑造一流学术环境的有力表现；作为一种荣誉，它对我的激励作用将会是深远的。

286

在军艺文学系教学，已经走过三年。与真诚无比的学员们相处，心情是非常愉快的。在讲课时，我所面对的一张张稚嫩而又充满求知欲望和文学热情的脸，是给予我在此讲台上教学的最大精神鼓励。

是为记。

黄茂文　2010 年 4 月

记于解放军艺术学院文学系

后

记

287

人名与术语索引

超人，7，22，170，172，173，175，183，184，219

陈鼓应，1，7

陈君华，8

陈铨，1，3，4，10

充足理由律，13，44，45，47，55，57，58，89，165，167

纯粹美，79

纯粹主体，78

达尔文，263

德勒兹，1，241，242

狄奥尼索斯，123，128，130，132，143，161，206，229，231，264，269，277

狄奥尼索斯智慧，15，121，135，231，269

典型论，83

动机，45—47，54，55，81，101，103，179，180，214，225，258

杜威，72

俄狄浦斯，22，23，30，128，238，239

感性直观，13，66，72，73，75，76，101，137，139，143，167，178，188，218，251

高乃依，28—32，200

个体化原理，9，13，14，33，35，56，57，61，62，64，73，76，78，81，84—90，92，94，96，97，100，105，106，109，110，113—117，119—122，125，129，133，135，136，155，158，159，161，164，168，169，177，179—181，186—188，191，207，209，226，227，233，244，251，273

哈贝马斯，40

海德格尔，1，8，40，149，160，182，195，236，249，253，254，260，265，267，268，278

贺拉斯，196，222

意志与悲剧——叔本华与尼采悲剧思想比较研究

孔子，123

拉辛，27，28

浪漫主义，76，129—131，179，200，219，220，222—226，233

乐观主义，27，38，55，226，232，269，271

里普斯，17，18

理念，6，13，31，62，67，70，73—77，81，83—86，94，101，105—108，110，121，125，137，138，147，157，166，168，169，178，180，187—189，191，192，213，234—237，239，241，249，271

理性，8，9，12，15，21，28—34，36，38，40，41，44，47，49，50，52，54—62，65，66，68—72，75—77，80，81，84，87—89，92，94，96，100，102—104，106，108—110，112—117，122，124，130，135—137，139，143，144，149，155，157，162，164，166，167，169—171，175，178，179，184，186—189，191—193，204—206，208，209，212，215，220，223，227，229，232，234—237，244，250—253，255，256，260，261，265，266，268—273，275—277

理性认识，12，51，58，59，62，72，76—78，80，81，98，109，138，164，165，250，269

历史理性主义，82，169，176

利己主义，57，58，61，90，91，115—117

列维-斯特劳斯，251

刘昌元，1

卢梭，192，220—225，227—229，231

轮回，15，90，93—96，106，112，124，131，158，162，170，173—176，183，184，219，241，251，252

罗素，121，219，220，242

洛克，32，102

马尔库塞，38，246

梦，26，45，47—50，63，87，116，120，132，152，181，206，

227，265

米利都学派，156

模仿，197，198，206

摩耶之幕，56，63

莫泊桑，97，99

尼布尔，32

诺思罗普·弗莱，200

欧里庇德斯，22，129，201，257

帕斯卡尔，48，208，210，212，249

权力意志，14，15，124，135—139，141，142，144，147，149，154，160，162—164，172，185，187，191，192，195，208，211，214—216，219，224，229，230，253，254，256—260，262，263，265，266，271，275

汝信，6，7，10

萨蒂尔，92，127

萨弗兰斯基，230，269

萨特，47

三位一体，51

莎士比亚，27，28，47，63

舍勒，19，20

审美静观，13，76，78，79，82，162，164，179—182，248，266

生存场域，258，262，263

生命的形而上学，10，89，96，106，125，170，186，226，227，233，234，252

圣·奥古斯丁，25，51

实用主义，72

实在论，43，47，53

视角，5，7，9，10，14，23，49，57，58，91，92，100，113，133，134，140，142，143，150，160，163，169，179，205，243，269，

270，272—275

苏格拉底，6，50，65，73，137，155，209，212，217，269

索福克勒斯，22，23，121，128，238

忒修斯，238

天才，88，92，93，106，125，166—170，173，175—177，181，201，267

天意，27，103，266，268

同情伦理，13，15，90，93，97，102，104，114—119，136，162，164，188，207，243，266

托马斯·曼，2

陀思妥耶夫斯基，32，40，263

汪顺宁，8

王国维，2—4，10，34，35，88，185—187

王攸欣，8

韦勒克，30，196，222，242

文克尔曼，121

吴增定，8

物自体，124

西美尔，2，54，96，269

席勒，200，223

显性生命，95，240，241

现在，7，14，23，26，34，36，41，60，73，85，91，93，98，110，121，125，126，129，131，133—135，137，140，144，163，174，183，198，208，224，225，232，234，237，238，241，244—246，249，267，273

谢林，250，251

虚构，141，142，144，147，154，162，164，208，209，211，212，214，215，217，230，241，258，261，271，274，278

虚无，14，34，57，62，84—88，106，123，154，160，162，163，

165，180，181，193，195，208，212，242，243，245，247—249，259，
269，271，272，275，277

虚无主义，38，39，144，145，162—165，184，185，193，219，243，
246—249，259，275

雅斯贝斯，1，172

亚里士多德，38，65，70，73，77，105，121，196—205，212，213，222

杨恒达，1，7，286

伊克希翁之轮，54

依附美，79

艺术的形而上学，142，161，233，252，258

艺术生理学，14，15，135，139，141—144，219，258—260，262

意志的完满客体化，73，83，84，180

意志自由，26，45，46，55

余虹，8，162，260，285

宇宙图景，15，96，111

至善目的，25，27，33，49，50，54，65，66，68，74，75，77，80—82，
106，137，138，167，191，192，204，205，210，212，213，215，242，269，
270

周国平，1，7

宙斯，239—241

朱光潜，4—7，10，22，24，27，180

庄子，97—99

自因，44

意志与悲剧——叔本华与尼采悲剧思想比较研究